团队与团队建设

TEAM

主　编　赵修文　刘雪梅
副主编　肖金岑　李思琪

西南财经大学出版社
Southwestern University of Finance & Economics Press
中国·成都

图书在版编目(CIP)数据

团队与团队建设/赵修文,刘雪梅主编;肖金岑,李思琪副主编.—成都:西南财经大学出版社,2023.8
ISBN 978-7-5504-5829-1

Ⅰ.①团…　Ⅱ.①赵…②刘…③肖…④李…　Ⅲ.①企业管理—组织管理学—高等学校—教材　Ⅳ.①F272.9

中国国家版本馆 CIP 数据核字(2023)第 127836 号

团队与团队建设

TUANDUI YU TUANDUI JIANSHE

主　编　赵修文　刘雪梅
副主编　肖金岑　李思琪

策划编辑:李邓超
责任编辑:杨婧颖
责任校对:雷　静
封面设计:张姗姗
责任印制:朱曼丽

出版发行	西南财经大学出版社(四川省成都市光华村街 55 号)
网　　址	http://cbs. swufe. edu. cn
电子邮件	bookcj@ swufe. edu. cn
邮政编码	610074
电　　话	028-87353785
照　　排	四川胜翔数码印务设计有限公司
印　　刷	成都市火炬印务有限公司
成品尺寸	185mm×260mm
印　　张	11.5
字　　数	275 千字
版　　次	2023 年 8 月第 1 版
印　　次	2023 年 8 月第 1 次印刷
书　　号	ISBN 978-7-5504-5829-1
定　　价	38.00 元

前言

党的二十大报告指出，要加快建设国家战略人才力量，努力培养造就更多大师、战略科学家、一流科技领军人才和创新团队。所谓“人心齐、泰山移”，目标一致、合力奋进是团队实现成功的基本要件。

什么是团队？在实践中，团队往往被认为是提升绩效或提升行动效能的一种人员组织形式。它既可以是一种边界清晰的小规模形式，也可以是某种具有层级结构的大规模形式，还有可能是一些边界模糊、松散的其他形式。各个研究领域对团队的关注点各有不同：管理学主要关注团队及其建设的机制或效能，组织行为学主要关注团队在形成及行动过程中个体和个体之间的心理行为机制，社会学主要从社会结构的视角探讨团队分工和权力。由此可见，团队本身是一个跨学科甚至超学科属性的研究和实践领域。然而，当前市面上团队、团队建设、团队管理的相关读物或教材，通常都是按照学科专业归属来构建的，主要集中于管理学领域对工作团队的相关研究与实践。实际上，广义的团队不仅包含工作团队，还包含非正式的团队。根据《现代汉语词典》团队是指具有某种性质的集体或团体；团队在《韦氏词典》中的释义是“在工作或活动中有联系的一群人”。并且，正如罗宾斯所说，团队创造的是一种“潜在可能性”，但它也并非高效、协同的必然保证。

基于以上背景，本教材的编写是从一种超学科视角，围绕通识教育目标，对标学生本科阶段的专业学习与个性化发展要求，理论结合实际，充分吸收国内外在团队研究、团队建设与管理等领域的实践和前沿问题，力求由浅入深、循序渐进、简明扼要；在内容取舍与安排上，力求做到体系完整、重点突出，从而形成了这本通识课程教材——团队与团队建设。

本教材编写总体以“总—分”为结构，在教学内容设置上遵循“三横三纵”逻辑。

具体而言，第一章为导论，主要介绍团队协同的学科交叉基础及基本认知。在后面章节中，以“个体—群体—团队”和“形成团队—提升效能—固化优势”为交叉逻辑，共形成以团队协同概述、团队中的个体、群体与团队、团队领导力、团队激励、团队冲突、团队沟通、团队决策、团队学习、团队制度与文化为主的十个专题化内容。

本教材不是企业团队建设培训的工具包，而是面向本科生，介绍团队研究与团队协同方面的经典理论及其演变（包括团队理论与实践、团队精神与专业使命等方面）的专题化通识读本，力求为学生认识个体、群体与团队，以及如何形成团队、提升效能、固化优势、应对挑战提供一种通行的知识体系与认知框架。

本教材编写人员分工如下：西华大学赵修文、刘雪梅、肖金岑、李思琪担任主编，进行总体大纲、内容设计并统稿；第一章由西华大学管理学院赵修文、刘雪梅编写，第二章由西华大学国际经济与管理研究院钱雪、管理学院肖金岑编写，第三章由西华大学国际经济与管理研究院杨国坤、管理学院肖金岑编写，第四章由西华大学国际经济与管理研究院王苗、管理学院李思琪编写，第五章由西华大学管理学院杨天然、李思琪编写，第六章由西华大学国际经济与管理研究院王宝会、管理学院李思琪编写，第七章由西华大学管理学院张扬露、刘雪梅编写，第八章由西华大学管理学院肖金岑、国际经济与管理研究院钱雪编写，第九章由西华大学管理学院李思琪、刘雪梅编写，第十章由西华大学管理学院刘雪梅编写。

在本教材编写过程中，编写组在内容取舍、章节安排、结构设计、表达方式和排版等方面听取了多方意见，进行了反复修改。在此，特别感谢四川大学商学院陈维政教授等专家提出的宝贵修改意见。由于作者水平有限，本书仍存在疏漏甚至不当之处，敬请读者批评指正。

编写组

2023 年 5 月

目　录

第一章 团队协同概述：1+1 如何大于 2?

本章要点
CHAPTER CHECKLIST

- 什么是团队
- 为何团队如此重要
- 团队与个体行为的相关理论
- 团队协同与管理

第一节　认识团队

一、什么是团队

课前导读
PRE-READING

北京时间 2022 年 2 月 6 日晚，2022 年女足亚洲杯决赛在印度打响。中国女足在上半场两球落后的不利局面下，下半场凭借唐佳丽和张琳艳的进球追成 2 比 2 平。伤停补时阶段，肖裕仪的进球绝杀韩国队，以 3 比 2 的比分，时隔 16 年第 9 次捧起亚洲杯冠军奖杯。

资料来源：https://baike.baidu.com/item/2022%E4%BA%9A%E8%B6%B3%E8%81%94%E5%8D%B0%E5%BA%A6%E5%A5%B3%E8%B6%B3%E4%BA%9A%E6%B4%B2%E6%9D%AF/55931298? fr=aladdin。

2021 年 11 月 7 日凌晨，在冰岛举行的英雄联盟 S11 总决赛中，中国战队 EDG 获得全球总决赛冠军。EDG 夺冠让年轻群体欢呼雀跃，大半个娱乐圈明星为 EDG 打 call，各赛事直播平台的观看量高达 11.7 亿人。这个很多人既未曾关注也看不懂的赛事，一夜间站到全民舞台的中央，让具有代际特征的电竞文化家喻户晓。

资料来源：https://news.zhibo8.cc/other/2022-07-14/62cfc840f1941.htm。

2022 年 6 月 14 日，华为煤矿军团全球总部暨山西区域总部项目落地签约活动举办，华为公司创始人、CEO 任正非出席。任正非表示，太原区位条件优越，产业基础雄厚，能源优势突出，应用场景丰富，在太原布局煤矿军团全球总部，是华为基于山西在矿山行业发展的重要地位做出的战略决策。煤矿军团成立于 2021 年，是华为成立最早的一个军团。此前，华为轮值董事长胡厚崑表示，华为在尝试一种新的组织形式，叫做军团，实际上是一个集成团队，不光有销售，还有需求管理、行业解决方案开发、生态合作以及服务等资源。其特点是，每个团队针对一个特定行业，能够深入了解客户的需求。

资料来源：http://www.myzaker.com/article/62aaec808e9f0945ea193ab4/。

什么是团队？大多数对团队的定义都特指其为“工作团队”（work team），并明确指出通过团队成员的共同努力能够产生积极的协同作用，且团队成员的努力会导致团队绩效远远大于个体绩效之和。这帮助我们了解了为什么许多组织或非常重要的任务倾向于采用团队的方式来开展工作，甚至围绕团队来重新建构任务流程。美国著名的管理学教授、组织行为学领域权威罗宾斯教授指出，对组织而言，工作团队的积极协同作用能够提高组织绩效，因为团队为组织创造了一种“潜在可能性”，即在不增加投入的前提下提高产出水平。

团队在《现代汉语词典》中的释义是“具有某种性质的集体；团体”；团队在《韦氏词典》中的释义是“在工作或活动中有联系的一群人”。可见，在这个层面，对团队的界定是基于一种群体观而非功能观，其关键词是“联系”。

然而，我们通常所指的“团队”主要是一种狭义的定义，即工作团队。在绝大多数工作场景中，一个任务小组可能需要不同小组成员相互协调支持，一个部门需要部门中的成员彼此分工配合，一个组织需要全体组织成员朝着共同的目标而奋斗。因此，英国兰卡斯特大学组织心理学教授韦斯特指出，“团队是指人数较少的，共同为一个明确的、具有挑战性的任务而工作的一个群体，这个任务由群体一起完成比由个体独立或者平行工作完成更高效；这群人拥有明确的、共享的、具有挑战性的、直接源自任务本身的团队层面的目标。为了实现这些目标，这群人不得不紧密联系、相互依靠；这群人在其中扮演各自独特的角色（尽管有些角色可能会重复）；这群人拥有必要的权威、自主权和资源以实现团队的目标。”韦斯特的定义详细地描述了团队存在的目的、团队的组成、团队的角色等，其关键在于“协作”。

团队并非高效、协同的必然保证，正如罗宾斯所说，它创造的是一种“潜在可能性”。如果仅仅把工作群体、任务小组等在称呼上改为工作团队，而没有实质性合作与有机衔接。因此，首先应当明确，团队之所以能够发挥作用，并非这种形式，而是团队中的人如何理解自己的团队和自己的角色，如何通过协作来共同完成某些特定的任务。

基于此，我们认为，团队是由两个以上个体组成的，具有特定目标和高度组织化的群体，其关键在于目标统一、协同作战、责任共担、能力互补。

（一）团队的任务要求

在开篇案例中，中国女足、EDG 和华为煤矿军团的任务各不相同，但是这并不妨碍我们对团队及其任务的理解。团队任务是不是团队建设的必要前提？是不是把任务在团队内做好分解就可以比单个人完成得更好？

首先，团队必须有明确的任务或目标。无论这个目标是参加数学建模竞赛，还是联合攻克一个技术瓶颈，抑或是完成一次接力赛。为什么？因为如果没有明确的任务，仅仅是为了建立团队而建立团队，团队成员就很难聚焦某一具体的关注点上，也很难找到协作的方向。如果没有具体的任务承载，即便是“全明星队”，也可能会因为没有共同奋斗的目标而酝酿出人际冲突、积累负面情绪。最终，不仅会导致团队解散，还会产生更持续性、深层次的不良影响。

其次，并非所有任务都需要由团队来完成。比如一辆公交车驾驶员，在驾驶一辆汽车时，不需要与其他司机密切配合，只需要在接到驾驶任务后，按照规定路线安全规范运载乘客。但是，若公交车在行驶过程中偶遇车辆故障，则需要由车队队长、调度人员、其他驾驶员、故障排查检修人员等合作，共同完成对乘客的安全转运和车辆的检修任务。与之相对的是，足球队和篮球队也可以称之为团队，是因为团队成员之间不得不相互依赖地工作、不断地沟通、了解彼此的角色并共同执行一项战略。

所以，团队既需要“做点什么”，更需要确定“什么适合团队做”。在确定某项任务是否需要由团队执行前，有必要对以下七项衡量指标开展综合评估，用于分析哪些任务可能更适合用团队的形式来完成。

（1）任务的完整性：如果任务涉及与不同环节联动，或任务本身就是系统性工程，而非通过分工而形成的单一技术任务，这种任务很大程度上就需要团队来完成。

（2）多样化的技能要求：当一些任务的完成对一系列技能有要求，而这些技能又往往被不同的个体拥有时，想要提高任务完成质量则需要技能结构互补的团队。

（3）任务对依赖性和互动的要求：当一些任务要求人们以相互依赖的方式一起工作，交流、分享信息，以及讨论什么才是完成工作的最佳方法时，团队是更好的选择。

（4）任务的重要性：如果任务对于组织或整个社会非常重要，且当这种重要性通常超越团队成员自身的利益时，则需要团队凝聚力量重点推进。

（5）任务提供的学习机会：如果在任务完成过程中能够为团队成员提供发展以及丰富他们的技能和知识的机会，则团队可能是一种很好的学习交流模式。

（6）任务的可扩展性：如果任务能够不断发展，从而为团队成员提供更多的挑战，并需要他们承担更多的责任、不断学习新的技能时，则团队将会成为一个促进发展的平台。

（7）团队自主权：如果相关事务有较大程度的自主权，包括自主决定是否引入新任务或新成员，甚至更多关于任务完成的细节的自主决策，则形成团队是一种更好的途径。

（二）团队与群体

有许多术语被用来描述在一起工作或产生联系的人群，如项目组、工作组、创始团队，等等。当我们在讨论这些人群的时候，我们通常会把“团队”和“群体”混淆在一起。那么，什么是群体？罗宾斯教授指出，“群体是为实现特定目标而组合到一起并形成互动和相互依赖关系的两个或更多个体”。

实际上，当一位新进职员加入部门工作时，他不一定会迅速融入所在群体，甚至他所在的工作群体还不打算轻易接纳他（通常，人们只有通过一段时间的观察，才会从心理上决定是否接纳他），但他必须接受由于工作关系而建立的任务关系和人际关系，并对必须要完成的任务做出响应。在这种群体中，人们虽然彼此联系，但也许并不能真正地协同合作，甚至可能会因为一些不愉快的过往而影响工作。

同时，人们又可能很频繁地和一些有某种共同兴趣爱好的人集结在一起，比如一群爱好骑行的朋友、围棋社或业余摄影协会等。这些爱好者们的互动程度可能会较高，但却可能相对独立，甚至当兴趣爱好发生改变或与之有冲突产生时，又会非常容易离开。因此，虽然在某些群体中人们的互动程度可能较高，但这种群体却不够稳定。

由此可以看出，团队与群体既有联系又有区别。关于这部分的具体内容，我们将在本书第三章具体介绍。这里主要阐述两个基本点。

1. 群体成员相互联系但不一定协同

罗宾斯教授指出，群体不仅有正式群体，而且有非正式群体，其区别在于是否由正式的组织结构或由组织制定。正式群体和非正式群体广泛存在于各种工作、学习和生活场景中。进一步，从功能上看，还可将群体分为命令型群体、任务型群体、利益型群体和友谊型群体（见图 1.1）。

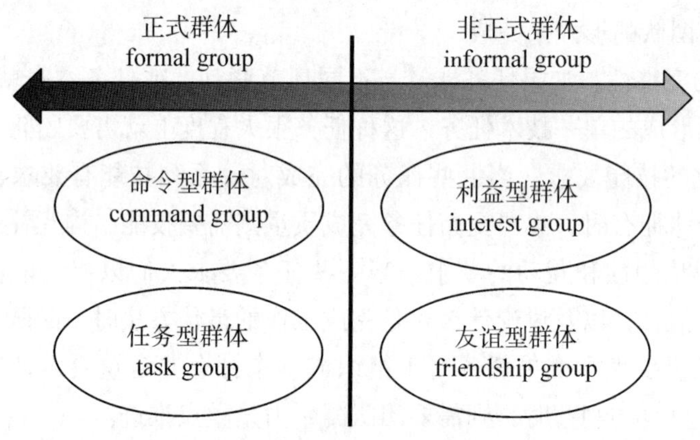

图 1.1　群体类型划分

（1）命令型群体，是由正式章程或规定决定的，由直接向某个管理者汇报工作的下属组成。在各级各类组织中，这种群体最为常见，比如某公司销售部门主管下属的五个一线销售人员组成的命令型群体。

（2）任务型群体，是指由组织确定的，为了完成一项任务而共同工作的群体。任务型群体比命令型群体的范围更广，不仅仅局限于上下级关系，还可能是跨越命令关系因某项任务的完成而组成的群体，比如前面提到的公交车在运行过程中要处理突发车辆故障时，需要共同完成车辆检修、乘客转运任务的跨部门组成的工作群体。

（3）利益型群体，是指为了某个共同关心的具体目标而走到一起的群体。比如一些关心身体健康的人可能会自发组织起来监督在工作场所是否有人在室内吸烟等。

（4）友谊型群体，是指有某种共同的特征或兴趣爱好而走到在一起的群体。比如上述提到的骑行爱好者群体、业余摄影者群体等。

2. 团队是一种特殊类型的群体

所有影响群体的因素都会影响团队。但是，并不是所有的群体都是团队，团队的绩效还受到其他类型的群体所不具有的因素的影响。如表 1.1 所示，与群体相比，团队还具有四个区别。一是目标：团队建立的基础是团队成员有集体所追求的目标。人们为了共同的目标在一起工作，他们相互之间彼此信任。这种共同目标会产生集体责任感，促进了团队成员对集体责任的承诺。二是责任：团队成员在追求共同目标时，会有集体承担目标责任的承诺，而不是“各家自扫门前雪”的模式，会调动所有资源促使集体目标的达成。三是协同：为了改变合作模式，团队成员之间会相互积极地促进、配合，而不是为了各自局部利益的协调。四是技能：团队成员拥有各自的技能和专长，团队成员之间相互了解彼此的角色、特长、重要性。在完成同一项工作任务时，团队成员之间对于完成同一项工作任务具有技能互补性。

表 1.1　群体与团队的区别

区别	群体	团队
目标	单个相加	集体绩效
责任	个体取向	集体取向
协同	一般中性	积极配合
技能	随机结合	相互补充

所以，团队和群体既有联系又有区别。团队是一类特殊的群体，但团队始终围绕如何有效达成目标而开展协同合作。如果某团队的效率正在降低，或者团队合作正在消失，那么团队任务和目标的达成就会受到严重影响。

（三）团队运行的有效性如何发挥

根据韦斯特的观点，团队运行有两个基本维度，即任务维度和社交维度。这两个维度是团队潜力和优势的必要条件。

任务维度是指团队需要完成的任务。团队建立和存在的根本原因是它们能比个体更有效地完成某些任务，进而实现组织的整体目标。实际上，一些特殊任务也只能由团队来完成，单独的个体在面对此类任务时基本无能为力。比如，制造一辆方程式赛车、设计完成一架无人机等。也正是因为如此，仔细分析任务的内容对于理解团队合作变得尤为重要，同样重要的还有对团队成员执行任务的战略和流程的分析。

社交维度是影响团队成员作为一个社会单元如何在一起工作的社交性因素。在完成任务的同时，团队是由具有各种不同需求的成员们组成的，这些需求涉及情感、社交以及其他人类需要，而团队既有可能帮助成员满足这些需求，又有可能毁掉成员对这些需求的追求。因此，来自其他团队伙伴的重视、尊重和支持就成了一个必要条件，决定了团队成员能否提供新的思路来改进工作，进而确保团队的有效性。

因此，为了有效地发挥团队的作用，团队成员必须积极地专注于自己的目标，定期评估其实现路径和团队的工作方法，这就是“任务反思”。同时，为了提升成员的幸福感，团队必须反思其支持成员的方式、解决冲突的方式，以及团队整体的社交和情绪氛围，这就是“社交反思”。如果围绕团队的任务维度和社交维度来划分团队类型并分析其有效性，可以得到如图 1.2 所示的 2×2 的团队类型。这些团队类型体现了它们对团队有效性产生的影响。

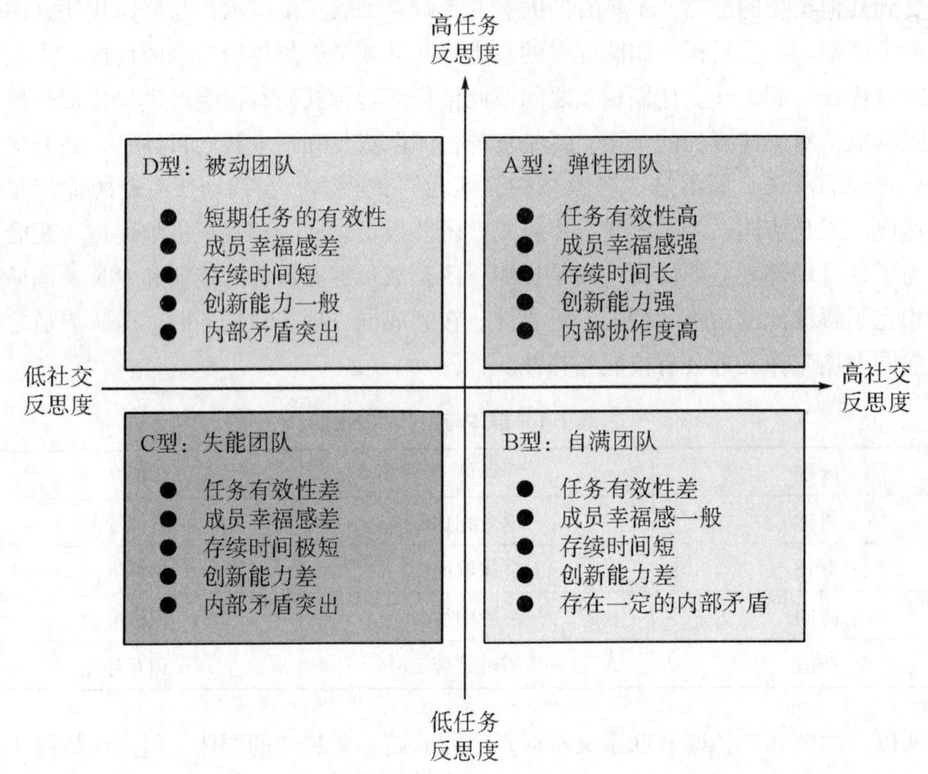

图 1.2　基于任务维度和社交维度的团队类型及其特征

图 1.2 中，A 型被称为弹性团队，其在任务维度和社交维度两个方面表现得都很出色。也就是说，这种团队能够在变化的环境中及时、恰当地反思其目标、流程、任务和社交支持战略。这类团队，其成员的幸福指数、工作效率以及团队的存续力普遍较高。换言之，他们有能力和意愿一起继续工作。这类团队在任务维度和社交维度两方面同时展现出的高水平，使得他们能够适应不断变化的环境，并确保实现持续的高绩效。因此，他们也更有可能进行创新，并有能力与组织内的其他团队有效合作，从而促进目标任务高质量完成。

B 型被称为自满团队。其特征是社交维度较高和任务维度较低。这类团队的成员之间充满友情，彼此之间相互支持并富有凝聚力，但缺乏有效完成任务的能力。团队成员不愿花时间来反思团队的任务目标、战略和流程，因此无法正视存在的绩效难题，这进一步阻断了他们从错误中学习的机会，也使他们无法改进其表现以确保有效性。因此，虽然团队成员充满幸福感，但组织对此类团队的绩效并不满意。而且，由于团队绩效的失败（或者说不甚成功），团队成员往往会对自己的团队身份感到失望，而这会进一步威胁到整个团队的存续。在这种情况下，即使团队成员愿意继续合作一段时间，组织也很可能会解散团队。从长远来看，在一个效率低下的团队里，其成员所感受到的低竞争力情况最终会对他们的幸福感产生不利影响，从而会降低他们的体验感、满意度，让人缺乏创新的动力。

C 型被称为失能团队，这是所有情况中最糟的一种。其特征是任务维度和社交维度双低。这类团队在任一维度上都没有能力反思和做出改变。他们无法实现长期续存，因为不论是团队成员还是领导，都会对团队内部的人际关系和失败的表现倍感失望。而令人沮丧的绩效将会使组织领导深感挫败，进而直接干预甚至解散团队。针对处于这种情况中的团队，应该立即采取措施，对其任务维度和社交维度同时进行持续干涉。安全感和有效性的双重缺乏将会抑制团队的创新能力，而团队的糟糕表现也会带来与其他合作者的冲突，因为这种团队总是无法完成任务，势必会影响多团队协作的效率。

D 型被称为被动团队。其特征是任务维度较高和社交维度较低。这种团队要求其成员少分心，尽可能快地完成目标任务。从短期来看，这类团队的任务绩效普遍良好，但其糟糕的社交功能将会降低团队的存续能力和成员的幸福感。团队成员不喜欢在这类团队中工作，因为他们在工作中很少得到支持，社交氛围很差。此外，由于成员缺乏安全感，这类团队的创新水平也普遍较低。团队本身没有能力去反思其作为一个社会单元的健康程度，并且很少有人会投入精力去解决这方面的问题。从长远来看，这类团队无法充分发挥其潜力。在缺乏积极、互助的氛围时，团队内部的合作水平会很低，团队的创造力和创新能力都将受到限制。当然，在某些极端情况下（如短期危机），团队可能需要专注于单一任务，并且忽略其他方面。但在经历了一定的时间后，团队必须对其社交功能进行健康评价。在任何团队，支持、后援、激发和引导大都是联结团队成员的关键行为。此外，由于此类团队成员是被动的，他们很可能会与他们的合作团队发生冲突，因为他们完成任务的效率不高从而容易心浮气躁，或者是过于关注自己团队的表现而忽略了向协作者提供帮助。

延伸阅读

SUPPLEMENTARY CONTENT

积极情绪可以为团队带来什么？

现有研究已经强有力地证明了积极情绪的重要性，比如，希望、快乐、幸福、幽默、兴奋、喜悦、自豪感和融入感等，它们是人类力量的源泉。当我们沉浸在积极的情绪中时，我们会以更加灵活开放的方式思考，而且我们能够考虑到的可能性也比在焦虑、沮丧或生气的情绪下更广泛。这些反应能够使我们充分运用自己所处的环境中的资源，从而使我们的工作事半功倍。此外，在积极的情况下，我们更偏向于将挑战视为机遇而非威胁。当我们感受到积极的情绪时，我们能够展现出更强的自制力，更有效地应对工作，并且在工作中更少表露出攻击性。积极情绪的好处还不止这些，它还能外溢至“亲社会行为”——合作和利他主义。

※启示

通过为团队成员创造一个积极的情绪环境，我们可以激发出团队成员的组织公民行为。换言之，团队中的成员会自发地帮助其他成员和其他部门，甚至会主动承担本职工作之外的任务。团队中是否有组织公民行为是有效率和普通团队的主要区别。

资料来源：马丽云，莫文．自我损耗下积极情绪对亲社会行为的影响［J］．心理与行为研究．2022，20（5）：684-691.

二、为何团队如此重要

我们的社会一直面临这样一个挑战：如何将不同人的想象力与辛勤工作有效地结合起来，从而实现那些已成为共识的价值，并最终提高我们的学习、生活和工作的质量？针对这一问题，最佳解决方案就是团队协作。诚然，团队协作并非一个新鲜话题，但在过去的200多年，随着社会经济发展和技术进步，团队协作模式已经发生根本性的变化：不论是组织还是个体，快速发展的需求已经无法再单打独斗。任何组织或者个体想要实现其期望目标、克服其面临的问题，都必须与其他个体或团队进行系统性协作。

（一）团队协作的成就与发展

人类社会的生活、工作和娱乐都离不开与他人合作。在群体和组织里，我们同时展示出我们的集体身份和独特个性。我们的身份是由我们所处的位置和所属的群体赋予的，比如，社团、专业群、工作组织等。正是因为我们学会了共同合作，人类作为一个物种才取得了如此惊人的成就。通过绘制人类基因组，我们发现了成就人类的生物化学过程，并且还探索了宇宙的起源及其外部极限。这些非凡的成就主要是通过团队取得的。当我们彼此合作时，能够完成的工作比单打独斗时要多得多。这就是团队协同的基本原则：一个团队的工作成就要大于其成员个人能取得的成就的总和。

当我们独自面对困难时，常常会感到无助；当我们一起面对困难的时候，不论是集思广益还是得到团队成员的支持，我们都会更加容易克服。纵观人类历史，人们大部分时间在小群体或小团队中工作。200多年以来，人们才开始在更大的群体中工作，这种群体被称为“组织”。在组织出现的很长一段时间里，人们都在农业或手工业的小作坊团队里从事某种生产，大家都很熟悉各自的知识、技能和能力，团队协作也经历了很长一段时间的发展与磨合。然而，在现代组织中，每个人或许都同时是多个团队的一分子：你既可能是一个小型专业团队的负责人，又可能是另外一个协调团队的普通成员；你一方面与一个团队内部不断互动，另一方面又持续与团队外部或其他团队频繁互动。这种复杂网络使得个体与团队的有效性面临许多挑战。

如今，团队协作已经跨越组织和国家的边界。从教育领域来看，你既可以通过互联网修读各种线上课程，还可以通过虚拟仿真、人工智能及云计算实现地区间、国与国间的研究合作。从生产领域来看，许多制造商与其供应商组成团队，以提高质量、降低成本，并确保产品质量得到持续改进。越来越多的来自不同文化背景、拥有不同社会地位、隶属于不同组织或国家的人开始以团队的形式共事，完成各种复杂任务和挑战。

（二）团队工作的优势

课前导读

PRE-READING

共建“一带一路”，河钢集团塞尔维亚钢铁公司中方管理团队奏响多瑙河畔的“钢铁交响曲”

在多瑙河畔的古城斯梅代雷沃，河钢集团塞尔维亚钢铁公司（以下简称“河钢塞钢”）的热轧车间里，机器轰鸣、钢花飞溅，工人们在一丝不苟地工作。在河钢塞钢的货运码头上，货船装卸原料，一派繁忙景象。

河钢塞钢的前身是拥有百年历史的斯梅代雷沃钢厂，后因经营不善而连年亏损。2016 年 4 月，中国河钢集团收购了斯梅代雷沃钢厂，并在短短半年内实现扭亏为盈，5 000余名员工重返工作岗位。带领斯梅代雷沃钢厂成功转型的是一个仅有 9 人的中方管理团队，他们坚持不懈、辛勤付出，赢得了当地同事的信任。河钢塞钢执行董事宋嗣海仍然清晰地记得 6 年前初次走进钢厂时的场景：“钢厂虽然经营不善，但当地工人仍能用 20 世纪 70 年代老旧的轧机生产出 A4 纸厚度的钢板，这样的工艺难度证明了这些员工都是企业的财富，我们一个也不能放弃。”河钢塞钢中方管理团队下定决心，一定要把钢厂的所有工人留住、用好。

中国河钢集团在接手斯梅代雷沃钢厂之初，无论是经营模式、生产技术，还是市场对接、财务结算，都是河钢塞钢中方管理团队面临的新课题。其中，亟待解决的是早日恢复生产，和塞方伙伴建立信任关系。此前，斯梅代雷沃钢厂仅有一台高炉在运转，生产能力不及原有设计能力的 1/3。基于对市场的研判，河钢塞钢中方管理团队决定重启停产多年的 2 号高炉，充分释放产能。副总经理王连玺表示，2 号高炉点火开炉 1 个月后，粗钢产量就翻了一番，这点燃了斯梅代雷沃员工的工作热情。

在恢复生产的同时，河钢塞钢中方管理团队对河钢塞钢设备逐一进行诊断分析和改造升级。首席技术官赵凯星带领技术人员守在生产一线，严把每道关口，“以粗轧机为例，经过大修后不但能够保持生产的连续性，还把热轧产品的不合格率从 0.14%降到 0.03%。”

河钢塞钢中方管理团队从河钢塞钢引入 20 多项技术和管理制度，在挖潜增效方面下足了功夫。一直以来，河钢塞钢都用精料制钢，成本居高不下。生产运营及采购总监魏东明引入全成本核算理念，实施废渣配比再利用，用“经济料”产出更高标准的钢材，一年就能节省 3 000 万美元以上。市场部部长高峰通过广泛调研钢铁市场，最终将月产千吨的钢板“边角料”成功出售……

“中国伙伴带来了更长远的计划、更精细化的管理制度和更成熟的发展理念。”河钢塞钢首席运营官瓦拉丹·米哈伊洛维奇说。一炉又一炉耀眼的钢火，见证了斯梅代雷沃钢厂的转变。自 2016 年年底以来，河钢塞钢钢铁年产量从 50 余万吨提高到最高 177 万吨；2018 年，河钢塞钢首次成为塞尔维亚第一大出口企业，优质钢材出口到 30 多个国家和地区。

河钢塞钢中方管理团队将“利益本地化、用人本地化、文化本地化”的理念融入河钢塞钢的日常经营管理，河钢塞钢创造的经济效益主要用于企业扩大再生产、生产设施再完善、员工待遇再提高。据统计，斯梅代雷沃10万人口中有2万多人的工作与河钢塞钢有关联，河钢塞钢的重生为当地的发展注入了新动力。

一个团队盘活一家钢厂，一家钢厂振兴一座城市。当河钢塞钢成立两周年时，河钢塞钢中方管理团队收到了一名当地员工亲手制作的礼物。年届八旬的退休职工扬科维奇握着高峰的手，还向他展示家中珍藏的中塞两国国旗。这位老人说，自己曾遭受挫折，生活贫困，如今家里四代人都在河钢塞钢工作，日子过得红红火火。许多员工的孩子都开始学习中文，希望长大后前往中国留学……

对于河钢塞钢中方管理团队的每个人来说，一方面是与塞尔维亚朋友们朝夕相处结下了深厚友谊，另一方面是对远隔万里的亲人们充满思念和愧疚之情。每逢佳节，他们在忙碌一天后一起吃顿饺子，算好时差给家人拨个视频电话。一年又一年，他们坚守在河钢塞钢这个“远方的家”，把对故土和亲人的眷恋化为工作的动力。

作为共建“一带一路”、推进国际产能合作的践行者，河钢塞钢中方管理团队从未停下前进的脚步，钢厂技术经营指标持续提升。如今，一座更加绿色、资源配置更加高效的现代化钢厂正在加速崛起。

宋嗣海说，团队将继续努力开拓，不断奏响中塞合作“钢铁交响曲”的强音。

资料来源：https://baijiahao.baidu.com/s? id=1738734831974691071&wfr=spider&for=pc。

以上案例介绍的塞尔维亚斯梅代雷沃钢厂坐落于距中国万里之外的多瑙河畔，本是一家近年来连续亏损、几近破产的百年钢厂。由于“一带一路”倡议的发起，一个由9人组成的河钢集团中方管理团队肩负重大使命，在两年多的时间里，让百年钢厂重现活力，书写了一段“中塞一家亲”的故事。

那么，为什么要采用团队的方式工作呢？简言之，是因为团队能够使人们完成个体状态下不可能完成的事情。更进一步，团队工作具备如下两个方面的显著优势：

优势一：团队是完成复杂任务、提高组织效率的绝佳方式。

团队使组织能够以快速、经济的方式开发和交付产品与服务。团队可以更快、更有效地完成任务，是因为其成员可以并行工作并且相互支持。与之相反，个体以连续的工序去完成任务则要慢得多。以电子游戏制作为例，不同的团队会分别负责不同的关键工序，展开并行工作；在此基础上，他们各自的贡献会被整合起来以确保最终产品的快速交付。当组织采用以团队为基础的结构时，由于团队取代了个人成为基本的工作单元，那些拖慢组织决策流程的冗繁层级就会大量减少。以团队为基础的组织，具有扁平化的结构，能够迅速、有效地做出反应（Cohen and Bailey，1997）。例如，如果基本的功能单位是团队而不是个人，那么组织的协调和指导工作将会更加有效。为7个团队（每个团队7个人）设置目标，并使之与组织目标相一致，比为49个人设置目标要容易得多。因此，想要提高管理效率、减少管理层级，团队工作是必不可少的。

优势二：团队能够提高决策质量、促进创新。

通过结合团队成员的不同观点，决策会变得更加全面。拥有多样化背景的团队成员会从不同的角度出发，审视如何更好地为客户提供产品和服务的想法与决定。例如，在一个川菜工业化开发团队中，承担营销角色的成员可能会根据自己对消费者的偏好了解来挑战团队中的食品专家关于产品质量等方面的决定。因为食品专家无疑更加注重菜品的营养与安全而非颜色等外观，并且其他团队成员在生产过程、包装、促销和成本方面的观点都将有助于塑造更好的产品。研究证明，经过多样性的合理搭配会带来高质量的决策和创新（van Knippenberg and Schippers，2007；West，2002）。在以团队为基础的组织内部，成员间彼此激发并充分交流，从而推动了创新。当我们把拥有与团队目标相关的知识、技术和能力的成员组织在一起时，他们分享观点和知识的过程将会挑战那些原有的假设，并为探索新的、改进的做事方法提供空间。

从更一般的层面来看，团队还是：

·利用个体才能的一种更好的方式；

·能够更加灵活、快速地应对环境变化；

·能够被快速地组合、配置、重新聚焦和解散；

·激励个体和其他成员的投入；

·促进个体参与决策；

·营造组织中的民主气氛，提高员工的积极性。

（三）高绩效工作团队的特点

应当注意的是，虽然上述优势都可能促使团队工作更加有效，但引入团队工作并不总是成功的必然保证。如果简单地把一个部门、一群人、一个小组重新命名为“团队”，并不能带来真正的团队合作，还有可能会导致效率、产出、创新能力和满意度的全面下降。正如罗宾斯教授所言，团队并不总是有效。因此，很有必要了解如何才能提高团队绩效并打造一支能够持续创造高绩效的精英团队。

1. 清晰的目标

高绩效团队对所要达到的目标应该有清楚的了解，并坚信这一目标有重大的意义和价值。而且，这种目标的重要性还激励团队成员把个人目标升华到团队集体目标中去。在高绩效团队中，成员清楚地知道团队希望他们做什么，以及他们怎样共同协作以完成任务。

2. 相关的技能

高绩效团队是由一群有能力的成员组成的。他们具备实现预期目标所必需的技术和能力，相互之间有能够进行良好合作的个性品质，从而能出色地完成任务。后者常常被人们忽视，但却尤为重要。有精湛技术的人不一定就有合作技巧，高绩效团队的成员往往必须兼而有之。

3. 相互的信任

通过团队学习而形成的文化和团队管理者的行为塑造，对营造相互信任的团队氛围影响较大。如果团队崇尚开放、诚实、协作的办事原则，同时鼓励成员的参与和自主性，它就比较容易形成信任的环境，从而能帮助团队管理者建立和维持信任的行为。

4. 统一的承诺

高绩效团队中的每个人都是一个责任担当者。为了使团队获得成功，他们敢于承担责任、敢于立下誓言、敢于做出承诺。在高绩效团队中，每个成员都以团队的荣耀为自身的荣耀，都以团队目标的实现为自己最大的贡献和价值体现。因而，在这种集体主义之中，每个人都有其对于团队的责任感和使命感。团队的凝聚力和战斗力在这里可以得到最好的体现。

5. 良好的沟通

团队成员通过畅通的渠道交流信息，团队管理者和团队成员之间有健康的信息反馈机制，并经常进行以获取超过个人水平的见解为目的的深度会谈，鼓励成员将他们认为最困难、最复杂、最具冲突性的问题放到团队中来讨论，自由地表达各自的观点并加以验证，使彼此真诚相对，让每个人以正式的想法在交流中碰撞出火花。

6. 杰出的领导

有效的团队领导能够让团队成员跟随自己共同渡过最艰难的时期，因为他们能为团队指明前途，向成员阐明变革的可能性，增强成员的自信心，帮助他们挖掘自己的潜力。高绩效团队的领导者往往担任的是教练和后盾的角色，对团队提供指导和支持，但并不试图去控制它。

7. 内外部条件的支持

从内部条件来看，高绩效团队应该拥有合理的团队结构和制度安排，以及完成任务必要的人力、物质和资金等资源保障；从外部条件来看，团队领导者还应该给团队提供各种外部信息和资源，以确保任务朝着预定的方向推进。

第二节　团队协同的理论基础

一、团队与个体行为的相关理论

（一）组织行为学

1. 组织行为学的基本框架及特点

组织行为学（organizational behavior，OB）是一个研究领域，它探讨个体、群体以及结构对组织内部行为的影响，目的是应用这些认识来提升组织绩效。组织行为学围绕行为研究决定组织中行为的三类因素：个体、群体和结构。简言之，组织行为学关注的是人们在组织中的行为以及这些行为如何影响组织的绩效。

罗宾斯教授认为，我们每个人都是行为的研究者。他指出，人们几乎一生中都在“解读他人”：观察他人的言行举止，并试图解释自己所看到的内容。甚至人们还会试图预测，他人在不同场景下会如何行动。遗憾的是，我们的这些“解读”，常常因为认识片面而思考不足，或过度理解，而导致错误的预测，认为别人给了“错误的信号”。殊不知，这都是因为没有基于重要的、稳健的事实及事物间的关系，没有建立在系统的认知理念和证据上。实际上，人的行为并不是随机发生的；相反，我们可以找到所有人的行为当中存在的一些基本的一致性或规律，然后加以修正以反映个体见的差异。这些基本的一致性或规律是非常重要的，因为它能使我们有依据地预测他人的行为。

这就是组织行为学日益成为非常重要的应用型的行为科学的原因，并在众多行为科学分支的基础上建立起来。对它有主要贡献的领域包括心理学、社会心理学、社会学和人类学等，见图 1.3。根据罗宾斯教授的归纳，我们可以从这些对组织行为学有贡献的学科中得到组织行为学的研究领域及对边界的初步认识。

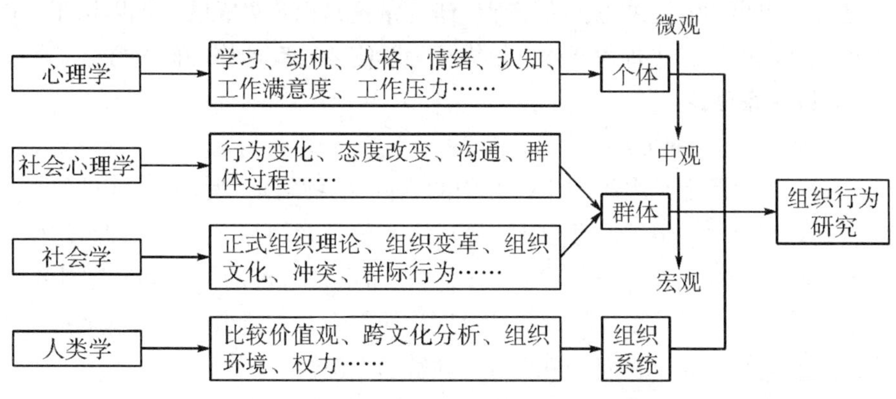

图 1.3 对组织行为学做出贡献的学科框架

由此可见，组织行为学研究由于观测层面不一样，分为：一是个体层面的分析，比如有关个体人格、动机、情绪、认知等方面的问题；二是群体层面的分析，比如群体的行为及其变化、群体沟通、冲突等方面的问题；三是组织系统层面的分析，比如组织环境、组织结构等。这些不同是由于观测角度的不同而产生的。最终，组织行为学的研究目标是提高组织的产出，由此总结出不同层面的规律从而提高组织效率。

2. 组织行为学的研究范式思路

作为一个系统性研究领域，组织行为学关注千变万化的工作行为背后的共同规律。尽管工作行为千差万别，组织情境也很少有完全相像的，但是人们的行为还是有着共同的规律。组织行为学的目标就是要用准确的语言去描述组织情境中的行为规律，并以此推测其他类似组织情境中的行为。由于团队通常嵌套于组织中，因此对团队进行研究需要以组织行为学作为基础。

那么，如何开展组织行为学研究？与其他社会科学研究范式类似，组织行为学在分析总结行为规律的时候，一是需要思考不同的组织现象背后的共同规律，考虑已有的理论概念是否能够有效地解释现有的组织现象，考虑这些理论概念是不是现象背后的共同规律。以组织中的团队为例，为什么在大多数团队成员表明坚持一种观点时，持有另外一种观点的少数成员会感觉到压力和焦虑以至于在发表意见时更容易保持沉默？这便是“群体规范”约束了团队成员的行为。二是需要思考在解释具体组织情境中的工作行为时，原本带有普遍性的理论规律是不是需要修正、是不是需要根据组织情境加入限制性的边界条件，以便能够更加有效地解释组织现象。例如，团队领导若对团队成员持续表现出的语言性或非语言性的敌意行为，即所谓的“辱虐管理”，则可能会因为给团队成员带来巨大压力而负面影响团队的工作。那么，这种压力一定是破坏力吗？最新的研究从归因视角阐释了一个有趣的结论：倾向于认为事情都是别人造成的（外部归因）成员更容易受到负面影响，进而将压力变成破坏力。然而，倾向于认为事情是由自己造成的（内部归因）成员却与之相反，他们认为，这种压力可能是由于自己的能力不足造成的。因此，他们会将这种压力转化为工作动力，从而提高工作绩效。

从上面的例子可以看出，组织行为学之所以是一门科学，主要是因为它的结论都是通过系统的观测和分析得出的。组织行为学的理论都是在对组织中个体、群体和组织不同层面的工作行为的观察和数据分析的基础上，通过理论推断形成研究假设，然后在实证检验的基础上得出的研究结论。为了保证研究结论是稳定可靠的，可以用于解释、预测在一定组织情境中的工作行为规律，组织行为学需要一套严格的研究方法。

（二）人际关系理论

1. 人际关系理论与霍桑实验

人际关系理论实际上是组织理论研究中的人际关系学派，发轫于 20 世纪 30 年代。其主要观点是，与只关注组织本身相比，研究者和管理者们都逐渐认识到组织中的人的重要性。他们认为，组织是有鲜活韧性的团体，而不是机械的结构和冷冰冰的工作关系。这一认知催生了人们对系统理论和权变理论的探索，为组织行为的解释提供了实证性的理论框架，大大提高了我们对组织行为理解的准确性。

人际关系理论特别强调更为广义的人性问题的关注，包括对工作动机、自主管理、在管理和组织上倡导彼此信任和开放的工作氛围。1938 年，切斯特·巴纳德（Chester Barnard）率先提出了新的组织理论，巴纳德认为组织是合作的社会系统而不是像机器一样的技术结构。因此，巴纳德注意到兼具信息流动的复杂性和底层权威性的非正式组织，是组织内生而不是管理本身能有意折腾出来的一种特殊群体。比如，某些小团体要么有利于组织目标完成、要么对组织目标有损害。紧随巴纳德的研究，著名的霍桑实验问世。

霍桑实验是美国哈佛大学教授乔治·埃尔顿·梅奥（George Elton Mayo）等人 1924—1932 年在美国西部电力公司霍桑工厂所进行的一系列实验的简称。与其他大多数组织和管理的研究一样，霍桑实验的研究目的是遵循古典方法，期望探寻有哪些影响因素会影响生产率水平，进一步探索提升工人绩效产出的方法。然而，这项研究却取得了超乎意料的结果。调查中，研究人员原本假设，如果调整工作环境中的照明水平可能会导致生产率的上升或下降。然而，实地研究后却发现，无论照明水平发生怎样的变化，甚至在亮度调至照明不足的情况下，工人的生产率都得到了提高。为了检验该研究结论，研究人员还进一步对工人的工作和休息时间搭配、工人之间的互动等行为进行了探索，结果发现，不论采用什么样的干预形式，工人的生产率都得到了提高。

霍桑实验研究表明：一是实验组工人受到的关注导致了生产率的提高；二是古典理论家对人类复杂的多种需要重视不够；三是工人所在的群体能够通过非正式群体机制来对工人施加社会压力，进而影响他们的产出水平，从而控制工人产量；四是工人知道产量的增长并不对应着奖金的增加，对个体施加社会压力比关注工作效率的管理措施更有效果。

延伸阅读

SUPPLEMENTARY CONTENT

霍桑实验的后续研究

继霍桑工厂“照明实验”失败以后，工厂和研究团队都建议继续进行实验。因此围绕对工作中人的个体心理状态的关注，实验被重新调整。

1. 继电器装配检验

该实验由5名继电器工人、1名电路设计师和1名实验观察员参与。该实验对工作时间、工作周期、休息时间等条件做了一系列调整，虽然产量都有所升降，但总体来说产量比原来在工作车间都得到了很大的提高。

2. 访谈实验

针对之前照明实验的后续研究，开展了访谈计划。访谈提纲最初被设计成结构化封闭式问题，即工人只需要回答“是或不是”。然而，工人却意外地乐于谈论访谈提纲之外的话题。访谈者了解到这一点后迅速调整访谈形式，不规定访谈内容。在持续两年访谈后，工人的产量都得到了大幅提高。

3. 绕线圈研究

14名男工人被挑选组成一个班组在单独的房间里从事绕线、焊接和检验工作，并实行计件工资制。实验假设这套办法会激励工人更加努力工作，事实上产量只保持在中等水平，且每个人的产量都差不多。深入调查后发现，班组成员为了维护群体共同利益，自发约定，谁也不能干得太突出，但谁也不能拖后腿。

※启示

霍桑实验的前期强调管理者关怀对工人工作效率的促进作用，后期关注组织和群体因素对员工工作效率的影响。

资料来源：斯蒂芬·罗宾斯．组织行为学［M］．14版．孙健敏，李原，译．北京：中国人民大学出版社，2019.

2. 人际关系理论的主要观点及对组织研究的贡献

霍桑实验引发的思考和启示，形成了人际关系学派的基本观点：一是员工的行为并不是为了追求金钱，他们还有社会、群体、心理方面的需求，如追求人与人之间的友谊、安全感、归属感和受人尊敬等。二是非正式组织是霍桑实验的重要论断。员工在共同工作中，有着共同的社会联系，形成了非正式组织。非正式组织会形成规范和默契，也会有自然的领导人。非正式组织在相当大程度上影响着员工行为，管理者必须关注非正式组织、群体规范在管理中的作用。管理者应该把组织看作正式组织和非正式组织的有机结合，解决正式组织要求的效率和非政治组织要求的感情平衡。三是员工的工作积极性在很大程度上取决于他对工作的满意度，也就是士气（morale）。员工的满意度越高，工作动力越足，生产效率也就越高。管理者不但要考虑员工的物质需求，还应考虑员工的精神需求，维持良好的人际关系，营造宽松的工作氛围，以提升员工的归属感、自尊感和成就感。

人际关系理论让管理实践者和研究者都认识到了组织中“人的因素”是影响组织

效能和工作绩效的最重要因素，看到了组织中的群体因素的影响，使得研究者对工作中的人性假设有了更多思考。除了以往的典型“经济人”假设外，研究者还看到人们的行为不仅受到理性因素的制约，其他的社会需求也是影响人们工作的重要因素。“社会人”的假设由此提出，工作绩效除了受到工作方法、工作条件、工作待遇等因素的影响外，员工士气也是很重要的影响因素，而员工士气受到组织中人与人之间的关系、工作氛围、组织制度、领导行为等方面因素的影响。

即使在今天，霍桑效应依然被许多人用来描述个体、群体或整个组织受到关注时变现出来的行为变化。在通常情况下，要使行为有所变化，并不需要直接的管理干预措施，有时候只需要指明变革的方向并给予强化，变革就可能会发生。

最初，霍桑实验尽管在方法论上并不“完美”，甚至可以说是一次“失败”的实验，但其为动机、群体工作、领导力、管理和非正式组织等研究开启了新的篇章，由此引发了紧随其后的相当多的研究，并成为社会研究领域欣欣向荣的一个重要分支。

二、团队协同与管理

（一）相似吸引：为何团队成员会相互支持、互为榜样？

如果说组织行为学试图解释人在组织中的行为，以及为这些行为产生的原因和可能导致的结果，人际关系学派更加强调组织中人的多元需求，那么团队成员为什么会开展有效合作？团队成员之间的合作、模仿、互动仅仅是因为被要求吗？团队成员之间相互理解、主动推进任务完成，仅仅是因为必须遵守某种规定吗？

相似吸引理论（similarity attraction theory）给出了关于个体之间因为本身态度和信念的相似而更容易相互吸引的解释。相似吸引理论认为，最初，人们会被他们认为与自己相似的团队或组织成员吸引，因此他们更有可能接纳与他们相似的新成员。新成员进入团队或组织后，“相似-吸引”效应会再次影响成员双方的情感和行为，在双方感知彼此相似时会认为这种成员间的组合是令人满意的；如果这种组合令人不满意，就会对有差异的个体造成压力，迫使其离开团队或组织。

相似吸引理论的主要奠基人是唐·伯恩（Donn Byrne）。相似吸引理论经过巴斯克特（Baskett）、哈里森（Harrison）等人的发展，从更加广泛的视角解释了许多维度的相似性都可以增加个体间的吸引力，并且该理论后期的研究重点开始从个体转向团队，认为团队内的成员越相似，成员越容易相互吸引。许多实证研究支持了相似吸引理论是解释团队互动的基础理论。与同质化团队相比，异质团队的协调和控制更加困难，会导致更加高昂的管理成本，最终将阻碍绩效提高。中国管理研究国际学会（IACMR）的创会会长徐淑英教授指出，人口统计学相似度会对团队和组织问题产生重要影响，具体表现为性别、年龄、任期、受教育程度等方面的相似性会影响员工的态度、离职率及与团队其他成员的沟通。叶笛和林东清采用 74 个信息系统开发项目团队中的 264 位参与者的调研资料进行实证检验，结果显示团队成员的相似性会影响成员间的人际吸引，推动成员间的社会融合，并最终促进团队成员间的知识整合。此外，不仅仅是一般团队，甚至在高管团队中，若高管团队成员受教育程度存在差异，则会使团队中受教育程度与其他成员差异过大的员工产生离职意图，从而使其更容易离开高管团队。

（二）心智模型：共同认知与“最大公约数”

相似吸引理论认为人际吸引会因为相似而产生。但实际上，人与人之间的相似只能是在一定程度上的相似。正如世界上没有两片相同的树叶，在同一个团队中，也没有在年龄、性别、受教育程度、态度、价值观、人格特质、工作经历、专业背景、家庭环境等都一模一样的两个成员。所以，团队成员可能会因某种因素的同质化因素（如某种共同的兴趣爱好）而相互吸引，却并不代表团队成员能够对所有变化的应对都同频共振、对所有冲突的产生都自然消解。在团队协同与管理中，最需要的是寻找“最大公约数”。团队心智模型（team mental models）这个探讨团队成员对团队所处环境关键因素共享的、有组织的认知和心理表征的理论模型就成为解释团队成员之间如何默契协作、给团队带来积极作用的基础性理论。

团队心智模型最初由珍妮丝·坎农-鲍尔斯（Janis Cannon-Bowers）及其同事在1993年提出。心智模型表示“人们如何认识与理解（世界）”的认知和心理表征。当团队成员进行互动时，成员的个体心智模型就会经历一个复杂、迭代的过程，继而逐渐聚合成团队心智模型，成为团队成员之间共享的对团队所面临环境的关键方面（比如有关任务、设备、工作关系和情境等）所持有的有组织的认知和认知表征。

团队心智模型理论认为，团队心智模型使团队成员能够对团队任务形成正确的理解和预期，从而协调自己的行为以适应团队任务和团队其他成员的需求。也就是说，具有良好团队心智模型的团队对正在发生什么、下一步将会发生什么，以及为什么会发生等持有相同观点。比如，篮球场上一个看似毫不费力的盲传就显示出了队员们能正确地预测其他队员在场上的位置和准备情况。相反，针对许多重大事故的事后调查显示，团队合作的失败及谁应该对具体任务负责的模糊性是导致事故发生的主要原因。因此，团队成功和失败的例子都说明成员“在同一页上”（on the same page）的必要性和重要性。

◎小结

1. 团队是由两个以上个体组成的、具有特定目标和高度组织化的群体，其关键在于目标统一、协同作战、责任共担、能力互补。

2. 人们之所以认为团队工作重要，是因为团队为组织创造了一种“潜在可能性”，即在不增加投入的前提下，提高产出水平。

3. 团队必须有明确的需要完成的任务或目标，但并非所有任务都需要由团队来完成。

4. 团队是一类特殊的群体，但团队始终围绕如何有效达成目标而开展协同合作。

5. 对团队有效性的评估可以从任务维度和社交维度来综合分析。

6. 团队工作有两个方面的优势：一方面团队能够提高决策质量、促进创新，另一方面团队是完成复杂任务、提高组织效率的绝佳方式。

7. 组织行为学之所以是一门科学，主要是因为它的结论都是通过系统的观测和分析得出的。组织行为学的理论都是在对组织中个体、群体和组织不同层面的工作行为的观察和数据分析的基础上，通过理论推断形成研究假设，然后在实证检验的基础上得出的研究结论。

8. 人际关系理论认为，管理者不但要考虑员工的物质需求，还应考虑员工的精神需求，维护良好的人际关系，营造宽松的工作氛围，以提升员工的归属感、自尊感和成就感。

9. 相似吸引理论认为团队内的成员越相似，成员越容易相互吸引。

10. 团队心智模型使团队成员能够对团队任务形成正确的理解和预期，从而协调自己的行为，以满足团队任务和团队其他成员的需求。

◎参考文献

［1］斯蒂芬·罗宾斯. 组织行为学［M］. 14 版. 孙健敏，李原，译. 北京：中国人民大学出版社，2019.

［2］严进. 组织行为学［M］. 3 版. 北京：北京大学出版社，2020.

［3］刘智强，关培兰. 组织行为学［M］. 5 版. 北京：中国人民大学出版社，2020.

［4］迈克尔·韦斯特. 卓有成效的团队管理［M］. 3 版. 蔡地，侯瑞鹏，姚倩，译. 北京：机械工业出版社，2022.

［5］布鲁·克斯. 组织行为学：个体、群体和组织［M］. 4 版. 李永瑞，等译. 北京：高等教育出版社，2011.

［6］徐世勇，李超平. 管理与组织研究必备的理论书［M］. 北京：北京大学出版社，2022.

［7］BYRNE D. The attraction paradigm［M］. New york：academic press，1971.

［8］TSUI A S，EGAN T D，O´REILLY III C A. Being different：relational demography and organizational attachment［J］. Administrative science quarterly，1992（3）：549-579.

［9］JACKSON S E，BRETT J F，SESSA V I，et al. Some differences make a difference：Individual dissimilarity and group heterogeneity as correlates of recruitment，promotions，and turnover［J］. Journal of applied psychology，1991，76（5）：675-689.

［10］JINCEN XIAO，XUEMEI LIU，XIUWEN ZHAO. How and when frontline employees positively cope with supervisor ostracism：An attributional perspective［J］. Journal of hospitality marketing & management，2022（2）：5.

第二章

团队中的个体

本章要点

CHAPTER CHECKLIST

- 人口统计学指标
- 能力、特质与价值观
- 态度与个体行为的关系
- 知觉对个体决策的影响

第一节　个体差异的来源

一、人口统计学指标

课前导读

PRE-READING

民政部公布的《2021 年民政事业发展统计公报》显示，2021 年，全国依法办理结婚登记的有 764.3 万对，结婚人数首次低于 800 万对，比 2020 年下降 6.1%；结婚率为 5.4‰，比 2020 年下降 0.4 个千分点。从 2021 年全国结婚登记人口年龄分布情况来看，25~29 岁年龄段最多，有 539.3 万人；30~34 岁年龄段其次，有 305.2 万人；35~39 岁年龄段有 133.2 万人。30 岁以上人群占比合计达到了 48.2%，创下新高。整体而言，我国人口的结婚年龄越来越迟。

资料来源：https://m.yicai.com/news/101521997.html。

2022 年 9 月 9 日，中宣部举行“中国这十年”系列主题新闻发布会，会上介绍了党的十八大以来教育改革发展成效的有关情况。全国拥有大学文化程度的人口超过 2.18 亿人，比十年前增长近 1 倍。基础学科、理学农医、工程师等急需紧缺人才加快培养，现代制造业、战略性新兴产业和现代服务业新增从业人员 70%以上来自职业院校，人才“供”与“求”更加契合。根据财经网 2022 年 9 月发布的消息，2023 年考研人数预计超过 500 万人。从 2017 年开始，全国考研报名人数连续上涨，2022 年将达到 120 万人，报录比将扩大到 3.8∶1。很多考研学生表示，考研虽然难，但找工作更难，不如先提升学历，提高自己的竞争力。

资料来源：https://m.weibo.cn/6365990425/4811757527499647。

人口统计学是研究人口现象的数量特征及其关系以及人口发展趋势的一门学科。人口统计学指标主要包括年龄、性别、教育水平、专业背景、任期等。

（一）年龄

年龄是一种具有生物学基础的自然标志，也是一个人经验、经历的代表，影响人们的认知偏好。在一个人的不同年龄阶段，知识、技能、经验、风险偏好等方面的储备和外在表现是不同的。

在一个团队中，团队成员的平均年龄是研究的着力点。团队中成员的平均年龄可以反映该团队的知识范围、经验积累程度以及对事物的宏观把握能力。研究表明，一个较为年轻的团队会表现出相当的活力以及高风险承担能力，并且喜欢吸收学习新知识和挑战新事物，在应变能力上占有优势。团队的平均年龄较大，其决策思维往往容易固化，偏向保守的决策方式使得企业难以应对复杂多变的市场环境，从而影响企业发展，但年龄较长的团队在经验和宏观把控的能力上有所增益。

年龄对于团队成员的具体影响主要体现在以下两个方面：

（1）年龄与员工的缺勤率和离职相关。在一般情况下，年长员工的缺勤率比年轻员工低，而且在心理和身体健康问题上，年长员工存在的问题相较于年轻员工要少。此外，一个人的年龄越大、工作时间越长，那他就越不容易离开现有的工作岗位。其原因是，员工随着年龄的增长，更加专注于某一类型的专业技能，由此使得可供选择的工作机会减少；同时，年长员工在企业中所享受的福利待遇更好，比如在加薪、休假、养老等方面享有更好的权利。这些权利使得员工对于企业的黏性增加。

（2）年龄与工作绩效和工作满意度之间的关系还不明确。很多人认为，随着年龄的增长，员工的反应速度、技能水平和协调能力等方面的技能会随之下降，从而影响团队或者企业的生产率。然而，最近的研究表明，年长员工往往更有可能表现出组织公民行为，这就使得工作任务绩效与年龄的负相关关系可能并不存在。除此以外，在对工作满意度的研究中，年龄的影响说法不一，年龄与工作满意度之间可能是“U”形曲线关系或正相关关系，也有可能是在分组实验中同时呈现出上述两种关系。

（二）性别

在日常生活中，我们所谓的性别往往是基于男性、女性等的身体差异的一种生理性别。但实际上，性别既有一定的生物学基础，也有复杂的社会学、心理学等人文社会科学基础，即社会性别。人类社会的性别结构中存在不平等，这种性别不平等现象十分复杂，渗透在社会文化生活的方方面面。那么，在工作中，性别存在怎样的影响呢?

在职业选择方面，性别角色会影响我们的认知。比如，在许多理工科以及有挑战性的工作上，管理者往往会受到性别偏见以及刻板印象的影响，即使女性与男性有同等水平的技能和成就，也会觉得男性在这些工作上有优势，能力也会更强，因而会倾向于选择男性来完成相关任务。除此以外，人们通常还会认为一些文职类、较为轻松的工作等适合女性，而一些工程类的工作更适合男性。

在管理层面，性别差异影响管理者的态度和行为。根据性别社会化理论，男性和女性将遵循社会规范被赋予不同的价值观和人格特质。性别代表特定的角色需要，女性更多注重关怀和情感需要，而男性更关注竞争和外部回报。这种差异在管理层面体现得更为明显。男性在管理层面往往表现得更为理性和自信、在思维方面有更为突出的表现，决策时态度激进，喜欢冒险，并对于市场实时动态更加关注，将工作冲突视为动力源泉；女性则刚好相反，她们往往是感性占据主导，谨慎对待工作，采取保守型策略，尤其会注意组织内部关系以及员工情感，尽自己最大的可能去激励员工。

（三）教育水平

教育水平反映了一个人的认知能力和技术，是其生活和工作的重要财富。对于决策者而言，教育水平反映了其认知并处理复杂问题的能力。研究认为，具有高学历的人拥有更强的信息处理能力。这是因为，在一定程度上，受过良好教育的人更能够超越界限、忍受更多的不确定性，并具有处理错综复杂问题的能力，具有高学历的人也会更愿意去接受新思想、适应新环境的变化。

在一个团队中，管理者往往具有较高的教育水平。受过良好教育的管理者，其朋友中有较多的成功者，在社交范围、规模以及交友层次也可能具有更多的优势，这样能够使他们为企业带来更多的利益。一个人的学历层次代表其知识积累的程度，也在一定程度上代表其运用自身储备知识去解决问题的能力以及吸收新知识的速度。在面对日益复杂的环境中，具有较高教育水平的人更容易认清环境形势，能够处理复杂问题并迅速采取应对措施。

需要注意的是，团队中的学历差异不宜过大。团队成员的受教育水平以其最高学历层次作为衡量标准，更高的学历意味着更高技术含量的决策，但如果团队成员的学历差异过大，很有可能会增加团队成员之间的冲突，不仅不利于团队成员的团结，还会影响企业决策的制定和绩效的提高。

（四）专业背景

多样化的专业背景可以让团队在做出决策时有更多想法，使决策更加全面详尽。汉布瑞克（Hambrick）和戴维尼（Daveni）将一个人的专业技能分为两种：一种是能为企业提供持续竞争力的金融、会计以及法律等技能；另一种是生产、设计等技能。这两种专业技能对于管理者以及一个团队来说都是不可或缺的，只是技能的掌握程度和应用效果不同，其重要程度也会有所不一样。不同的专业背景对管理者在识别、理解以及解决问题上会产生影响。教育专业与个人所掌握的专业技能知识以及由此产生的认知偏好和观念相关，是影响企业管理创新绩效的重要因素。研究发现，拥有较强专业背景的管理者更愿意将专业知识应用到企业战略决策中。

团队成员间的教育背景的多样化有利于创新的实施，因为这种差异化有利于预先发现、综合分析、有效解决潜在的问题以率先推进创新实现。与教育水平类似，如果专业背景的多样性过大，就会使制定决策的口径不统一，不仅不利于企业决策，还会引发团队成员间的矛盾，影响团队合作，最终影响其工作效率。

（五）任期长短

在团队工作中，成员的任期长短是影响个体选择和团队发展的重要指标。团队成员的任期是衡量团队成员工作时间长短的尺度，在一定程度上影响了团队成员内部的互动模式以及交流的深入程度。一方面，团队成员在一个岗位上工作的时间越长，越能积累丰富的经验和人脉关系；另一方面，任期长短也能反映团队成员的关系，任期越长，团队成员之间的合作就越顺利，协调一致，团结一心，从而有利于团队效率的提高和目标的实现。

一般而言，任期长短与团队成员之间的默契感的强弱呈正相关关系。任期短的团队很难培养出团队成员之间的默契感，因而很难相互理解并就一些具体问题及时达成一致意见。他们没有足够的时间来建立畅通的沟通渠道，也难以建立起具体的计划和清晰的结构来完成一些必要的信息及认知提示。与此同时，缺乏战略分析所必需的信息交流能力也成为任期短的团队的一大短板，容易导致战略决策的失误，因为他们不能够充分认识到外部环境中存在的机会和威胁或者对内外部环境的变化反应迟钝；而任期长的团队通过建立起知识分享、信息共享的机制，加深了团队成员对于企业价值观的认同与理解，团队成员之间也越容易形成趋同的认知结构，内部凝聚力更强，团队更稳定，冲突也更少。

唐僧团队

唐僧团队是由不同类型的人才组成的。第一，唐僧型领导。唐僧型领导并不是个人能力突出的业务精英，跟普通人一样平凡无奇，但他有两大长处：一是能坚定不移的围绕目标来行动；二是懂得怎样与不同类型的人才相处，能够重用并管束能力很强但作风冲动的人，批评小毛病较多的人，鼓励踏实能干的人。第二，孙悟空型员工。这类员工业务能力强，是团队的技术核心，事业心强，可以信赖，但脾气暴躁，需要严格约束。第三，猪八戒型员工。猪八戒虽然滑头，懒一点，但乐观积极，为生活增添了不少乐趣，是团队的润滑剂。第四，沙僧型员工。沙僧踏实能干，不偷奸耍滑，但过分实在，没有什么远大的理想。

问题一：如果唐僧团队必须裁掉一个人，你会裁掉谁？

问题二：如果唐僧死了，你认为谁最适合当领导？

※启示

唐僧几人各有所长，也有明显的缺点，组合在一起，优劣互补，形成了一个坚定信念、过硬能力、活跃氛围、超高效率的明星团队。这是一个互补的团队，而一个高效的团队必须是互补的，包括在性格、年龄、性别、专业、能力、经历、文化等方面，这也是团队领导者最关心、最操心的事情之一。

资料来源：https://mp.weixin.qq.com/s/zT360iOpKh2I2w2eeF71xg。

二、能力、特质与价值观

课前导读

PRE-READING

2022 年 8 月 26 日，第三届西部 HR 能力大赛在四川宜宾国际会展中心举行，经过五个月的激烈角逐，从川渝两地 HR 精英近两万名参赛选手中决胜出 12 名选手进入决赛。在经过四轮比拼后，来自四川队的选手赵雪萤荣获一等奖。本次大赛的竞赛试题涵盖人力资源管理六大板块以及相关的行业动态、法律法规等内容，不仅考验选手对理论知识的掌握程度，而且对选手的临场应变能力提出了挑战。

资料来源：https://mp.weixin.qq.com/s/IEMbi3cRvUxqR2-8HRRneA。

2022 年 8 月 21 日，重庆多地突发山火，直到 8 月 25 日，明火才全部扑灭。在持续的极端高温和干旱环境下，扑灭明火面临难以想象的艰难险阻，但从第一起山火爆发到各处山火全部扑灭，只用了不到十天的时间。在这个过程中，“英雄气”是最火的关键词。在这场“十八路英雄”扑灭山火的行动中，冲在一线的是消防官兵、武警、解放军、医护人员，他们身后是志愿者组成的坚实后盾。引发共鸣的“英雄气”正是在这些既普通又勇敢的人们闪耀着的、中国人面对灾难或外敌时所共有的血性、意志和团结。在每一个危难关头和紧急时刻，每当国家和人民需要的时候，总有千千万万的人自发地站出来。这就是了不起的中国人，这就是中国的“基本盘”。

资料来源：https://weibo.com/ttarticle/x/m/show#/id=2309404807012100734989&_wb_client_=1。

（一）能力：个体行为的基础

能力（ability）是直接影响活动效率，使活动得以顺利完成的个性心理特征，简单来说就是指个体是否具有完成某件事的可能性。能力是怎样形成的呢？能力既受遗传因素的影响，也受后天教育和实践的影响。遗传的生理特征是能力发展的自然基础和前提。研究表明，一个人的能力与先天遗传有直接关系，比如说每个人的优势领域以及一些天才型人物。而能力一部分表现为已经发掘出的能力，另一部分表现为潜在的能力，即潜能。对于大多数人来讲，要更加注重能力的后天培养，因为一个人的潜能对其来说是很大的宝藏，潜能的开发有很广阔的空间。

我们从三个视角将能力划分为心理能力与身体能力、一般能力与特殊能力、其他能力三类。

1. 心理能力与身体能力

心理能力（mental ability）即从事那些如思考、推理和解决问题等心理活动所需要的能力。身体能力（physical ability）即如工作成功所要求的耐力、手指灵活性、腿部力量以及其他相关能力，也称体质能力。在工作中，不同岗位对人的心理能力与身体能力的要求不一样。身体能力是企业招聘所参考的重要指标。比如在招聘飞行员时更加看中其身体能力，如视力、平衡能力等；再比如车间招聘工人，会测试长跑、手指灵活性等。研究人员对上百种不同工作要求进行了调查，最后将体力活动分为九项基本能力，见表 2.1。

表 2.1 九项基本能力

基本能力		描述
力量因素	1. 动态力量	不断重复或持续运用肌肉力量的能力
	2. 躯干力量	运用躯干肌肉（尤其是腹部肌肉）以达到一定肌肉轻度的能力
	3. 静态力量	产生力量阻止外部物体的能力
	4. 爆发力	在一项或一系列爆发活动中产生最大能量的能力
灵活性因素	5. 广度灵活性	尽可能远地移动躯干和背部肌肉的能力
	6. 动态灵活性	进行快速、重复的关节活动的能力
其他因素	7. 躯体协调性	躯体不同部位同时活动时相互协调的能力
	8. 平衡性	受到外力推拉时，保持身体平衡的能力
	9. 耐力	当需要延长出力时间时，持续保持最高出力水平的能力

不同的个体在每项能力上都存在一定程度的差异，且这些能力之间的相关性极低。如果管理者能确定某一工作对这九项能力的要求程度，并能保证从事此项工作的员工具备这些能力和水平，那么无疑会提高员工的工作效率。然而，在招聘过程中，公司可能更多地会考虑人的心理能力。一方面，是因为很多工作岗位可能并不需要考虑身体能力或者说对人的身体能力并没有特别的要求；另一方面，是因为心理能力比身体能力更难被测评出来，所以在招聘过程中就可能更为关注人的心理能力。

2. 一般能力与特殊能力

心理能力可以划分为两种类型：一般能力和特殊能力。一般能力是指在很多基本活动中都表现出来的能力，如观察、记忆、思维等，在西方心理学中被称为“智力”。特殊能力是指表现在某些专业活动中的能力，它只适宜于某种狭窄活动范围的要求，比如画画方面、音乐方面的能力，俗称“才能”。

在现代社会，人们都很注重智力因素。例如，人们通常认为聪明人会受到更高水平的教育、挣得更多的钱、成为领导者等。人们经常说：“一个人的基本素质很重要。”这里的基本素质是指人的能力素质，特指一般能力。我们可以用智商（IQ）测试来确定一个人的智力能力（intellectual ability）。智商测试主要包括算术、语言理解、知觉速度、归纳推理、演绎推理、空间视知觉和记忆力七个维度，具体见表 2.2。

表 2.2 智力能力维度

维度	描述	工作范例
算术	快速、准确的运算能力	会计：计算一系列物品的税金
语言理解	理解读到的和听到的内容，理解词汇之间关系的能力	工厂管理者：推行企业聘用政策
知觉速度	迅速、准确地辨认视觉上异同的能力	火灾调查员：鉴别纵火责任的证据和线索

表2.2（续）

维度	描述	工作范例
归纳推理	确定一个问题的逻辑后果以及解决这一问题的能力	市场调查员：对未来一段时间内某一产品的市场需求量进行预测
演绎推理	运用逻辑来评估某种观点的价值的能力	主管：在员工提供的两项不同建议中做出抉择
空间视知觉	当物体的空间位置变化时，能想象出物体形状的能力	室内装饰师：对办公室进行重新装饰
记忆力	保持和回忆过去经历的能力	销售人员：回忆顾客的姓名

对于智商测试的研究相当广泛，主要有两个共同认知：一是智力能力的各维度是正相关的，即如果你言语理解维度的分数很高，那么你空间视知觉维度的分数也可能很高。由于其中的相关性足够高，研究者就可以识别出智力能力的一般因素，我们将之归纳为一般心理能力。二是智力能力的结构与测量在不同文化之间是共通的。也就是说，在智力结构上，各国的人都没有什么差别。虽然有的研究表明，智商测试的得分在不同文化之间会有一定程度的差异，但考虑到各地区在教育和经济上的差异，这种分数上的差异相对来说要小得多。

3. 其他能力

智力还可以扩展为认知智力、社会智力、情绪智力和文化智力。前面所讲的一般能力主要是指认知智力，也就是个体加工数字、图形、文字、信息方面的能力，这些能力往往与我们在学习阶段的绩效有很大的关联性。但是，人们也越来越认识到，认知智力并不能很好地去解释或预测个体最终职业的成功，“高分低能”就是一个很好的例证。一个人在做学术研究时能取得很大的成就，但一旦进入职场，所取得的成就就不尽如人意，这就是所谓的“高分低能”。仔细分析就会发现，在现代社会上所取得的大部分成功往往与人的社会能力有很大的关联。无论是一个企业的管理者还是事业单位的管理者，抑或是自主创业者，往往都需要很强的与人打交道的能力，也就是社会交往能力。

一个人的学习成绩好并不意味着就有很强的社会能力。这就是为什么很多人强调情商（EQ）。美国哈佛大学教授丹尼尔·戈尔曼曾说：一个人的成功，20%取决于智商，80%取决于情商。这就告诉我们，一个人要想成功，仅仅凭借认知智力是不够的，更多的是情绪智力。

有些研究者还在做跨文化的研究，即研究文化智力。简单来说，文化智力是指在一个地方生活的人到另外一个地方能够很快觉知两种不同文化之间的差异并能很快适应的一种能力。文化智力不是只存在于国家与国家之间，从农村到城市、从A城市到B城市、从C公司到D公司，这样的环境改变也是文化的变化，一个人的文化适应能力即为文化智力。

能力的个体差异主要表现在三个方面：一是量的差异（水平差异）。不同的人在能力方面存在水平差异。比如说，有些人的记忆力很好，有些人的记忆力要差一些；在记忆方面，有些人记忆数字很好，有些人记忆形象很好，每个人的记忆水平存在差异。二是质的差异（结构差异）。每个人的优势领域不同，个体也存在最优、次优领域，了解结构以后就可以根据个人优劣势安排工作。三是发展差异（表现早晚的差异）。有些人在某方面的能力很早就表现出来了，我们称之为“早慧”；而有一些人很晚才凸显一些能力，这就是“大器晚成”。

一个专业技术很好的人就一定适合当管理者吗？答案是否定的。在工作中，我们既要注意岗位与工作能力的匹配，也要注意能力的水平差异。管理者在进行招聘时，会考虑应聘者的学历、专业背景、任职经历等，这从侧面反映了应聘者的知识技能以及能力，能够为企业招聘以及之后的人岗匹配提供相关的依据。

（二）特质：稳定的行为倾向

个体自身的人格特质会影响其在工作中的行为表现。人格特质（personality traits）是指在不同时间与不同情境中保持相对一致的行为方式的一种倾向，能够引发人们行为，并使个体面对不同种类的刺激时都能做出相同反映的心理结构。个体的人格特质是多样的。下面我们主要介绍五种重要的特质：

1. 气质

谈到气质你脑海会浮现什么？“气质”一词在日常生活中可能表现为对一个人的形象的感觉。在心理学定义中，气质（temperament）是指表现在人的心理活动和行为的动力方面的、稳定的个人特点，这里的动力特征主要是指速度、强度、灵活性和耐受性等。

根据气质特征有规律的结合，可以把人的气质分为四种基本类型：多血质、胆汁质、粘液质和抑郁质。具体描述见表 2.3。

表 2.3　气质的四种基本类型

类型	表现特点
多血质	活泼外向，好动，敏捷，反应灵活，喜欢与人交往，注意力不稳定、容易转移，兴趣容易变化
胆汁质	直率，精力旺盛，反应迅速，热情外向，脾气急躁，易冲动，情绪易兴奋，难以自制
粘液质	冷静，沉稳内向，沉默寡言，情绪不容易外露，反应缓慢，注意力稳定持久但难以转移，善于忍耐
抑郁质	敏感，多疑，孤僻内向，行动迟缓，具有很高的感受性，情绪体验细腻深刻，观察敏锐，善于觉察他人不易察觉的细节

人的气质类型是相对稳定的。在生活和工作中，人的气质是不容易改变的。气质类型无所谓好坏，都有自己的优点和缺点。只有了解自己的气质类型，才能更为有效地发挥自己的优势，避免自己的劣势。在管理工作中，了解成员的气质类型也将有助于更好的知人善用，更好地管理。在现实生活中，非常典型的属于某一气质类型的人是少数的，多数人可能是混合型，可能是两种甚至是三种的混合，也可能是偏向于某种气质类型。

2. 大五人格理论

在心理学领域，有一个著名的人格测验指标——迈尔斯-布里格斯类型指标（myers-briggs type indicator，MBTI），这是当今使用最广泛的人格框架之一。该指标以瑞士心理学家荣格划分的八种类型为基础，并加以扩展，形成四个维度，见表 2.4。

表 2.4　大五人格的四个维度

维度	类型	
注意力方向（精力来源）	外倾（E）	内倾（I）
认知方式（如何收集信息）	实感（S）	直觉（N）
判断方式（如何做决定）	理智（T）	情感（F）
生活方式（如何应对外部世界）	判断（J）	理解（P）

四个维度如同四把标尺，每个人的性格都会落在标尺的某个点上，这个点靠近哪个端点，就意味着个体就有哪方面的偏好。这一测试包括 100 个问题，通过对问题的回答，了解个体在一些情境中通常的感觉和活动，并将个体划分为以上几种类型。每组中选择一种类型，在此基础上可以组合出 16 种人格类型。比如，外倾型、实感型、理智型、判断型（ESTJ 型）的人是组织者，他们现实、理性、果断、实事求是，是从事商业和技术类工作的最佳人选。

MBTI 在一些组织招聘中得到广泛应用，但这一测试工具仍然存在很大争议。因为该测试将人格特征进行强制性分类，各种类型之间是非此即彼的关系，这显然不是合理的。同时，研究发现，MBTI 的结果似乎与工作绩效无关，所以把它作为员工选拔的工具可能并不合适。

MBTI 缺乏有力的支持证据，但大五人格理论却受到大量支持。大五人格理论亦称大五模型、人格的海洋。其包含了五个基本维度：一是外倾性（extraversion），描述的是个体对关系的舒适感程度，外倾者倾向于喜欢群居、善于言谈。二是随和性/宜人性（agreeableness），描述的是个体服从别人的倾向性，高随和性的人是合作的、热情的和信赖他人的。三是经验开放性（openness to experience），描述的是个体在新奇方面的兴趣和热衷程度，开放性非常高的人富有创造性、凡事好奇、具有艺术的敏感性。四是尽责性（conscientiousness）。这一维度是对信誉的测量，高责任心的人是负责的、有条不紊的、值得信赖的、持之以恒的。五是神经质或情绪稳定性（neuroticism）。这一维度刻画了个体承受压力的能力，积极的情绪稳定性者倾向于是平和的、自信的、安全的。

大五人格会对成员的工作绩效产生影响。大量研究表明，那些值得信赖、细致周到、做事有条不紊、勤奋刻苦、持之以恒、高成就导向的个体，即使不能在所有职业当中有所作为，至少也可以在绝大多数职业中表现优异。

根据已有的相关研究，我们可以得到以下结论：一是在这些特质中，责任心这个特质对组织成功最为重要，也是预测绩效的最佳指标，但创造力较低。同时，有责任心的人更多关注自己的生活，极少有危险的行为，因而其寿命会更长。二是相对于内倾性的人，外倾性的人拥有更多的朋友，生活的幸福感也更强，但也可能更为冲动和冒险，工作当中可能更容易犯错。三是随和性较强的人更容易感到幸福。四是情绪稳定性这一维度和一个人生活与工作的满意度关系最为密切，换句话说，情绪稳定性最能预测一个人的生活和工作的满意感。五是较强开放性的人不仅仅是创造性更好，而且能适应外界环境的变化，不过也很容易受到工作场所中各种突发事件的影响。

3. 黑暗三特质

在人格特质方面的研究中，有三种不受欢迎的特质：马基雅维利主义、自恋、精神病态。这三种特质被称为黑暗三特质（Dark Triad）。每个人身上或多或少都有这三种特质存在，但它们并不总是同时发生。

（1）马基雅维利主义（machiavelianism）。马基雅维利认为，“只要目的正确，可以不择手段”或“为了达到一个最高尚的目的，可以使用最卑鄙的手段”。他还认为，利他主义和公道是不存在的，人们偶尔行善只是一种伪装，是为了赢得名声和利益。并且认为君主为了保住地位，采取一切手段都是允许的。这种为了目的而不择手段的政治权术理论被称为马基雅维利主义。

马基雅维利主义即个体利用他人达成个人目标的一种行为倾向。马基雅维利主义领导者具有以下四个特征：一是缺乏人际关系中的情感；二是缺乏对传统道德的关注，对他人持功利性而不是道德观点；三是对他人持工具性而不是理性的观点；四是关注事件的完成而不是长期目标。

马基雅维利主义受到情境因素的调节，并按此影响因素可以分为高低两类，这两类个体在行为特征上存在差异。高马基雅维利主义的人具有以下特征：抵制社会影响、隐藏个人罪恶、怀疑他人的动机、不接受互惠主义、能够随情境改变策略、偏爱变动的环境等；低马基雅维利主义的人刚好相反，他们容易受他人意见的影响、显露内心的罪恶、在表面上接受他人的动机、接受互惠主义、局限自己的行为、寻求稳定的环境等。

（2）自恋（narcissism）。在心理学里，自恋是指个体将过多的精力和兴趣投放到自己身上，希望获得更多的称羡，有权力意识。一般来说，自恋属于人类的一般本质，个体的自恋并不是不健康的，社会也允许适度自恋。有研究发现，一定程度上以自我为中心是获得成功的前提。同时，自恋者的生活满意度更高，其工作动机和敬业度也更高，适应环境的能力更强，更能在复杂的环境下做出决策。

在职场中，自恋者可能会认为自己比其他同事更能胜任领导者，但上级却对他们的评价较低。在道德要求较高的环境中，自恋的领导往往会被成员认为是不称职且不道德的。在没有得到自己想要的东西后，自恋型的人会感受到比他人大很多的压力。当一个人过度自恋时，便会形成自恋型人格障碍，即对自我价值感的夸大和缺乏对他人的公感性。

（3）精神病态（psychopathy）。在心理学里，精神病态是一种人格异常，一是指人格发展的内在不协调的极端表现。在组织行为学中，精神病态并不是指精神错乱，而是说缺乏对他人的关心，并且在自己的行为对他人造成伤害时缺乏愧疚和懊悔。对精神病态可以从以下三个角度进行衡量：一是个人是否遵守社会规范；二是是否愿意利用欺骗来达到目的，以及欺骗行为的有效性；三是是否对他人缺乏移情关怀。

有研究表明，精神病态与工作绩效之间没有太大的联系。但表现出精神病态的人往往会想着利用狡猾的手段从组织中谋权，从长远来看，利用这样的手段无法帮助自己或组织获得健康的发展。

4. 冒险性与主动性人格

在组织行为学中，有两种重要的人格特质：一种是冒险性人格（risk-taking personality），另一种是主动性人格（proactive personality）。冒险性人格是指人们在冒险上存在差异，可以分为风险偏好型与风险规避型。具有高冒险性人格的人在做决策的时候会更为迅速，所需要的信息量也会更少。具有高冒险性人格的人与具有低冒险性人格的人在职业选择或企业选择上会存在较大差异。研究表明，在一个需要冒险精神的工作上，具有高冒险性人格的人会产生更高的绩效。

主动性人格具体表现在，具有主动性人格的人会主动改善他们所在的环境或者创造新的环境；而不具有主动性人格的人则会被动地对环境做出反应。研究发现，具有主动性人格的人更有可能取得高绩效以及职业生涯的成功，并且不需要太多的监督；同时，具有主动性人格的人能够识别机会，主动采取行动并坚持不懈，直到出现有意义的变化，这是组织求之不得的。

主动性人格在团队工作中尤为重要。研究表明，团队成员中具有主动性人格的人平均得分越高，团队创新水平就越高。在团队合作中，具有主动性人格的人更容易与其他成员建立信任关系，并与之交换信息以达成合作。但值得注意的是，团队领导或是其他情境因素会影响成员主动性的表达，例如，当团队成员遭受失败时或团队领导不是一个具有主动性人格的人，那么团队成员的主动性就很可能受到压制。

5. 核心自我评价

核心自我评价（core self-evaluation，CSE）是个体对自我的喜好程度以及能力或效能的认知程度。拥有积极核心自我评价的人喜欢自己，认为自己是有能力和效能的；拥有消极核心自我评价的人讨厌自己，质疑自己的能力。

核心自我评价有两个因素：自尊和控制点。自尊是指个体喜欢自己以及对自我价值评价的认知。自尊的人喜欢自己，并且认为自己是有价值的。每个人都有自我价值保护的需要，这也就是为什么人总是喜欢听到赞美和表扬的话，这是一种接近本能的需要。自我接纳的人内心坚定，对外界的评价不太关心，能坚定自己的观点和行为，不太受周围人的影响。控制点是指个体相信他们能掌控自己命运的程度。根据掌握命运的程度可以分为内控型和外控型两种。内控型的人认为自己可以控制命运，外控型的人认为自己会被外界的力量左右。

（三）价值观：了解个体态度和动机的基础

价值观（values）是指一个人对周围的客观事物（包括人、事、物）的意义、重要性的总体评价和看法。从个人和社会的角度看，价值观是指某种具体行为模式或存在的最终状态与之相反的行为模式或存在状态之间谁更可取，反映出个体对于正确和错误、好与坏、可取和不可取的看法与观念。价值观包括内容和强度两种属性。内容属性是指某种行为模式或存在状态是重要的，强度属性界定的是它有多么重要。所有人的价值观都具有层级性，即根据强度对一个人的价值观进行排序，这就是价值系统（value system）。

价值观具有相对的稳定性和持久性。在一定的时间、地点和条件下，人们的价值观总是相对稳定和持久的。例如，对某一个人或事物总是有一种看法和评价，在同样的条件下，这种看法和评价是不会改变的。在不同时代、不同社会生活环境中形成的价值观是不同的。一个人的价值观是在家庭和社会的影响下，从出生开始逐渐形成的。一个人的社会生产方式和经济地位对其价值观的形成有着决定性的影响。当然，报纸、电视和广播的观点，以及家长、老师、朋友和社会名流的观点与行为，也会对一个人的价值观产生重要影响。

价值观从总体上影响一个人的态度和行为。价值观是了解人们态度和动机的基础，也影响我们的知觉。从我们进入一个组织开始，我们就知道什么是应该的、什么是不应该的，这种思维与价值观有关，其中包含了我们对正确与否的理解以及对某一行为或事物的偏爱。

1. 价值观的研究

著名的价值观研究有阿尔伯特等人的价值观、罗克奇的价值观、莫里斯的生活问卷方式、洛基的价值观问卷等。

阿尔伯特等人将价值观分为六个类型，分别是经济型、理论性、审美型、宗教型、政治型和社会型，见表 2.5。

表 2.5　阿尔伯特价值观

类型	描述	示例
经济型	以经济和实惠为中心	商人
理论型	以追求知识和真理为中心	布鲁诺捍卫日心说
审美型	以形式协调和美为中心	一些女性不化妆不出门
宗教型	以信仰为中心	虔诚信徒
政治型	以权利、地位、名望为中心	古代皇帝
社会型	以他人和群体为中心	特蕾莎修女

罗克奇的价值观是由米尔顿·罗克奇（Milton Rokeach）提出的，他将价值观分为终极价值观和工具性价值观。终极价值观（terminal values）是一种期望存在的终极状态，是一个人一生所追求的、希望实现的目标。比如，舒适的生活、内心的和谐、成熟的爱、快乐、平等、自由、幸福，等等。工具性价值观（instrumental values）是指个人所偏爱的具体行为方式，或者实现终极价值的手段。比如，独立、雄心勃勃、富有知识、礼貌、乐于助人、负责、能干，等等。研究证明，不同的工作群体在价值观的选择上是有很大差异的，相同职业或同类工作的人往往就会表现出相似的价值观，这就是我们常说的志同道合。

2. 职业价值观

价值观在职场上的体现我们称之为职业价值观（vocational values），也叫作职业锚（career anchor）。职业锚是由美国组织行为学家埃德加·施恩（Edgar H Schein）提出的，是指人们在选择和发展自己职业所围绕的中心，也指当人们不得不做出职业选择时，他们不会放弃最重要的价值观。国内有学者将职业价值观或者工作价值观定义为一种超越具体情境，引导个体对与工作相关的行为与事件进行选择和评价的观念。

每个人的职业价值观是有差异的。正所谓“甲之蜜糖，乙之砒霜”，不同人的职业选择是不一样的，我们可以将职业价值观分为八种类型，即技术型、管理型、创造/创业型、自主/独立型、安全型、服务/奉献型、生活型和挑战型，见表 2.6。

表 2.6　职业价值观类型

类型	描述
技术型	强调技术并不断成长，职业发展围绕自己所擅长的技术或专业能力而进行
管理型	希望成为管理人员，倾心于权利，升迁动机强烈，成为组织的高层管理者是他们的最终目标
创造/创业型	创造欲望强，冒险，意志坚定，这种人的职业发展都是围绕创造性活动或创业性活动，如创办自己的企业
自主/独立型	愿意自己决定事情，不依赖于他人，愿意选择自己安排时间、自己决定生活和工作方式的职业，如自由工作者
安全型	极为重视长期的职业稳定和工作的保障，他们愿意在一个熟悉的环境中维持一种稳定的、有保障的职业，如事业机关
服务/奉献型	注重工作本身的价值，职业体现个人价值观，这种人往往具有较强的利他主义倾向
生活型	喜欢允许他们平衡并结合个人的需要、家庭的需要和职业的需要的工作环境，他们不希望只有工作、没有自己家庭生活的工作方式
挑战型	喜欢工作能够提供挑战，希望工作具有新奇、变化和困难。如果工作过于容易简单，可能马上会变得令人厌烦，希望工作具有挑战性和成就感

随着物质生活的丰富和变化，青年群体的职业价值观也在发生变化。兴趣、收入、工作环境与保障等，都或多或少成为社会上人们关注的职业或工作选择的关键点。调查显示，男性更加重视职业或岗位的社会声望，而女性更关注工作的长期性等。

研究发现，员工的职业价值观对员工的跨界行为有显著的正向影响，能力与成长、舒适与安全、地位与独立三种职业价值观都会促使员工个体与外部主体建立联系，协调外部活动和工作，以实现预期目标。职业价值观决定了人们的职业期望，影响人们对职业方向和职业目标的选择，决定着人们就业后的工作态度和劳动绩效。因此，个体会根据自己的价值观挑选工作。反过来，管理者在挑选员工时，会强调个体的特征与岗位相匹配，即人岗匹配。除此以外，还要注重人与组织特征的匹配。只有人与环境相互适应后，才会乐于工作，从而产生高绩效。

3. 代际价值观

美国政治学家罗纳德·英格尔哈特（Ronald Inglehart）于 20 世纪 70 年代提出的“代际价值观转变理论”，即经济发展和生存条件的改变将产生代际价值观转变，尤其是一些重大的时代事件会影响不同代际人的优先价值观。改革开放以来，我国社会转型加快，代际价值观主要呈现出成年人价值观权威的弱化和失落及价值观代际多元化两种特征。

2020 年，我国“90 后”群体正式进入而立之年，成为中国建设与发展的主力军。任何一代青年都有鲜明的时代特征，对于中国的“90 后”“00 后”而言，一个更重要的参考维度就是中外实力消长引发的代际心理变迁。21 世纪以来，中国与世界互动进程加快，塑造着新一代青年人的世界观与价值观，而青年人对国情、世情的看法也反过来影响中国的未来发展进程。有研究表明，“90 后”的年轻人的国家自豪感更强，更具全球视野与国际情怀，更有财务自信与经济自信，更愿意消费，乐观务实。

我国的“90后”与“80后”的代际价值观存在差异。研究发现，“90后”比“80后”更具有后物质主义价值取向。年轻一代的后物质主义价值观体现的是个体化进程。阎云翔（2013）在《当代青年是否缺乏理想主义?》一文中提出“我们生活中出现很多新的价值观、新的行为方式，这是完全不同的价值观，是整个个体化社会转型的背景下新的个体主义的价值观，这些东西是无法用旧的视角来理解的”。我国改革开放促进了人们个人主体的生成发展，同时，年轻一代主体意识的觉醒，反映了其个体内在的价值追求。

4. 全球化价值观

吉尔特·霍夫斯泰德（Geert Hofstede）从民族文化差异方面分析了员工的工作价值观，其中存在五个维度的差异：权力距离、个人主义和集体主义、阳刚气质和阴柔气质、不确定性规避、长期取向和短期取向。

（1）权力距离（power distance）是指一个国家的人们对于机构和组织内权力分配不平等这一事实的接纳和认可程度。高权力距离社会意味着等级顺序严格，权力是超越善恶的基本事实，与合法性无关，掌权者享有特权；低权力距离社会强调平等和机会，以团结为基本的合作态度。

（2）个人主义（individualism）是指人们喜欢以个人为单位进行活动的程度，其主要观点是个人权力高于一切；集体主义（collectivism）是指人们生活在严谨的架构中，期望得到同一群体中其他人的照顾与保护。

（3）阳刚气质（masculinity）是指某种民族文化重视男性角色的程度；阴柔气质（femininity）是指某种民族文化对男性和女性的角色持相同的看法，认为男女平等。

（4）不确定性规避（uncertainty avoidance）是指一个国家的人喜欢结构化而不是非结构化情境的程度。研究表明，在不确定性规避上得分高的国家，人们对于不确定性和模糊性的焦虑水平更高；相反，不确定性规避程度低的国家，人们不易受模糊性和不确定性的影响，能够包容各种意见，不以规则为导向，更容易采取冒险行动、更愿意接受变革。

（5）长期取向和短期取向测量的是社会对传统价值观的接纳。生活在长期取向（long-term orientation）文化中的人总是想到未来，看重节俭、持久与传统；生活在短期取向（short-term orientation）文化中的人注重当下，更容易接受变革。

有研究从个体和国家层面分析了霍夫斯泰德文化价值观与一系列组织产出的关系。一方面，五个文化维度在预测相关结果方面同样有效，综合考量而不是只关注其中一两个维度；另一方面，通过个体得分进行预测，其效果要远远好于整体分析的方法，也就是给一个国家中的所有人赋予同样的文化价值观。

第二节　态度与知觉

一、态度与个体行为的关系

课前导读

PRE-READING

工地上，有三个正在砌砖的工人，有人问他们："你们如何看待自己的工作？"

第一个工人怏怏地说："没看见吗？我在砌砖。"第二个工人认真地说："我在建大楼，一天能赚 100 元。"而第三个工人却快乐地说："我在建一座美丽的城市。"

几年后，第一个工人仍在砌砖，第二个工人成了工地负责人，第三个工人则成了一位富有名气的建筑师。

一样的起点，为何差距这么大呢？

稻盛和夫说过："一个人对待工作的态度，决定了他的人生走向。"如果你只是为了工作而工作，必然不会有太大的发展；如果你把工作当成一种理想，不断追求，就会成功。

能力决定着你的现在，而态度决定你的未来。每个人的命运就藏在他的态度里。你对人生什么样的态度，你就有什么样的命运。你对工作的态度，决定了你的层次，真正毁掉一个人的不是打工，而是"打工者的心态"。

资料来源：https://m.163.com/dy/article/DUSMIVHM0514D86V.html? spss=adap_pc；稻盛和夫．活法［M］．北京：东方出版社，2005.

（一）态度及其构成

态度（attitude）是指个体对特定对象所持有的评价性的、稳定的内部心理倾向。态度由三部分构成：认知成分、情感成分和行为意向成分。举个例子，"学习英语很重要"，这是我们对学习英语这件事的看法和认知，也就是认知成分；"学习英语让我感到愉快"，这是对学习英语的一种情绪体验；"我很愿意去学习英语"，这是一种行为意向。认知是情感产生的基础，认知和情感构成行为意向的基础。比较理想的状态是在这三者之间协调一致，即"我觉得学习英语很重要，能让我感到愉快，因此我很愿意学习英语"。遗憾的是，在生活中，我们并不能总是保持认知、情感和行为意向三者之间的一致。

（二）认知失调理论

态度的认知和行为之间不一致会怎样呢？当一个人觉得做某事不好，但还是做了，这就是认知与行为之间产生了不一致，我们称之为"认知失调"（cognitive dissonance）。弗斯廷格在 1957 年提出了认知失调理论，他认为人的头脑中都有许多认知因素，如关于自我、关于自己的行为和关于环境方面的看法或认知等。这些认知因素之间存在三种情况：相互一致和协调、相互冲突和不和谐、无关的。当人们头脑中的认知处于第二种情况即相互冲突和不和谐时，人就会产生认知上的冲突，这就是认知失调现象。

个体为缓解或解决认知失调现象，可以采取以下三条措施：一是改变态度或行为；二是对两个认知因素重新评价，减少一个或同时改变两者的重要性或强度；三是在不改变两个认知因素的情况下，增加一个或几个能弥补鸿沟的新认知或理由。

个体一定会采取行动去减少内心的认知失调吗？这取决于三个方面的影响因素。一是个体对行为的控制程度，也就是该行为状态是自愿还是被动接受的，如果该结果是被动接受的，那么失调的感觉会少很多，采取行动改变该状态的意愿也会减少。二是个体在失调状态下的收益程度，如果外部的奖赏或者收益能够降低内在的感受与行为之间的失调感，那么个体就不一定会采取行动去减少这种失调感。三是造成失调要素的重要程度，如果这个因素对个体来说非常重要，那么个体就需要去改变这种失调状态。

根据认知失调理论，在组织中，如果管理者想要保持员工原有的态度，可以避免员工做出与原有态度不一致的行为。如果已经有不一致行为的产生，那么领导者就应该引导员工去寻找外部原因，让员工相信该行为是外部因素导致的，使得他不得不做出该行为；相反，如果想要改变员工原有的态度，管理者应该让员工做出与原有态度不一致的行为，包括言语表态等，这就会增加员工的认知失调，从而引起态度的改变。

（三）参与改变态度

我们通常说“态度决定行为”，其实不然，很多时候，人的行为也可以引起态度的改变，即个体在群体中的活动方式能影响和改变其态度。参与管理就是典型的“行为改变态度”，它能使人的态度从被动变为主动。参与管理是指在不同程度上让员工参加组织的决策过程和管理工作，让员工与管理者处于平等的地位研究和讨论组织中的问题。参与管理最重要的作用之一是可以提高员工对决策结果的认同度，变被动为主动，更可能自动自发地去工作，而不是被迫工作。

参与管理的形式包括分享决策权、代表参与、质量圈和员工持股方案。一是分享决策权。这是一种最直接也是比较容易操作的方式，比如说让员工参与对制度、绩效的标准制定之中，这样会提高员工对决策的认同度，降低决策实施的阻力。二是代表参与。员工选出代表参与组织的管理就是代表参与，代表作为管理层与员工之间的桥梁，代表员工参与决策，也传达管理层的要求，这是一种简单高效的参与方式。三是质量圈。质量圈是指一组员工与管理者组成一个共同承担责任的群体，这个群体组织定期会面，探讨原因、提出建议以及采取措施。四是员工持股方案。员工持有公司一定的股份，可以参与公司的决策，让公司的利益与员工个人利益挂钩，更好地调动员工的工作积极性。

员工参与管理的方式在一定程度上提高了员工的工作满意度和效率，因此，参与管理得到了广泛应用。目前，我国企业也逐步开始应用参与管理的形式，比如员工持股计划，以华为投资控股有限公司（以下简称“华为”）为例。2022 年 4 月 2 日，上海清算所发布公告称，华为投资控股有限公司拟向股东分配股利 614 亿元。华为实行的是全员持股。从股权结构上来看，华为员工占据了 99.88% 的股份，创始人任正非仅占 1.01%的股份。截至 2021 年年底，华为员工持股计划参与人数为 13.15 万人，这意味着人均可分得 46.7 万元。员工持股计划是华为不断探索出来的经营经验：在合理的分配制度下，员工的高额收入不会损害公司利益，股权收入的提高会激励员工更加努力地工作。

但参与管理并非适用于任何一种情况，在要求迅速做出决策的情况下，领导者还是应该有适当的权力集中。而且，参与管理要求员工要有一定的解决问题的能力，因而，不是所有员工都能参与管理。

（四）工作态度的类型

在团队工作中，每个人对待工作的态度是不一样的；在组织情境中，组织也比较关注员工对于工作环境等方面的评价，即员工的工作态度。在这里，我们主要介绍三种工作态度：工作满意度、组织承诺与组织支持感。

1. 工作满意度

我们通常讲的员工的工作态度大多是指员工的工作满意度（job satisfaction），这是一种由于对工作特点进行评估而产生的对工作的积极感觉，是对工作本身及其有关方面的良性感受的心理状态，是企业员工职业生活质量的一项重要心理指标。

员工工作满意度的形成依赖于个人与其环境的相互作用。Hoppock 在《工作满意》一文中首先指出了员工的工作满意度是其心理与生理两方面对工作情境的满足感受。各个研究理论对于员工获取工作满意度的看法不一。公平理论认为，员工的工作满意度源于将自己的收益与他人进行横向比较中；期望理论认为，工作满意度源于员工对工作的评估达到其期望水平的程度；需要层次理论认为，员工从工作中获取需求动机的满足导致工作满意。总之，员工需要的满足程度部分地决定他的工作满意度，其情感反应依赖于期望与现实之间的差异。

工作满意度与组织绩效密切相关，也是影响个人职业生涯的重要因素。从组织角度看，个人工作满意度会对组织绩效产生重要影响，员工对于工作的满意度越高，其积极性也就越高，从而有利于组织绩效的提升。同时，员工对于工作的满意度是影响其任职时间的重要因素，员工流动与工作满意度之间存在密切的反向联系，从而对个人职业生涯的发展路径产生影响。

在组织中，管理者了解员工的工作满意度对组织发展有重要意义。管理者可以通过了解员工的工作满意度来监控组织状态、改进组织管理、调动员工的积极性、促进员工发展、监控组织改革方案等。

如何衡量员工的工作满意度？目前，对于工作满意度的测量有两种常用方式：单一整体评估法和工作要素综合评价法。单一整体评估法要求被试回答对工作的总体感受，从“满意”“比较满意”“很满意”等几个选项中选出感受。这是对整体满意度的测量，简单明了，但这只是对工作满意度的一个总括回答，并不能对企业存在的问题的具体环节进行诊断。而工作要素综合评价法刚好弥补了这个缺陷。这种方法是对工作满意度的构成要素进行测量，多维度地对工作满意度进行评价，并通过调查问卷的形式进行收集，有利于企业根据相关的问题做出具体的决策以提高员工的工作满意度。这两种测量方式在有效性上并没有很大差异。

如何提高员工的工作满意度呢？提高员工工作满意度的一个重要方法是管理者需要了解影响员工工作满意度的因素。一般来说，工作本身、公平的待遇、良好的工作环境以及上下级关系等都会对工作满意度产生不同的影响。不仅如此，员工个人的人格特征也是影响员工的工作满意度的一个重要因素。研究发现，有些人可能天生对很多东西感到满意，而有些人可能天生就很爱抱怨。因此，了解员工的个性特征也是评估员工的工作满意度的重要手段。

员工如果对工作不满意会做出怎样的行为呢？研究者根据以下两个维度将员工对工作不满意的反应分成四种行为（见图 2.1）。第一个维度是建设性-破坏性，为横坐标。建设性是指可以改善组织环境，有利于维持个人与组织的关系；破坏性是指个人与组织之间的关系恶化，对组织可能有破坏作用。第二个维度是积极性-消极性，为纵坐标。积极性是指个体会采取积极的方式去改善目前的状况；消极性是指员工在雇佣关系中消极、被动，不积极地采取措施改善目前的状况。根据以上两个维度，我们可以将员工的行为分为四种：第一种是积极的、建设性的行为，比如主动提出建议；第二种是积极的、破坏的行为，比如离职；第三种是消极的、建设性的，也就是被动忠诚，即我们所谓的怠工，这是一种被动但乐观地等待环境有所改善的状态；第四种是消极的、破坏性的行为，比如消极怠工、缺勤。

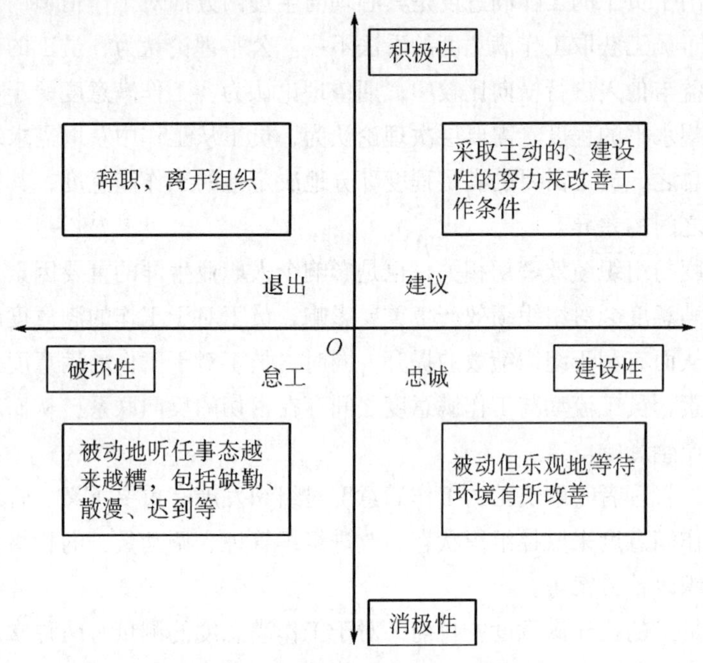

图 2.1　员工对工作不满意的反应

影响员工不满意的因素是多方面的。我们选取消极的两种反应进行分析。个体不满意时既可能会选择消极怠工，也可能会选择被动忠诚。员工怎样选择关键在于组织是否有退出机制。如果公司没有退出机制，员工就可能会选择消极怠工；而如果公司有退出机制，那么员工很可能就会因为害怕被辞退而选择被动忠诚。这说明，公司制度将对员工的行为机制产生影响。

2. 组织承诺

组织承诺（organizational commitment）是指组织成员对于特定的组织以及组织的目标的一种认同并且希望保持组织成员身份的一种心态。组织承诺包括三个维度：一是情感承诺。重情感承诺的人对组织有比较强的情感依赖，对组织的价值观也比较认同。研究表明，情感承诺是三个维度中最能预测员工工作绩效和离职率的维度。二是持续承诺。持续承诺是指如果一个人离开组织，可能会带来经济上的损失或者风险，所以他会选择留在组织中。这就解释了为什么年龄越大的人越不可能离职的现象。同时，很多组织也会设定员工在工作固定年限后会得到一定数额的奖励，以降低员工的离职率。员工持股方案就是持续承诺的应用。三是规范承诺。这是基于道德和伦理的原因而留在组织中的。在组织中，不乏有很多人是因为上司的“知遇之恩”留下的。因此，领导对于下属的关怀和帮助不仅可以增加下属的情感承诺，还可以增加其规范承诺。也有研究将组织承诺分为工作支持、价值认同和利益关心三个维度，组织承诺越高的员工越不可能离职，因为其对组织及其目标更为认同，并且希望保持组织承诺的身份。

组织承诺与工作绩效有一定的关系，但两者的关系并不密切。有研究发现，对于新员工来说，组织承诺与工作绩效之间有较强的正关系，但对于老员工来说，这种关系很弱。同时，如果雇主对于他们的承诺减弱时，他们对于组织的承诺也会减弱，从而降低工作绩效。

3. 组织支持感

组织支持感（perceived organizational support，POS）是指员工对组织如何看待他们的贡献并关心他们的利益的一种总体认知。组织支持感强调的是员工对组织真诚地对待自己程度的一种感知和认定，当员工的组织支持感更高时，就会有更高的组织承诺、更低的离职率、更高的工作满意度和工作绩效，在工作中感受到的压力也会更少。而且，高组织支持感也更可能使员工表现出组织公民行为，这是一种不包括在员工的岗位职责当中，但是这种行为对组织整体是有利的行为。

提升员工支持感的途径主要可以分为两个方面。一方面，对于领导来讲，高层领导作为组织的代言人，要在管理实践中传达对员工贡献的重视和福利关怀；直接上司应与下属建立信任的关系。另一方面，对于组织来说，组织要为员工主动提供工具性支持以及提供相应的福利和尊重等；组织也要给予员工一定的自主性，展现组织对员工的信任。组织还可以通过营造支持性的组织氛围来提高员工的组织支持感。最后，组织还要关注员工的公平感。

二、知觉对个体决策的影响

当你盯着图 2.2（a）时，你是否觉得图片中的事物在旋转？

观察图 2.2（b），你看到了什么图形呢？一个杯子还是两张相对的人脸？

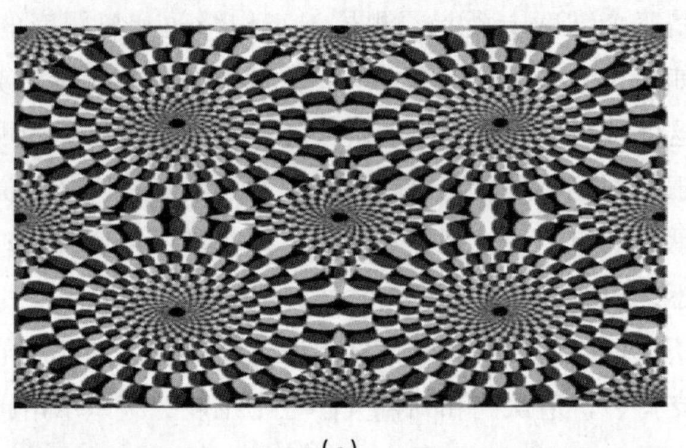

(a)

(b)

图 2.2　静态视觉图

图片来源：https://baijiahao.baidu.com/s? id=1623164957258504115&wfr=spider&for=pc&searchword=%E4%BA%8B%E7%89%A9%E6%97%8B%E8%BD%AC%E5%9B%BE.

(一) 知觉及其影响因素

知觉（perception）是指个体为了给自己所处的环境赋予意义而组织和理解其感觉影响的过程。认知与知觉类似，认知（congnition）是通过形成概念、知觉、判断或想象等心理活动来获取知识的过程，即个体思维对信息进行加工处理的过程。

影响知觉的因素很多，可以归纳为知觉者、知觉目标和知觉情境三个方面，见表 2.7。

表 2.7　影响知觉的因素

影响因素	具体因素
知觉者	态度、动机、兴趣、经验、期望等
知觉目标	新奇、运动、声音、大小、类似、邻近、背景等
知觉情境	时间、工作环境、社会环境等

个体特征影响知觉。一个人的态度、动机、兴趣、经验、期望等的不同，所产生的知觉也不一样。比如，你预期中的教育工作者是严谨、学识渊博的，因此，即使他们不具备这样的特质，你也会对他们产生这样的看法。

目标物的特征也会影响我们的知觉。在现实生活中，吵架的人往往比安静的人更容易受到关注；新奇有趣的东西更受人们青睐；人们往往把黄种人与亚洲联系在一起，等等。这些目标物自身的特征会使我们对其的感受产生较大影响。

情境对知觉很重要。个体对于事件或物体的感知与所处的时间、地点、环境等因素密切相关。同样，一位身穿晚礼服、打扮精致的女士如果出现在舞会上就很正常，而如果这种打扮的女士出现在你的课堂上就不正常。这就是情境的影响作用。

（二）社会知觉

1. 社会知觉的分类

根据知觉性质的分类，我们可以把知觉分为对人的知觉和对物的知觉。对人的知觉又分为社会知觉、人际知觉和自我知觉等。其中，社会知觉是对人所构成的社会现象的知觉，包括对人、人际关系以及因果关系的认知等；人际知觉是指对人与人之间的知觉，比如对他们外部特征、个性特点、行为等方面的判断和理解；自我知觉是对自我的认知，如何看待自己、如何觉知他人眼中的自己等。

您觉得是对人的认知比较复杂还是对社会的认知比较复杂？我们可能会觉得对社会的认知往往更为复杂一点。社会知觉为什么复杂且重要呢？通常有两点原因：一是因为人的行为是以他们对现实的认知为基础的，而不是以客观现实本身为基础的；二是因为这个世界是人们知觉到的世界，这对行为来说十分重要。因此，在人际交往中，别人是否愿意与你交往，取决于他人对你的认知，而不是你对自己的认知。

对他人的认识过程是印象的形成过程。这个过程由两个部分组成：一是信息的选择，二是信息的理解。不同的人会注意到不同的信息，同样的信息也会有不同的理解。在前面的图 2.2（b）中，你可能会看到一个杯子或者两个人脸，当你的注意力在白色部分时，你会看到一个杯子；当你的注意力在黑色部分时，你会看到两个相对的人的头像，我们将这种现象称为选择性知觉（selective perception）。选择性知觉即知觉的选择性，是指人在客观世界里，总是有选择地把少数事物当成知觉的对象，而把其他事物当成知觉的背景。人们在认识他人时，并不是对与他人有关的所有信息都会注意，而是会关注那些最显著刺激的信息，并据此形成印象。

人往往会根据部分的认知形成整体的印象，这既有积极的一面也有消极的一面。积极的一面是这会加快我们的认知过程，使我们快速形成对他人或物体的印象；消极的一面是这很容易形成认知偏差，导致错误的结论。这源于人们受到获取信息的影响，我们称之为可得性原则：人们的判断受到记忆的“可得性”效应的影响，哪些信息更容易被提取，哪些信息就更可能会被关注。

面对信息，知觉者总是想尽力获得一个关于刺激物的有意义的印象，也就是说个体总是用自己已有经验对外界事物进行解释，从而对环境赋予意义。鲁迅说过这样一句话，“一部《红楼梦》，不同的人看到的是不同的东西，经学家看到《易》，道学家看到淫，才子看到缠绵，革命家看的是排满，流言家看的是宫闱秘事。”这就是个体主观经验对于事物的影响。

我们在理解信息的时候，除了会受到个体主观经验的影响外，还会有知觉的整体性以及知觉的恒常性的影响。整体性是指人在对信息进行解释时，会依赖于对事物整体的感知，整体的感知会优先于对部分信息的感知；恒常性是指我们对他人的印象往往具有稳定性，不会因为一件事的改变而轻易改变。

2. 社会知觉的偏差

在对他人的认识过程中发生认知偏差是很常见的。这是因为，知觉者的主观性、信息的有限性以及知觉对象的复杂性会影响人的认知，从而形成认知偏差。常见的认知偏差有刻板印象、晕轮效应、对比效应、首因效应和近因效应、投射效应、像我效应等。

（1）刻板印象（stereotyping）。人们在头脑中存在的关于某一类人的固定印象就是指刻板印象。比如说，谈到教授，大多数人会想到“温文尔雅”一词；谈到商人，大多数人会想到“狡猾”“奸诈”两个词；谈到官员，大多数人会觉得他们处事圆滑世故，等等。刻板印象产生的原因是人有类别化（categorisation）的倾向。所谓类别化就是个体在认识他人时，人们总是倾向于以一定的标准将人进行归类，如南方女人的温婉、北方女人的豪爽等。因此，人们经常根据经验来确定某一个体是否具备某一典型的特征，从而做出判断，这被称为代表性原则（principle of representation）。苏联社会心理学家鲍达列夫做了一个实验：实验者把同一个人的照片给不同的两组大学生看，但看照片前对学生的指导语不同。实验者告诉第一组大学生，照片上的人是一个恶习难改的罪犯；实验者告诉第二组大学生，照片上的人是一个著名的学者。然后，要求每组学生口头描述照片上的人的肖像。结果发现，两组大学生对于照片的描述极为悬殊。认定是罪犯的这一组描述：深陷的目光里隐藏着邪恶，高耸的额头表明死不悔改。认定是学者的这一组描述：深沉的目光表明他思想的深刻性，高耸的额头表明他在科学道路探索上无坚不摧的坚强意志。描述悬殊的原因就是刻板印象在发挥作用。

（2）晕轮效应（halo effect）。晕轮效应也称光环效应，是一种当认知者对一个人的某种特征形成好或不好的印象后，他就会倾向于据此推论该人其他方面的特征，而产生的以点概面、以偏概全的现象。在生活中，晕轮效应是很普遍的现象，比较典型的就是一见钟情。除此以外，在企业招聘中也很容易形成晕轮效应，特别是在面试环节中，招聘者因为某一面试者的形象很好而被录用，但在之后的工作中发现该面试者并没有达到之前面试的预期，这就是晕轮效应的破灭。同时，在印象形成过程中，我们所获取的各种信息的重要性是不同的，这也是晕轮效应形成的一个重要原因。

（3）对比效应（contrast effect）。对比效应在心理学上也称“感觉对比”，是指同一刺激因背景不同而产生的感觉差异的现象。对比效应可以使知觉失真，如同将一种颜色在把它放在较暗的背景上时看起来明亮些，把它放在较亮的背景上时则看起来暗些。在管理学中，对比效应是指在绩效评定中，他人的绩效影响了对某人的绩效评定。比如，假定评定者刚刚评定完一名绩效非常突出的员工后，紧接着评定一名绩效一般的员工，那么很可能将绩效本来属于中等水平的人评为比较差的层次。对比效应产生的原因有两个：一是与对象和背景的差别有关，二是与大脑神经活动的抑制和诱导有关。

（4）首因效应（primacy effect）和近因效应（proximate effect）。人们在对他人形成印象的过程中往往会根据最先接受的某些信息形成印象，这种最先的信息对人形成印象具有强烈影响的现象就是首因效应，而最后接收的信息对人们形成印象起着重要作用的现象就是近因效应。两者分别解释了第一印象和临时抱佛脚的现象。

（5）投射效应（projection effect）。投射效应指人总是习惯性站在自己的角度去理解事物、去推断他人的想法，以己推人。“以小人之心度君子之腹”就是一个典型的投射效应。投射测验是投射效应的应用。投射测验就是将一些模棱两可的多义刺激物给被试看，并要求其在极短时间里做出反应和回答。在这个过程中，被试往往会将自己的真实情绪、情感、动机、需要、观点等心理活动投射在个人反应中，主试通过专业分析，看出被试的心理状态和个性心理特征。我们经常说人的眼睛透过玻璃看到外面的世界，其实很多时候，人的眼睛是透过镜子看到外面的世界，人的内心是怎样的，你看到的世界就是怎样的。每个人都戴着有色眼镜去看这个世界。

（6）像我效应（recognition effect）。像我效应也称认同效应，是指如果他人表现出与自己相似的经历、观念、背景等，你就会对其更具好感，从而影响到最后认知评价的现象。当你在面试一个人时，该人表现得就像当年刚刚大学毕业的你自己，那你给他的分数是偏高还是偏低？显然，你会给他一个较高的分数。因为每个人都有自我价值保护的需要，没有人会愿意去否定自己的价值、承认自己是一个很差的人。

在认识和了解了认知偏差以后，我们就要注重克服这些偏差。一方面，要客观全面地收集信息。我们的认知偏差往往是有限信息的缺陷引起的，因而“路遥知马力，日久见人心”就是克服这些偏差最好的建议。另一方面，站在他人的角度理解问题，不要局限于自己的固有认知，站在他人的角度考虑问题往往会更为准确的理解他人及其行为。

（三）归因理论：对行为原因的认知

对行为原因的认知包括对自己行为的认知以及对他人行为的认知，我们称之为归因（attribution）。不同的归因对行为有不同的影响。我们判断某一个体行为时，总是试图判断它是由于内部原因还是由于外部原因造成的。我们怎样去归因这个过程呢？这个过程受到三个特点的影响：个体行为的区别性、一致性以及一贯性。区别性（distinctiveness）是指个体在不同情境下是否表现出不同行为；一致性（consensus）是指每个人面对相似情境都有相同的反应；一贯性（consistency）是指不论时间的变化，此人都表现出同样的行为。区别性、一致性、一贯性都高的话会将原因归为外因，区别性、一致性和一贯性都低的话则会将原因归为内因。这是一种较为理想的分类。

但很多时候我们在个体行为归因过程中会出现偏差，即归因的倾向偏差。通常而言，归因的倾向偏差有三类：第一类叫作基本错误归因，即把别人的行为过多地归因于内部因素，如员工绩效不佳时的归因。第二类是行动者—观察者效应，即把自己的行为过多地归因于外部因素，如自己绩效不佳时的归因。第三类是自我服务归因倾向，即人更倾向于把成功归因于内部因素，而把失败归因于情境因素，如成功时个体往往会夸大自己对结果的影响作用；失败时则相反。这些归因偏差会影响个体找到成功或失败的更多原因，因此，管理者和员工个体都要清楚地认识到这些偏差，更为全面地分析问题。

在归因研究中，有一个很重要的归因理论叫作韦纳的成败归因理论。韦纳认为，对成败的归因会影响人后续的行为动机和行为选择。失败是成功之母吗？很多时候失败可能孕育着更多的失败。心理学上有个著名的实验叫做习得性无助。这个实验很好地说明了失败不一定是成功之母，失败往往会带来更多的失败。韦纳把人们获得成功或失败的原因主要归因于四个方面的因素：能力、努力、任务难度和运气。这四个因素可以按三个维度来划分：内外因、稳定性和可控性。如表 2.8 所示，能力是属于内部的稳定的不可控制因素，努力是内部的不稳定的可控因素，任务难易程度是外部的稳定的不可控因素，运气属于外部的不稳定的不可控因素。

表 2.8 影响成败的四个因素

内部		外部	
稳定	不稳定	稳定	不稳定
不可控制	可以控制	不可控制	不可控制
能力	努力	任务难度	运气

我们从上述的归因理论中可以得到以下启示：一方面，失败之后，适当的外部归因可以减少对能力的否定，但是过度的外部归因会怨天尤人，这不是积极的归因方式；另一方面，将成功归因于能力可以提高效能感，但是过度归因可能导致个体过度自信，甚至会自大。

企业的招聘面试、绩效评估、指导下属以及管理决策等方面都会有知觉的应用，因此，管理者需要了解，个体采取具体的行为方式并不是以外界的真实环境为基础的，而是以个体所看到或相信的环境为基础的。员工对情境的知觉是他们行为的基础。管理者是不是真正帮助下属更好地工作、是不是真正在乎员工的感受，这些都不如下属对管理者的这种努力的知觉重要。

归因对大脑决策的影响

20 世纪 80 年代，加州大学旧金山分校心理学教授本杰明·李贝特（Benjamin Libet）和哈佛大学心理学教授丹尼尔·魏格纳（Daniel Wegner）做了一个实验：他们要求被试随时报告自己动作发出的意向，并使用脑电技术（EEG）来监测被试在报告自己动作发出前的大脑活动情况。实验结果显示，被试的大脑在报告自己将要发出行为动作意向之前的几百毫秒时就已经产生相应动作的脑电信号了。这个实验结果公布后，引起了大量后续研究。2013 年，德国著名的神经科学家约翰-迪伦·海恩斯（John-Dylan Haynes）利用功能性核磁共振成像技术（FMIR），让被试看一块屏幕，并在屏幕上显示两个数字，然后由被试自己决定是把它们相加还是相减，然后给出答案。结果，被试的大脑神经活动图谱显示：在被试做出决定的前 4 秒，他们就已经决定好了是相加还是相减。

从上述实验中，我们可以发现，你的行为不一定是你自己决定的，你能意识到的只不过是在执行大脑已经提前准备好的决定。对于你的决定，我们的大脑是一个先悄悄地做出决定，然后把这个决定交给你大脑的理性决策系统。

※启示

我们的理性决策系统会根据事先做好的决定，先从记忆中调取素材，再用“逻辑”工具把与决定相关的素材组织起来，再让语言系统把决定内容念给你听，并让你感觉这个决定是你做出的。而实际上这只是一种看起来“你的一切你说了算”的错觉。这个过程显得如此合理化是因为我们擅长为自己的决定找理由，也就是归因。特别是在应对决策错误和遭遇挫折的时候，如何归因就显得很重要。

资料来源：https://www.zhihu.com/market/paid_column/1212679602587791360/section/1228002516886859776。

（四）知觉与个体决策之间的联系

由于事件的当前状态与期望状态之间存在差距，因而要求个体考虑几种不同的活动进程，这就是决策（decisions）。决策是针对问题做出的回应。

组织中的个体做出决策的方式和决策的质量，在很大程度上受到知觉的影响。管理者在决策时离不开信息，信息的数量和质量直接影响决策水平，这要求管理者在决策之前以及决策过程中尽可能地通过多种渠道收集更多的信息，以此作为决策的依据。但在收集信息的过程中，管理者要考虑收集怎样的信息、多少信息以及在哪里收集信息的问题，而不是不计成本的盲目收集信息。这个过程与管理者的知觉密切相关，管理者的知觉会对决策的分析以及结果产生影响。

1. 在组织中决策

每个人在做出决策时都会使用理性决策、有限理性和直觉决策，这些决策结构从表面上看合理，但不一定能带来最佳的决策。

理性决策（rational decision-making）假设决策者是完全理性的，决策环境是否稳定是可以被改变的，决策者在充分掌握信息的前提下是完全可以做出完成组织目标的最佳决策的。理性决策是站在经济的角度上看问题，认为决策应该追求组织利益最大化，忽视了非经济因素的影响，不是指导实际决策活动的最佳选择。

有限理性（bounded rationality）是由赫伯特·西蒙提出的，是行为决策理论的重要观点。西蒙认为，人的理性是介于理性与非理性之间的，即人是有限理性的。这是因为，在复杂环境中，人的想象力、计算力等都是有限的，且决策者会受到时间以及资源的限制，在识别问题上也会受到知觉偏差的影响，等等。对于决策者来说，除了考虑经济利益以外，还会受到自身风险态度的影响，因而，决策者寻求的往往是相对满意的结果，而不会费力去寻求最佳方案。

直觉决策（intuitive decision marking）是依赖经验做出的无意识的过程，它受感情的控制，以大脑中各信息片段之间的联系为基础而做出的很快的反应。这是一种不理性的决策方法，但这是依赖多年的经验和学习做出的判断，可以与理性分析相辅相成。单纯的直觉决策显然是不足的，我们可以利用直觉进行推测，但一定要用客观数据和理性的冷静分析来检验直觉。

我们都试图做出理性判断，也追求有限理性，但在决策过程中难免会出现一些偏见和错误。常见的偏见有乐观偏见、锚定偏见、易获性偏见、承诺升级、随机错误、风险厌恶、后视偏见等。

（1）乐观偏见。人们往往对自己的能力以及他人的能力过度自信，对于问题的判断也会过于乐观，这就是乐观偏见。研究发现，那些智力和人际关系最弱的人最有可能高估自己的绩效和能力。在企业中，企业家的乐观精神和新投资项目的绩效之间存在负相关。投资者的过度自信也会影响其在股票基金市场上的水平，尤其是对于那些新手来说，他们会高估自己处理信息的技巧以及所得信息的质量，这往往会带来不好的回报。

（2）锚定偏见。人们在做决策时，思维往往会被得到的第一信息左右，就像沉入海底的锚一样，把你的思维固定在某处，这就是“沉锚效应”。当你把信息固定在初始阶段进行判断时常常过分看重那些显著的、难忘的证据，甚至从中产生歪曲的认识，这就是锚定偏见。一般来说，锚设定得越精确，调整幅度就越小。例如，在招聘过程中，面试官问你期待的具体薪资是多少，如果你回答说 5 500 元，那么你的老板可能会认为 5 000~6 000 元是合理的薪资范畴；但如果你回答说 5 560 元，那么你的老板可能会认为 5 500~5 600 元是谈判的合理范畴。

（3）易获性偏见。易获性偏见是指人们倾向于以容易获得的信息为基础做出判断。因此，人们可能会高估那些发生可能性不大的事件，同时也解释了为什么在进行业绩评估时，管理者更关注员工最近的表现而不是几个月之前的行为。

（4）承诺升级。承诺升级是指人们固守某一决策，尽管有明确的证据表明这一决策是错误的，通常这是由于一些不理性的原因导致的。研究发现，不管是在日常生活领域还是在专业领域，承诺升级都表现出了它强大的非理性驱动力。比如，消费者尽管不满意产品的服务，但仍倾向于维持这种消费关系。目标和评估是影响承诺升级的两个重要因素，沉没成本、个体差异等通过影响目标和评估来引发承诺升级。在活动过程中，初始目标影响之后的行为，随着活动开展，社会规范、代理问题、从众等会使得人们偏离原始目标，从而降低承诺水平。同时，在活动过程中，决策水平和机会成本会影响人们对项目活动的评估，从而增强或减弱承诺升级。

（5）随机错误。随机错误是指人们倾向于认为自己能够预测随机事件的结果。当我们给随机事件赋予意义的时候，决策就会受到影响，从而可能产生偏差。

（6）风险厌恶。风险厌恶是指投资者对投资风险反感的态度。研究发现，压力情境可能引起更强烈的风险偏好：对于积极的结果，处于压力之下的人厌恶风险；对于消极的结果，处于压力之下的人偏好风险。

（7）后视偏见。后视偏见是指当结果已知时，人们倾向于错误地认为自己原本能够做出准确的预测。后视偏见降低了我们从过去中学习的能力。

如何避免这些偏见和错误？一是专注目标。明确的目标会让决策更容易。没有目标，你就不可能理性，不知道自己需要什么信息，也不知道哪些信息是相关的、哪些信息是无关紧要的。二是寻找与你看法相矛盾的信息。这是抵消过度自信和偏见最行之有效的方法。如果我们坦诚自己可能存在的错误，就不会那么容易高估自己的聪明程度。三是不要试图给随机事件赋予意义。我们必须承认，生活中有些事是我们无法控制的，问问自己这些事是否为巧合，不要在无法找到理由解释这些事情时编造理由，不要试图从巧合中创造出意义来。四是增加选项。发挥自己的创造力，增加自己的决策备选方案，为自己提供各种各样的选择，这样才能为找到最佳方案提供更多机会。

2. 影响决策的因素

影响决策的因素有很多，如环境、过去决策、决策者的风险态度、伦理、组织文化、时间等，都会对决策产生影响。我们将这些因素划分为两类：个体差异和组织特征。

个体差异主要包括个体的人格特征、性别、智力、文化差异等。有关研究表明，人格特征会对决策产生影响，突出表现在责任心和自尊两个人格特征上。追求成就和忠于职守的责任心更有可能使得承诺升级、为组织利益考虑。而高自尊的人容易产生自我服务偏见，以维持自尊。在性别比较上，有研究发现，女性在决策问题上比男性表现得更为细致。女性会对过去的决策进行分析，因而对决策问题考虑得更为仔细，但如果问题没有得到解决，也会使得女性更加容易抑郁。在智力方面，智力水平高的人能够更快地处理信息和解决问题，但智力只能解决部分问题，不能解决所有问题。决策者的文化背景也会影响决策及其效果。文化差异主要表现在时间取向、理性的重要程度、信任程度、集体决策偏好上。

组织的绩效评估、奖励体系、规章制度、时间限制等组织特征会影响管理者做出决策。管理者在做决策时，受到评估标准的影响；同时，组织中的奖励体系也会影响到管理者，当组织的奖励体系是风险厌恶的，管理者更可能做出保守的决策。组织的正式规则和传统惯例会限制管理者的选择权。为保证员工行为的规范化和标准化，几乎所有的组织都会制定规章制度以及其他规范，这在一定程度上对管理者决策形成了无形的限制。不仅如此，过去做的决策也会影响现在的决定，决策之间是相互联系的。

3. 创造力与组织创新

创造力（creativity）是指个体产生新颖且有用的能力。创造力可以使决策者在考虑问题时更为全面以及看到未知的问题。什么样的人更具有创造力呢？罗宾斯认为，“智商高的人以及那些在经验的开放性方面得分较高的人往往更具有创造性”。独立、自信、敢于冒险、内控型、对不确定性的容忍度高、对事物的结构性要求不高以及有较强的毅力等也是创造力强的人的特质。

在组织行为学中，创造力三因素模型被广泛用于评价一个人的创造力。创造力三因素包括专业度、创造性思维技巧以及任务内在的激励程度。专业度是所有创造性工作的基础，只有植根于专业度，才谈得上开发创造性；创造性思维技巧包括人格特质、类推能力以及从不同视角审视熟悉事物的能力，这是从技术、技巧的层面来描述的；任务内在的激励程度是指任务本身能不能激励那些正在做这些事的人。什么样的环境能够激发创造力呢？鼓励交流想法的环境、对创造性工作的奖励和认可、选择工作内容并决定工作方法的自由、对员工展示出信心或展现出对工作团队的支持，以及工作团队成员互相支持和信任等外部环境因素会很好地支持团队创造力的产生。但在以控制为主要管理风格的组织里很难呈现以上状态。

通常，拥有创造力的人会带来创造性行为，这些行为往往会带来创新。但只有当这些新颖有用的创意被应用于实践时，我们才将其称为创新，因此，并不是所有的创造性行为都会带来创新。个体的主动性行为以及实施能力、团队的氛围等都会对创意的实现产生影响。

◎小结

1. 个体在年龄、性别、学历层次、专业背景以及任期时间等方面的不同是个体之间存在差异的最基本要素。

2. 能力是个体行为的基础，能力的个体差异主要表现在三个方面：水平差异、结构差异和发展差异。

3. 人格特质是能够引发个体行为和主动引导人的行为、是一种相对稳定的倾向性行为，会影响个体在工作中的行为表现。

4. 价值观是从总体上影响人的态度和行为的，具有相对稳定性和持久性。价值观在职场上体现为职业锚，民族文化的差异对员工工作价值观产生影响。

5. 改革开放以来，社会转型加快，代际价值观主要呈现出成年人价值观权威的弱化和失落及价值观代际多元化两种特征。

6. 态度由认知、情感和行为意向三部分构成，当认知与行为之间出现不一致时就会产生认知失调。

7. 态度不一定决定行为，行为也会引起态度的改变，比如参与管理形式。

8. 工作满意度、组织承诺和组织支持感是常见的三种工作态度，管理者要关注员工的工作态度，对症下药，增加员工对于组织的黏性。

9. 由于个体自身的差异以及认知环境的复杂性，个体对他人的认知往往存在一定的偏差。

10. 组织中的个体做出决策的方式和决策的质量，在很大程度上受到知觉的影响。

◎参考文献

[1] 斯蒂芬·罗宾斯，蒂莫西·贾奇. 组织行为学［M］. 18 版. 孙健敏，等译. 北京：中国人民大学出版社，2021.

[2] 李伟，王淑红，刘文兴. 组织行为学［M］. 2 版. 武汉：武汉大学出版社，2016.

[3] 王淑红，赵琛徽，周新军. 人员素质测评［M］. 北京：北京大学出版社，2012.

[4] 巩秋红. 基于人口统计学的高新技术企业高层管理团队特征及其与企业绩效关系研究［J］. 品牌研究，2019（19）：88-90.

[5] 蔡欣怡. 高管团队人口统计学特征与保险公司财务绩效研究［D］. 成都：西南财经大学，2018.

[6] 李锋. 高管团队人口统计学特征对组织绩效的影响研究［J］. 赤峰学院学报（自然科学版），2016，32（23）：158-160.

[7] 刘晓. CEO 人口特征、创新投入与企业绩效实证研究［D］. 长沙：中南大学，2012.

[8] 王文. 全球视野下中国"90 后"的经济自信：兼论代际价值观转变理论视角下的中国青年与制度变革［J］. 西北师大学报（社会科学版），2020，57（4）：95-100.

[9] 赵修文，谢婷，刘雪梅，等. 工作价值观对员工跨界行为的影响机制：调节焦点与内部动机的作用［J］. 中国人力资源开发，2021，38（7）：60-74.

[10] 袁贵仁. 价值观的理论与实践［M］. 北京：北京师范大学出版社，2013.

[11] 张文龙，叶一舵. 新时代中国青年的职业价值观：基于 CGSS 数据的分析［J］. 福建师范大学学报（哲学社会科学版），2019（5）：69-77，169.

[12] 惠特曼，汉密尔顿. 价值观的力量 [M]. 吴振阳，等译. 北京：机械工业出版社，2010.

[13] 罗纳德·英格尔哈特. 发达工业社会的文化转型 [M]. 张秀琴，译. 北京：社会科学文献出版社，2013.

[14] 王文. 全球视野下中国“90后”的经济自信：兼论代际价值观转变理论视角下的中国青年与制度变革 [J]. 西北师大学报（社会科学版），2020，57（4）：95-100.

[15] 魏莉莉. 青年群体的代际价值观转变：基于90后与80后的比较 [J]. 中国青年研究，2016（10）：64-75.

[16] 陈玉明，崔勋. 代际差异理论与代际价值观差异的研究评述 [J]. 中国人力资源开发，2014（13）：43-48.

[17] 埃略特·阿伦森. 社会心理学 [M]. 10版. 侯玉波，译. 北京：北京大学出版社，2004：144.

[18] 董朝辉，杨继平. 教师工作满意度研究 [M]. 北京：中国社会出版社，2012.

[19] 周玲，刘洪. 员工工作满意度研究综述 [D]. 南京：南京大学，2005.

[20] 肖金岑，王敏，刘雪敏，等. 心理契约在组织支持感和员工忠诚度之间传导机制的实证研究 [J]. 数学的实践与认识，2014，44（14）：250-258.

[21] 瞿佳昌，邹成锡. 论投射效应对人际关系的影响 [J]. 新西部（下旬·理论版），2011（13）：177，187.

[22] 全国13所高等院校《社会心理学》编写组. 社会心理学 [M]. 天津：南开大学出版社，2016.

[23] 乐国安，管健. 社会心理学 [M]. 2版. 北京：中国人民大学出版社，2013.

[24] 周三多，陈传明，贾良定. 管理学：原理与方法 [M]. 上海：复旦大学出版社，2018.

[25] 张凤华，刘书培，胡笑羽. 行为决策中承诺升级的作用机制 [J]. 心理学探新，2016，36（4）：336-342.

[26] HAMBRIEK D C，MASON P A. Upper echelons：The organization as a reflection of its top managers [J]. Aeademy of management review，1984，9：193-206.

[27] PATRICK C J，FOWLES D C，KRUEGER R F. Triarchic conceptualization of psychopathy：developmental origins of disinhibition，boldness，and meanness [J]. Development psychopathology，2009，21（3）：913-938.

[28] T A WRIGHT，D G BONETT. The moderating effects of employee tenure on the relation between organizational commitment and job performance：A meta-analysis [J]. Journal of applied psychology，2022（12）：1183-1190.

[29] OLMSTED M，HARE A. The small group [M]. New york：random house，1978：11.

群体与团队

- 群体的定义与分类
- 群体发展的阶段
- 群体属性
- 群体行为特征

第一节 群体的定义与分类

三个和尚、三个庙的故事

有一句老话："一个和尚挑水吃，两个和尚抬水吃，三个和尚没水吃。"如今，这种观点过时了。现在的观点是："一个和尚没水吃，三个和尚水多得吃不完。"

有三个庙，这三个庙离河边都比较远。怎么解决吃水问题呢？

第一个庙，和尚挑水的路比较长，一天挑了一缸就累了，不干了。于是，三个和尚商量，咱们来个接力赛吧，每人挑一段路。第一个和尚从河边挑到半路停下来休息，第二个和尚继续挑，又转给第三个和尚，挑到缸里倒进去，空桶回来再接着挑，大家都不累，缸里的水很快就灌满了。这个办法叫作"团队协作"。

第二个庙，老和尚把三个徒弟都叫来，说我们立下了新的庙规，要引进竞争机制。三个和尚都去挑水，谁挑得多，晚上吃饭加一道菜；谁挑得少，晚上吃白饭，没菜。三个和尚拼命地去挑，一会儿缸里的水就灌满了。这个办法叫作“管理创新”。

第三个庙，三个和尚商量，天天挑水太累，咱们想想办法。山上有竹子，把竹子砍下来连在一起，竹子中心是空的，然后买了一个辘轳。第一个和尚把一桶水摇上去，第二个和尚专管倒水，第三个和尚在地上休息。三个和尚轮流换班，一会儿缸里的水就灌满了。这个办法叫作“技术创新”。

资料来源：佚名．三个和尚故事新解［J］．中国邮政，2006（5）：1.

群体是一种社会现象，生活在社会中的每个人都不可能脱离群体而独立生活。随着社会的发展，群体在组织中所起的作用越来越引起人们的重视。因此，对群体相关问题的探讨，就成为组织行为学一项重要的研究内容。

一、群体的定义

群体（group）是由个体组成的，但并非个体的简单相加。如果有 10 个人在排队购物，相互间没有任何交流，他们不能算是群体；反之，若这 10 个人通过商谈达成协议，价格要打 9 折才购买商品，那么这 10 个人就构成了一个群体。组织行为学中研究的群体是指为了实现特定的目标，由两个或更多人组成的在行为以及心理上相互影响与相互作用的集合体。如车间、班组是群体，游泳俱乐部、象棋俱乐部、登山俱乐部等也都是群体。群体往往具有如下特点：一是成员受到鼓动与激励加入群体，因此具有共同的利益或者共同的目标；二是成员有持续的互动关系，在心理上相互意识到其他成员的存在，在行为上相互影响与作用；三是成员会形成共同遵守的价值标准与行为规范，这使得每个成员的行为都能符合群体的要求。

二、群体形成的原因

群体是一个由多人组成的集合体。那么，这个集合体又是如何形成的呢？

学者们普遍认为，成员之间相互吸引、追求共同的目标是群体形成的最主要原因。另外，需求的满足也是人们形成或加入某个群体的强劲动力，群体会使成员的安全、归属、自尊、权力以及目标实现的需求得到不同程度的满足。我们来看一下群体是如何满足成员各方面需求的。

（1）安全需要。群体可以为成员提供保障与支持，当成员面对困难时就会减少被孤立的感觉，增强信心，因此群体能够给成员带来安全感。

（2）归属需要。每个人都有被他人认同与接纳的需要。一个人加入群体可以满足友谊和其他情感的需求，这种需求不仅在工作场所存在，在非工作场所也存在。

（3）自尊需要。一个人在群体中会占据一定的地位，为群体做出相应的贡献，同时群体所拥有的威望（如群体的口碑、知名度等）也会使成员享受到与非成员不同的身份和地位，因此成员参加群体能够获得自尊的满足。

（4）权力需要。权力就是对别人的控制。只有一个人的地方，是不存在权力的。只有在一个人加入群体后获得了相应的资源，在与其他成员互动的过程中才能实现权力的需要。

（5）目标实现需要。群体成员拥有共同的目标，然而仅依靠个人的力量不能够或者难以实现目标，因此需要对成员进行分工，发挥各自的才能，共同合作完成任务。

三、群体的分类

按照群体构成的原则和方式的不同，可以将群体分为正式群体与非正式群体（见表 3.1）。

表 3.1　群体的类型

正式群体	命令型群体
	任务型群体
非正式群体	利益型群体
	友谊型群体

（一）正式群体

正式群体（formal group）是指由组织确定的、工作分配很明确的群体。在正式群体中，一个人的行为是由组织目标所规定并指向组织目标的。正式群体具有明文规定的规范标准、明确的目标任务、职责分工和权利义务，以及规定的编制和组织形式。

根据组织的需求和过程不同，又可以将正式群体分为命令型群体和任务型群体。

（1）命令型群体（command group）。命令型群体是由组织规定、上级和下级组成、下级直接向上级报告而形成的群体。例如，在一家工厂中，厂长与各车间主任、各车间主任与各班组组长、各班组组长与工人就形成了不同的命令型群体。

（2）任务型群体（task group）。任务型群体是指为完成某项具体任务而共同工作的群体。例如，一个企业如果要并购另一个企业，那么这两个企业的销售、财务和人力资源等管理者会组成一个委员会，商讨如何进行这两个企业并购的各项事宜。这个委员会就是一个典型的任务型群体。

所有的命令型群体都是任务型群体，但是任务型群体是可以跨越组织界限的（见图 3.1）。例如，企业可以从市场部、设计部、制造部、采购部等部门抽调人员组成一个新产品开发小组。

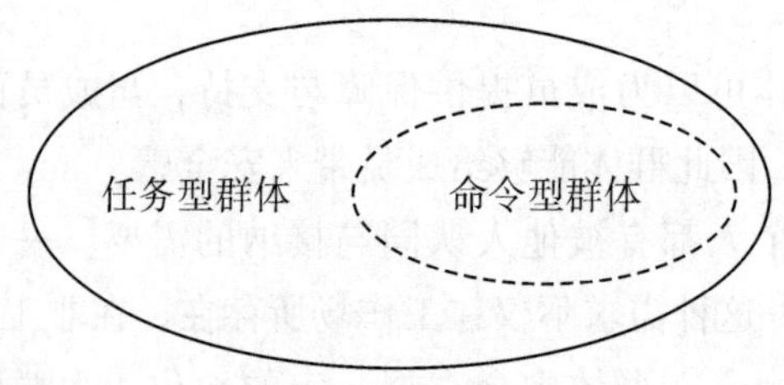

图 3.1　任务型群体和关系型群体的关系

（二）非正式群体

与正式群体不同，非正式群体（informal group）是指那些既没有正式结构也不是由组织确定的联盟。

非正式群体的形成，既可能是由于在一定时期内，成员拥有某种共同的利益、共同的观点、相同的社会背景、相似的经历或生活在邻近地区，也可能是由于有相同的爱好和兴趣等。根据形成的原因不同，又可以将非正式群体分为利益型群体和友谊型群体。

（1）利益型群体（interest group）。利益型群体中的成员共同关心某个特定的目标或利益。这些利益或目标因群体而异，与组织无关。例如，在摩托罗拉公司，有许多员工自发组成全面顾客满意（total customer satisfaction，TCS）团队，其对提高公司的产品质量和顾客满意度起到了非常重要的作用。

（2）友谊型群体（friendship group）。友谊型群体中的成员往往具有共同的特点，如年龄相近、有相同的业余爱好等。例如，学校中的琴、棋、书、画等兴趣小组就各是一个友谊型群体。友谊型群体的互动可以延伸到工作之外。

任何组织内部都会存在各种类型的非正式群体。在某些情形下，组织成员形成的非正式群体甚至比正式群体更加具有凝聚力。

管理者应该重视非正式群体对组织目标的影响，鼓励和支持非正式群体发挥缓解员工工作压力、提高士气等方面的积极作用；同时，也要纠正和正确引导对于组织不利的非正式群体，使其对于整个组织目标的实现和员工的利益产生积极的影响。

第二节　群体发展的阶段

课前导读

PRE-READING

三国刘氏集团的发展壮大及没落

《三国演义》是中国古典四大名著之一。以现在的眼光来看，“三国”也就是三大集团，即刘氏集团、曹氏集团和孙氏集团，其中又以刘氏集团最为出名。刘氏集团的初创人员有刘备、关羽和张飞三人。这三人在黄巾起义的时候被官府的榜文吸引而至，得以相遇。这三人一见如故，于是在桃园结拜。

在完成了初创阶段后，紧接着面临的是如何发展的问题。关羽、张飞皆勇武有余而谋略不足，刘备虽宽以待人、胸怀大志，却机智不足，因而在初期发展中遇到了许多困难。徐州失守后，刘、关、张三人还曾失散各处。之后，刘备又得常山赵子龙，在武将方面如虎添翼，但是谋士不足仍然是困扰刘氏集团的最大问题，直到刘备遇到了徐庶后才有了改观，取得了大破曹仁大军、智取樊城等胜利。

但是好景不长，曹操用计将徐庶骗至许昌，致使刘备痛失军师。值得庆幸的是，徐庶又向刘备推荐了诸葛亮，引出了刘备三顾茅庐请诸葛孔明出山的一段佳话。在诸葛亮的辅佐下，刘氏集团取得了火烧博望坡、赤壁之战、袭荆州、下南郡等一系列胜利，刘氏集团开始进入良性循环的发展轨道。

随后，刘备又文得“凤雏”庞统，武得黄忠、马超，刘氏集团的阵容越发齐整和豪华。之后，刘备依赖诸葛亮的一系列计策取得汉中之地，进而自封汉中王。曹丕称帝

后，刘备在大臣的力劝之下即位称帝，刘氏集团达到了事业的顶峰。然而，在刘备称帝后不久，因急于为关羽报仇，不顾大臣们的劝诫，执意伐吴，成为刘氏集团发展道路上的转折点。先是张飞遇害，后又被陆逊火烧连营七百里，刘备大败，最后在白帝城完成了领导集团的更迭。

此后，刘氏集团虽仰仗诸葛亮的才智上演了“七擒孟获”的好戏，却也有因刘禅阻挠而“六出祁山”无功而返的败笔，最终在诸葛亮命殒五丈原后，刘氏集团开始显现颓势，一发不可收拾，后被邓艾偷袭阴平，直下成都，刘禅降魏，刘氏集团宣告破灭。

资料来源：杨忠. 组织行为学：中国文化视角［M］. 南京：南京大学出版社，2006.

人们通常认为，群体的发展是有一定的顺序和一定规律可循的。然而，研究表明，对于那些完成具体任务并有明确截止日期的临时群体而言，它们的发展没有标准的模式。群体的发展过程其实就是从不熟悉到熟悉、从松散到紧密的过程。接下来，我们主要讨论群体发展五阶段模型以及间断—平衡模型。

一、群体发展的五阶段模型

塔克曼和詹森（Tuckman and Jensen）认为，群体的发展要经过五个阶段，分别是形成阶段、震荡阶段、规范阶段、执行阶段和解体阶段（见图 3. 2）。

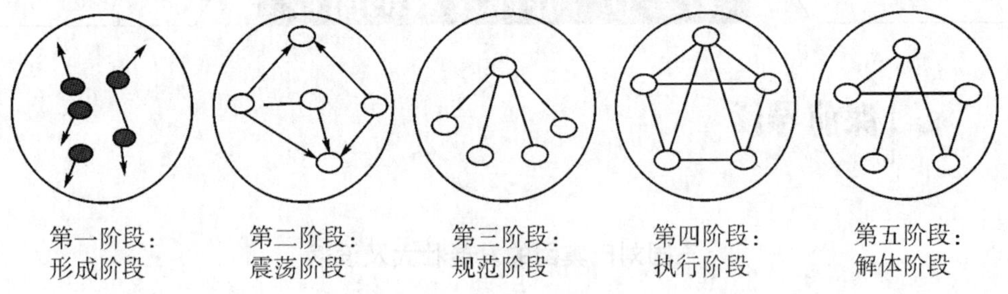

图 3. 2　群体发展的阶段

第一阶段：形成阶段（forming）。在这个阶段，群体成员相互熟悉、相互了解其他人的性格和行为特点，明确自己在组织中的地位；同时，群体成员会建立松散但明确的基本规则。

第二阶段：震荡阶段（storming）。在这个阶段，群体成员必须构建群体的目标体系和确定目标的优先次序，他们接受群体的存在，但是试图反抗群体对自己的约束并试图领导群体，因此群体成员之间会出现辩论与冲突。在这个阶段，群体的领导层逐渐形成，群体成员在发展方向上逐渐达成共识。

第三阶段：规范阶段（norming）。在这个阶段，群体成员完全接受自己成为群体中的一员，对群体有强烈的认同感和使命感，群体表现出很高的凝聚力。此时，群体的结构比较稳固，通过群体成员接受的规则（包括明确的以及含蓄的）协调成员活动，促进群体目标实现。

第四阶段：执行阶段（performing）。在这个阶段，群体结构、等级制度、成员角色等都已完全成型，群体成员将主要精力投入完成实质性工作中。

第五阶段：解体阶段（adjourning）。对于长期工作群体而言，执行阶段是其发展的最后一个阶段，但是对于临时性群体（为完成某项具体任务而成立的群体）而言，由于任务的完成而存在解体阶段。在这个阶段，群体开始将注意力转移到解散准备工作上，高绩效不再是群体最关注的；同时，群体成员的情绪反应会有较大的差异，有的群体成员会为任务圆满完成而感到高兴，有的群体成员可能会因为群体的解散而情绪低落。

需要注意的是，群体的发展并不是精确地按照上面的顺序进行的。在实际情形中，几个阶段可能同时发生，或者群体发展到某一阶段后又会回到之前的阶段。例如，当群体在执行阶段所关注的目标突然发生了急剧转变，那么群体又会回到震荡阶段，重新明确目标体系并形成新的群体规范，重新确定群体成员的角色。

此外，人们会认为随着群体成员熟悉程度的提高，群体从第一阶段发展到第四阶段，效率会不断提高。但是，在某些情形下，高水平的冲突反而会导致较高的群体绩效，因此会出现群体在第三阶段与第四阶段的绩效会比第二阶段的绩效要低。

二、间断—平衡模型

通过上面的学习我们知道，并非所有的群体都遵循相同顺序的发展阶段，特别是对于那些有明确截止期限的临时性群体。格西克（Gersick）提出了另一种群体发展模式：间断—平衡模型。该模型将群体发展分为三个阶段。

第一阶段：群体成员在第一次会议上建立目标、明确任务、制订计划、确定领导，然后进入一段平稳的发展时期。在群体生命周期的中间阶段会发生一次巨大的转变，群体成员认识到时间有限，原有的平稳状态被打破，群体的各项安排会发生重大变革，这次转变标志着第一阶段结束。

第二阶段：转变之后，群体按照新制订的计划发展，经历一个新的平衡阶段。

第三阶段：最后一次会议后，群体完成任务的速度显著加快，直到任务最终完成。图 3.3 展示了间断—平衡模型。

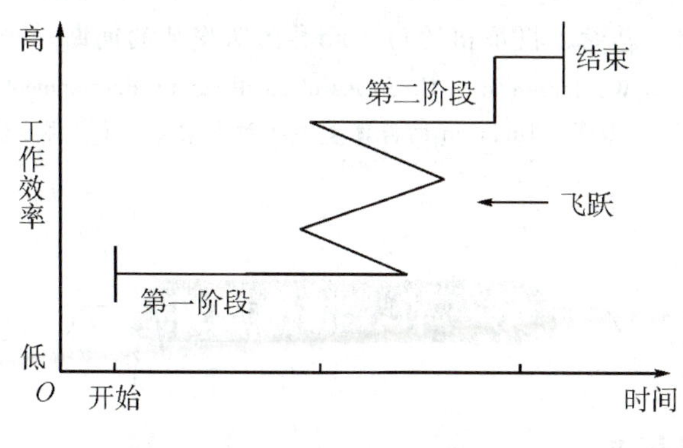

图 3.3　间断—平衡模型

研究发现，从第一阶段过渡到第二阶段大概占据了群体完成任务总时间的一半。另一个比较有趣的发现是，尽管每一个群体完成任务的时间不一定相同，但是几乎所有的群体转变的时间点都是在群体生命周期的中间点，此时成员会产生紧迫感，加快行动的速度。

从间断—平衡模型可以看出，群体都是依照惯性发展，在其存在的过程中会有一个较为短暂的变革时期。这个时期的产生主要是因为成员意识到完成任务的期限并随之产生紧迫感。我们有一点需要注意：该模型并不适合描述长期的工作群体和非任务的群体，而主要局限于描述临时性群体的发展变化。

延伸阅读

SUPPLEMENTARY CONTENT

群体的五阶段发展模型和间断—平衡模型的起源

1965 年，塔克曼（Tuckman）回顾了 55 篇有关小群体发展阶段的文献，试图从中提炼出一个关于组织生命周期发展阶段的常规模型。他考察了治疗团体、人际关系培训团体、敏感训练团体、工作任务群体和人际关系群体等，将群体中成员的互动分为两大类——人际关系方面和工作任务方面，并提出了群体发展的四阶段模型，分别是形成、规范、动荡和履行。这一成果于 1965 年发表在《小群体的发展次序》（*Developmental se? quence in small groups*）这篇文章中。

四阶段模型一经提出，便获得学术界的关注。随后，很多研究者对塔克曼的四阶段模型进行了实践验证。经过近十年的研究积累，塔克曼发现四阶段模型并不能解释所有群体的发展过程，这一模型还有深入研究、开发的价值。于是，他与詹森（Jensen）一起，对模型进行了研究和完善，并于 1977 年发表了《小群体发展阶段回访》（*Stages of small-group development revisited*），将群体发展模型扩充为形成、震荡、规范、执行和解体五个阶段。

※启示

格西克（Gersick）的间断—平衡模型是综合运用多学科知识的成果。20 世纪 80 年代，为了适应新型组织的发展变化，需要新的组织发展理论作为支撑。格西克通过对 18 个问题解决型团队的研究，结合成员、群体、组织发展、科学发展、生物进化、物理学 6 个领域的知识，总结、提炼出适用于此类团队发展的间断—平衡模型。

资料来源：Tuckman B W，Jensen M A C. Stages of small-group development revisited ［J］1977，2（4）：419-427；熊小斌，高勇强：Tuckman 的群体发展模型与启示 ［J］ 商业研究，2005（23）：124-126.

第三节　群体属性

课前导读

PRE-READING

雷军自述：小米的管理创新——花 80%的时间找人

小米团队是小米成功的核心原因。和一群聪明人一起共事，为了挖到聪明人不惜一切代价。如果一个同事不够优秀，很可能不但不能有效帮助整个团队，反而有可能影响到整个团队的工作效率。来到小米工作的人，都是真正干活的人，他想做成一件事情，所以非常有热情。来到小米工作的人聪明、技术一流、有战斗力、有热情做一件事情，这样的员工做出来的产品注定是一流的。这是一种真刀实枪的行动。

当初我决定组建超强的团队，前半年花了至少80%的时间找人，幸运地找到了7个“牛人”合伙，全都具有技术背景，平均年龄42岁，经验极其丰富。3个本地人加5个“海归”，来自金山、谷歌、摩托罗拉、微软等，土洋结合，理念一致，大都管过超过几百人的团队，充满创业热情。

如果你招不到人才，只是因为你投入的精力不够多。我每天都要花费一半以上的时间来招募人才，前100名员工入职都亲自见面并沟通。当时，招募优秀的硬件工程师尤其困难。有一次，一个非常资深的硬件工程师被请来小米公司面试，他没有创业的决心，对小米的前途也有些怀疑，几个合伙人轮流和他交流，整整12小时，才打动他。最后这位硬件工程师说：“好吧，我已经体力不支了，还是答应你们算了！”

少做事，管理扁平化

中国很长时间是产品稀缺，粗放经营。做很多事，也很累。一周工作7天，一天恨不得12小时，结果还是干不好，就认为雇佣的员工不够好，就得搞培训、洗脑等。但从来没有考虑把事情做少。互联网时代讲求单点切入，逐点放大。

扁平化是基于小米相信优秀的人本身就有很强的驱动力和自我管理的能力。设定管理的方式是不信任的方式，我们的员工都有想做最好的东西的冲动。如果公司有这样的产品信仰，管理就变得简单了。

当然，这一切都源于一个前提，即成长速度。速度是最好的管理。少做事，管理扁平化，才能把事情做到极致，才能快速完成工作。

小米的组织架构没有层级，基本上是三级：七个创始人—部门领导—员工。而且不会让团队太大，稍微大一点就要拆分成小团队。从小米的办公布局就能看出这种组织的结构：一层产品、一层营销、一层硬件、一层电商，每层由一名创始人坐镇，能一竿子插到底的执行。大家互不干涉，都希望能够在各自分管的领域给力，一起把这个事情做好。

除七个创始人有职位外，其他人都还没有职位，都是工程师，唯一奖励就是涨薪。不需要你考虑太多杂事和杂念，没有什么团队利益，一心扑在工作上。这样的管理制度减少了层级之间互相汇报浪费的时间。小米现在2 500多人，除每周一的1小时公司级例会之外很少开会，也没什么季度总结会、半年总结会。

资料来源：https://www.qianzhan.com/people/detail/268/140821-0a6035d9_3.html。

群体不是一群无组织的乌合之众，而是拥有一些特定属性的集合体。群体的属性（group attribute）主要包括角色、规范、地位、规模和成员结构五个方面。

一、群体角色

所谓群体角色（group role）是指人们用以界定群体成员在群体内部各个岗位上所被期待的一系列行为模式的规范。由于每个人都同时扮演着多种角色，所以要理解一个

人的行为，关键是弄清他现在扮演什么角色。比如一个人在公司的下级面前是经理的角色，而他回到家在孩子面前就转变成父亲的角色。一般而言，在一个特定的群体中，我们可以观察到成员有3种比较典型的角色表现，这些不同的角色对群体的绩效会产生不同的影响，如图3.4所示。

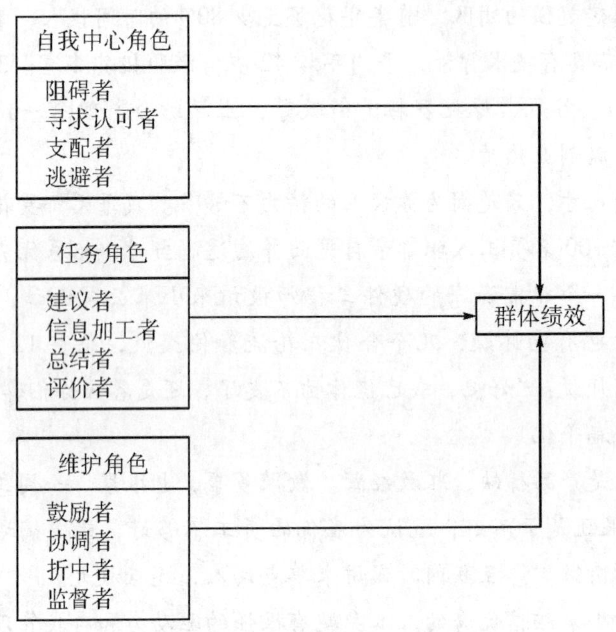

图3.4　群体成员角色

资料来源：庄士钦. 组织行为理论与实务［M］. 北京：人民邮电出版社，2011.

（1）自我中心角色。自我中心角色是指个体成员处处为自己着想，为满足个人需要，不惜以牺牲群体的利益与和谐为代价的成员。这类人包括以下四种：一是阻碍者。阻碍者是指那些总是在群体通往目标的道路上设置障碍的人。二是寻求认可者。寻求认可者是指那些努力表现个人的成绩，以引起群体注意的人。三是支配者。这类人试图驾驭别人，操纵所有事务，也不顾对群众有什么影响。四是逃避者。这类人对群体漠不关心，似乎自己与群体毫无关系，不做贡献。

（2）任务角色。任务角色主要是指涉及促进和协调与工作相关的决策规划制度的成员。具体又可分为以下四种类型：一是建议者。建议者是指给群体提建议、出谋划策的人。二是信息加工者。信息加工者是指为群体收集有用信息的人。三是总结者。总结者是指为群体整理、综合有关信息，为群体目标服务的人。四是评价者。评价者是指帮助群体检验有关方案、筛选最佳决策的人。

（3）维护角色。维护角色也被称为中心型角色。这类角色一般涉及建立以群体为中心的感情和社会的相互作用，也可细分为以下四种类型：一是鼓励者。鼓励者是指那些热心赞赏他人对群体贡献的人。二是协调者。协调者是指解决群体内冲突的人。三是折中者。折中者是指协调不同意见、帮助群体成员制定大家都能接受的中庸决策的人。四是监督者。这类人所起到的作用是保证每个人都有发表意见的机会，鼓动寡言的人，而压制支配者。

研究发现，以自我为中心的角色为群体绩效带来消极影响。任务角色和维护角色都会对群体绩效起到积极作用。每个群体不仅要完成任务，而且要始终维持自身的存在，而个体成员的任务角色和维护角色的作用正是为了达到这两个目的。

二、群体规范

所谓群体规范（group norms）是指群体成员共同接受和遵循的行为标准。它是一种非正式的、用来指导群体成员行为的准则，对群体成员的行为有重大影响。规范和标准有所不同，标准规定的是群体成员的一举一动，规范规定的是群体成员行为可以接受和不能容忍的范围，一经形成，就会发生作用。规范不仅可以是规定性的，也可以是禁止性的。

（一）群体规范的形成

群体规范是在群体成员掌握使群体有效运作所必需的行为的过程中逐渐形成的。群体中的一些关键事件可能会缩短这一过程，并能迅速强化新规范。群体规范可以通过很多方式形成。一是群体规范可以通过领导的要求形成。如果群体领导要求，在上班时不得打私人电话或者喝咖啡，休息时间不得超过 10 分钟，那么规范就会形成。二是历史关键事件也通常是群体规范的起因。例如，在工作中，一个旁观者因离机器太近而受伤。从这以后，群体可能就会规定除操作者之外，任何人不得进入离机器较近的范围。

群体并不为每一种可能出现的情景都制定规范，而是主要制定一些对自己很重要的规范。较为重要的规范一般包括以下三类：一是能够促进群体生存的规范。群体着力强化那些能够增加成功机会的规范，尽力保护自己的成员不受其他群体或个人的干扰。二是能够增加成员行为可预测性的规范。群体如果能够更准确地预测成员的行为，群体的不确定性将降低，群体的效率将得到提高。三是能够润滑成员人际关系的规范。一种规范如果能够保证群体成员的满意度并尽可能防止人际摩擦，这种规范就是重要的。例如，组织禁止员工相互之间询问薪酬水平，就属于此类规范。

谢里夫对于群体规范的研究

美国著名的社会心理学家谢里夫（M Sherif）通过“游动错觉”实验解释群体规范。在黑暗的环境中，当人们持续注视一个静止的光点，会觉得光点在前后左右各个方向上游动。谢里夫选择了对这种错觉不了解的人做被试。单个被试坐在暗室中，前面一段距离处，呈现一个固定的光点，被试注视光点，就会产生光点运动的错觉，要求被试口头估计光点移动的距离。试验的结果表明，他们的估计有很大的差异。例如，有的被试认为光点仅移动了几英寸，有的被试则认为光点移动了几十英寸。当两三个被试为一组在同一个暗室中一起做这个实验时，谢里夫发现，同组被试的估计迅速趋向一致，直到最后几乎没有差异。也就是说，一种原始的规范形成了，这种规范把小组成员的判断限制在一个共同的狭小范围。后来，当被试又单独做判断时，他们的估计也很少偏离集体判断时的估计。

※启示

从谢里夫的实验不难看出，群体规范的形成是受模仿、暗示、顺从等因素影响的。群体在讨论时，一个人会受到其他人意见的暗示而影响自己的判断；或者少数人在大多数意见的压力下，为了避免自己被孤立和受到其他成员的另眼相看而产生顺从，模仿他人，再现他人的行为和意见，从而形成统一的看法。正是这种一致性的意见，保障着群体活动的共同性。

资料来源：MICHAEL A H，REID S A. Social identity，self-categorization，and the communication of group norms［J］. Communication Theory，2006（16）：7-30.

（二）群体规范的类型

根据群体规范的具体内容可以把它们分成以下四类：

（1）绩效规范。这类规范会明确告诉成员应该努力工作，应该如何完成工作任务，应该达到什么样的产出水平，应该如何与人沟通等。这类规范对于员工个体绩效的影响很大。

（2）形象规范。这类规范会告诉成员什么是恰当的着装，要对组织忠诚，什么时候应该表现得忙碌。形象规范可能是组织明确规定的，也可能是一些心照不宣的标准。例如，有的公司规定成员上班时必须穿正装，有的公司会为销售人员准备统一的公文包和制服等。

（3）社交约定规范。这类规范主要来自非正式群体，规定成员的互动行为。例如，有的公司规定成员应该与谁共进午餐、与谁交友等。

（4）资源分配规范。这类规范来自组织或群体内部，通常是群体的正式规范，主要涉及成员薪酬分配、工作任务分配和办公设施的分配等。

三、群体地位

群体地位（group status）是指别人对群体成员的位置或层次的一种社会性的界定。即使是很小的群体也有自己的角色、权力、仪式方面的规范，以便区别成员之间的差异。地位既可以是群体正式给予的，也可以是通过教育、年龄、性别、技能、经验等特征而非正式获得，所以地位可以分为正式地位和非正式地位。任何东西只要与群体中的等级地位联系在一起，它就具有地位价值。由于群体中的地位直接关系到个体成员在群体中行使的权力以及个体所能获得的相关经济利益，因此群体中的个体总是尽力去争取更高的地位。这样一来，地位就和群体的绩效就紧密相关了。

许多研究表明，群体规范的效力对处于群体当中不同地位的人来说是不一样的。往往是地位越高的人对群体规范遵守得越少，也就是说，地位较高的成员具有较大的偏离群体规范的自由。如果一个成员对于该群体来说至关重要，而他又不在乎群体给予他的社会性报酬，那么在一定程度上，他就可以漠视群体的从众规范，从而较少地表现出从众行为。当然，这种活动要以不妨碍群体目标的实现为前提才有可能成为现实。

此外，维持群体当中的地位公平感是非常重要的，与正式地位相对应的外在标志，如工资报酬、福利待遇等，都是维持地位公平感的重要因素。如果群体成员认为群体中存在地位不公平现象，那么他们就会采取各种各样的修正性行为，以化解这种不公平感。

四、群体规模

群体规模是指组成一个群体的人数的多少。群体规模应视群体任务的性质而定，任何群体都应有其最佳人数，也应有其上限和下限。以下主要围绕群体规模的上限和下限问题、群体成员的奇数和偶数问题、群体规模与工作效率的关系三个方面进行说明。

（一）群体规模的上限和下限问题

一般认为群体的下限应为两三人，但大多数人主张群体的下限不能少于 3 人，因为 2 人往往只能构成个人间的纯感情关系，如果发生争执，没有第三者仲裁，则很难解决，不能体现群体的特征。对群体的上限的人数则存在分歧，如多数人认为 7 人最佳，但也有人主张 20~30 人甚至 40 人的。总之，群体规模不能太大，以避免群体成员间彼此不能接触和了解，心理上没有相互联系，行为上没有相互作用，从而也就没有对某一群体的归属感，失去了群体的本质特征。

（二）群体成员的奇数和偶数问题

主张群体应为奇数的人认为，当群体成员发生意见分歧时，奇数群体可以采取投票表决方式使问题得到迅速解决，不会无休止地争论下去；主张群体应为偶数的人认为，单靠表决会影响群体中人与人之间的关系，不是解决问题的好办法；当意见分歧的双方势均力敌时，应进一步进行协商，这样既可在深入讨论的基础上使问题得到解决，又可避免群体中人们之间的关系紧张。

（三）群体规模与工作效率的关系

工作群体规模应视群体任务的性质而定。群体规模与人均效率的关系如图 3.5 所示，当人数为 n 时，人均效率最高。在群体规模的最佳值 n 附近做微小的变动，对人均效率的影响不是很大，但若变化的范围超过一定的“度”，则人均效率会大幅度下降。应当指出，不同的工作任务、不同的工种、不同的机械化程度以及工作的不同熟练程度等因素，决定着不同的群体应有不同的最佳人数、不同的上限和下限。

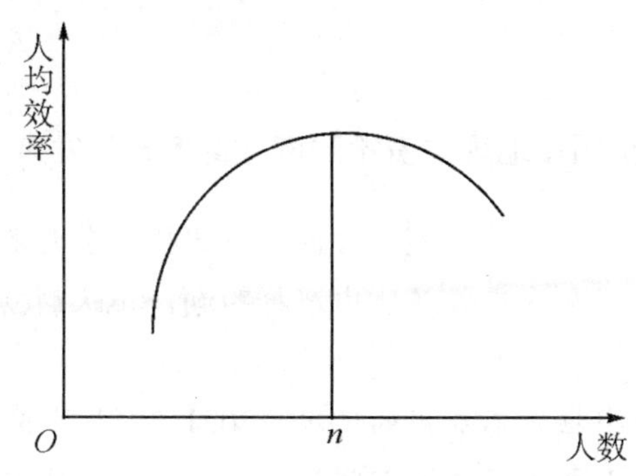

图 3.5　群体规模与人均效率的关系

五、群体成员结构

群体成员结构是指构成群体的成员在年龄、性别、教育背景、社会经验、能力、个性、价值观等方面具有共同性的程度。对于群体成员结构的研究主要集中在同质性群体结构和异质性群体结构方面。如果一个群体是由具有共同特征的个体组成的，我们可以称其为同质性群体；如果一个群体是由不同特征的个体组成的，我们可以称其为异质性群体。那么，同质性群体与异质性群体相比，哪个群体的运行效率更高呢？大量研究指出，凡是不需要用多方面知识、信息和技能等就能完成的简单任务，同质性群体的效率更高。然而，随着群体活动目标复杂程度的提高，群体任务的完成更需要群体成员能够具备多种技术和知识，此时，异质性群体更可能拥有多种能力和信息，运行效率相较于同质性群体来说会更高一些。

在通常情况下，群体可以依据不同的标准分为以下四种结构：

（1）年龄结构。根据构成群体成员的年龄特点可以将群体成员分为老、中、青三类，根据不同年龄阶段成员数的差异又可分为以下三类：一是正三角形年龄结构，即老年人最少，中年人次之，青年人最多；二是菱形年龄结构，即老年人和青年人少，中年人多；三是倒三角形年龄结构，即青年人最少，中年人次之，老年人最多。一般来说，正三角形年龄结构比较合理，能够形成梯队，做到人尽其才，有利于出成果、出人才。

（2）专业结构。专业结构是指群体内专业人员的组成及其相互关系，如组成人员的专业与知识的广度和深度。在通常情况下，群体成员的知识越广博、专业水平越高，越有助于完成任务。

（3）智力结构。智力结构由群体成员的智力水平、智力类型组成，合理的智力结构应由智力组织型、智力创造型和智力操作型三种基本类型的人组成。

（4）性格结构。人的性格千差万别，群体成员间是否相容，在很大程度上取决于其性格、信念、理想与世界观的相似性。

第四节　群体行为特征

课前导读

PRE-READING

全国多地现物资抢购潮！商务部门发声

超市几百个推车不够用、有的市民一次性购买300千克大米、商超及时补货保障供应……近日，网传江苏常州和重庆等多地出现抢购潮，排队购物结账似乎成了近几日各大商超的常态。

常州市出现超市几百个推车不够用的情况。2021年11月3日上午11时许，常州市天宁区一家大型超市工作人员告诉极目新闻记者，一大早超市就涌进了大批抢购生活物资的市民，最高峰时排队结账要等待近两小时，大家购买最多的主要是米、面、油。上述三类商品会很快补充，超市其他生活物资均供应充足。常州市钟楼区的一家大型超市工作人员则告诉极目新闻记者，超市内“乌泱乌泱”的，几百个推车都不够用，“建议市民今天不要来超市，我们的供货量充足，没必要集中在一天抢购。”

重庆市米面油被抢光商超及时补货。重庆市沙坪坝区一家大型超市的工作人员告诉极目新闻记者，从 2021 年 11 月 2 日下午开始，超市出现了抢购潮，大米、粮油、猪肉和面粉这几种商品特别紧俏，部分商品暂时缺货。该工作人员称，这次抢购潮主要是部分群众得知商务部发布的相关通知后，过度担心物资紧缺而引发，和疫情的关系不大。渝中区邹容路一家大型超市的工作人员则称，从 2 日下午开始，超市出现了抢购潮。现在超市内的大米基本卖光了，面粉也所剩无几，猪肉还有，食用油供应充足。该工作人员称，超市的供货没有问题，卖空的商品会很快补货。

出现上述情况主要有两个原因：一是受外界过度解读商务部印发的《关于做好今冬明春蔬菜等生活必需品市场保供稳价工作的通知》的影响；二是国内新一轮疫情出现，大家都想赶紧囤货，以防万一。2021 年 11 月 2 日，商务部消费促进司司长朱小良表示，目前，各地生活物资货源充足，供应应该完全有保障。多地商务局也呼吁，广大市民不必过度紧张，无须盲目囤货，造成不必要的浪费。

资料来源：https://mp.weixin.qq.com/s/HkLRzOrekKTqnueVLpRk6g。

个体各有个性，在群体中由于受群体规范尤其是受群体中其他成员的影响，往往会表现出不同于个体单独情境下的行为特性。这种反应是群体压力下的产物，也是个体借以适应环境的方式。

一、社会从众行为

社会从众行为（social conformity）的发生与群体压力有密切关系。群体压力一般是人们心理感受到的难以违抗的力量。特别是在群体成员与群体中多数人的意见或行为不一致时，明显感受到来自群体的一种压力。为了减轻这种心理压力，则会产生与他人的趋同行为。

群体压力不同于权威命令。前者是多数人的意向，具有非强制性，但在心理上往往难以违抗；后者由上而下，具有强制性。群体压力对成员的影响力有时反而要强于权威命令。

当个体发现自己的行为或意见与群体不一致的时候，通常会感到心理紧张，促使其与群体趋于一致。这种群体成员企求和群体中的多数人行为相一致的现象，称为社会从众行为。确切地说，从众是指个人的观念与行为由于群体的引导或压力，而向与多数人相一致的方向变化的现象。

延伸阅读

SUPPLEMENTARY CONTENT

阿希实验

美国社会心理学家阿希（S Asch）于 1951 年做过一个有关从众问题的实验。实验材料是 18 对卡片，每对左边的一张卡片有一条线段，每对右边卡片有三条不同长度的线段，其中有一条同左边卡片上的等长，如图 3.6 所示。被试坐在一群人当中，辨认哪两条线段一样长。在正常情况下，绝大多数被试都能做出正确的判断，错误概率小于

1%。但是，当实验者安排一些辅助实验人员混入被试队伍，并故意做出错误的判断时，被试就开始显得犹豫不决，甚至怀疑自己的判断能力了。这样连续试验了几组，统计结果表明，37%的被试放弃了自己原来的正确判断而顺从了群体的错误判断；75%的被试至少有一次屈从了群体压力，做了从众的判断。

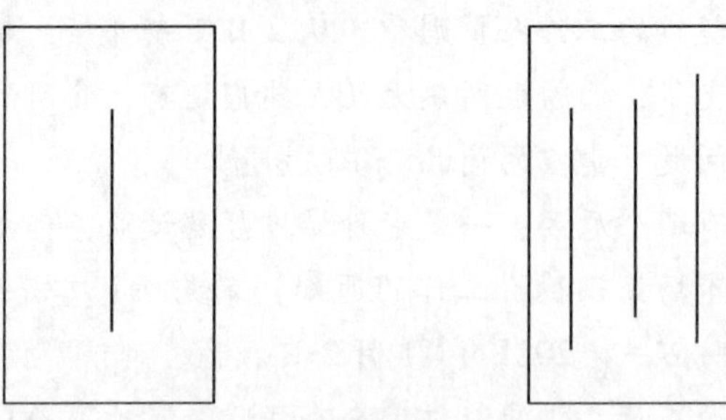

图 3.6　阿希实验的卡片举例

※启示

产生从众行为的原因是群体压力。当个体行为与众不同时，就会感到群体压力，而个体又不愿意受到孤立；当个体的行为与别人一致时，就会产生“没有错”的安全感，于是就产生了很多人都采取与群体内多数人保持一致意见的现象。阿希实验还表明，即使在问题情境非常明确的情况下，个人仍会因群体压力产生从众行为。

资料来源：ASCH S E. Effects of group pressure upon the modification and distortion of judgments, In H. Guetzkow (ed.), Groups, Leadership and Men [M]. Pittsburgh: Carnegie Press, 1951: 177-190.

可见，个人在面对群体压力时普遍存在从众心理。一般而言，从众是个人适应生存的必要方式，从众可以帮助一个人很快适应一个陌生的环境，使人快速地融入一个新的群体中。当一个人的观念和行为与群体和社会倾向的多方面保持一致时，他的心理与团体和社会是和谐统一的。这种和谐统一有利于保持一个人的心理健康，因而对个体的生存具有积极的意义。

（一）从众行为的原因

从众行为到底是如何产生的呢？许多学者进行了相关研究，认为从众行为的产生主要有两个方面的原因。一方面，是源于马斯洛需要层次理论中的安全需要。一个人如果在群体中表现得与众不同，他会担心由于背离群体的主流趋势而感到孤立与不安，进而丧失安全感；反过来，一个人的行为与群体中大多数人的行为一致时会产生安全与舒适感。另一方面，是因为个人其他方面的实际需要。例如，你在进入大学后，会探索新的学习方法，寻求新的学习动力。班级、宿舍中每个成员的学习态度、学习方法、学习成绩以及平时学习时间的利用，都成了你最直接的参照物。你在形成自己的学习特点的同时，在某些方面也不同程度地与班级、宿舍中的大多数人保持一致。

一些社会心理学家认为，环境因素和个性因素影响了从众行为的产生。从环境因素来看，以下六种情况下会导致群体成员出现从众行为：

（1）该群体中的成员了解群体中的其他成员时；

（2）个人感到群体成员的身份对自己很重要时；

（3）个人把自己视为该群体中的一员，或者渴望成为该群体中的一员时；

（4）当群体讨论的问题很复杂，没有明确的标准，或者任务比较模糊，难度较大时；

（5）在群体中地位较低的成员，受到来自高地位者言行的压力时；

（6）当群体的凝聚力较高时，容易使得个体产生从众行为时。

从个性因素看，如果一个人的智力较低，往往缺少自信心，则在群体中经常要依赖别人，比较容易产生从众行为。另外，对于社会赞誉要求强烈的人，由于比较需要其他人的良好评价，从众的可能性会比较大。最后，性格懦弱、易受暗示的人也容易表现出从众的倾向。

（二）从众行为的类别

心理学家对于从众行为进行了分析，指出从众行为根据表现行为和内心反应是否一致可以分为四种组合（见表 3.2）。

表 3.2 从众行为的四种组合

内心	表面	
	表面从众	表面不从众
内心从众	心服口服	心服口不服
内心不从众	口服心不服	心口皆不服

（1）内心从众，表面也从众，即“心服口服”。当群体的目标与个人的期望一致、群体的行为规范被个人完全认可时，就会达到这种理想的状态。

（2）内心从众，表面不从众，即“心服口不服”。这种情况大多发生在个人由于其身份和地位而存在顾虑，尽管内心的想法与群体的意见一致，但不便公开表现内心的真实状态。

（3）表面从众，内心不从众，即“口服心不服”。这种从众是假从众，此时个人心理上将出现不协调的状态。

（4）内心和表面都不从众，即“心口皆不服”。在群体中坚持原则、性格直爽的人往往会在与群体意见不一致时采取这种态度。在很多情况下，这种表现会给群体带来新的见解，有利于群体的健康发展。

苏联心理学家彼得罗夫斯基（Petrovsky）对群体压力和从众行为提出了不同的看法。他认为，把任何遵从群体意见的情况都看成从众行为是不正确的。一部分人接受意见可能是屈服于压力，怕被孤立；另一部分人接受意见也许是为了实现群体的理想和信念而与群体保持一致。彼得罗夫斯基把后一种情况称为“集体主义自决”。彼得罗夫斯基也设计了有关实验。实验表明，具有“集体主义自决”品质的人只在非原则问题上表现出从众，目的是保持集体的团结一致，这一观点对我们理解中国情境下的从众行为具有重大意义。

二、群体士气

正如《左传》所记载的曹刿论战的故事那样，所谓“一鼓作气，再而衰，三而竭。彼竭我盈，故克之”。“士气”一词原用于军队，表示作战时的集体精神状态，由群体的工作精神和成员对组织的积极态度组成。群体士气对群体绩效水平具有非常重要的影响。

美国心理学家史密斯（Smith）认为，士气是对某个群体或组织感到满足，乐意成为该群体中的一员，并协助达成群体目标的态度。雷顿（Leighton）则认为，士气是一群人追求共同目标，持久地、首尾连贯地协力工作的群体能力。心理学家克瑞奇（Krech）等人于1962年在《群体中的成员》一书中提出，士气高昂的群体应该具有以下七种特征：一是群体的团结来自内部的凝聚力，而不是来自外部的压力；二是群体成员中没有分裂为互相敌对的小团体的倾向；三是群体本身具有适应外部变化和处理内部冲突的能力；四是各成员具有强烈的认同感与归属感；五是各成员都明确掌握群体的共同目标；六是各成员对群体的目标及领导者持肯定、支持的态度；七是各成员承认群体存在的价值，并具有维护此群体继续存在的倾向。

高昂的群体士气，可以激发员工的生产热情，以保证群体或组织生产任务的完成。同时，高昂的群体士气可以使群体或组织获得广大公众的赞誉和支持。在一个企业中，要注意了解士气，了解员工对工作、对组织、对上级和同事、对工作环境的态度，这是企业进行有效管理的手段。

（一）群体士气的影响因素

（1）对组织目标的赞同。士气是群体中成员的群体意识，它代表一种个人成败与群体成就休戚相关的心理。这种心理在个人的目标与群体的目标协调一致时（个人赞同组织目标时）才可能产生。这时，个体对组织有强烈的认同感，愿意为实现组织的目标而努力。

（2）合理的经济报酬。金钱不是人们唯一追求的目标，但金钱可以满足个人的许多需求，有时它还代表一个人在组织中的成就和贡献。同工同酬、以工计酬、公平合理，就能提高员工的工作积极性；反之，不合理的薪资制度会引起员工的不满而降低士气。

（3）对工作的满足感。对工作的满足感的增长有利于提高士气。例如，个人感到所从事的工作合乎他的兴趣、适合他的能力，工作对他而言就具有挑战性，可使他施展抱负。在这种情况下，士气必然会提高。因此，安排工作时，要尽可能根据员工的智力、兴趣、受教育程度和特殊专长，施展其长处，以鼓舞士气。

（4）有优秀的管理人员。一个领导的管理作风对下级工作精神的影响极大。组织行为学的研究表明，凡是士气高的群体，其领导者都比较民主，乐于接受别人的意见，善于体谅员工的辛苦。

（5）同事间的关系和睦。一个士气高昂的群体，其成员间的凝聚力很强，很少会发生彼此冲突、埋怨、敌对的现象。

（6）良好的意见沟通。领导与下级或下级与上级之间，如果沟通受阻，就可能引起员工的不满而影响士气。单向沟通只是上级命令下级，而没有给员工反映意见的机会，日积月累后员工易产生抗拒心理，从而降低士气。增加员工参与决策或群体讨论的机会，创造双向沟通的条件，有利于提高员工的工作积极性。

（7）奖励方式得当。采取个体奖励制度，容易造成竞争式群体；如果采取群体奖励制度，以群体成绩计酬分享，则有利于提高全体成员的士气。

（8）良好的工作环境。在工作中心理挫折少、焦虑少，在充满自信、自尊的关系中工作，有利于提高员工的士气。

（二）群体士气与生产效率的关系

心理学家戴维斯（Davis）研究了生产效率与员工士气之间的关系，并提出了三种情况：一是士气高、效率低，二是士气和效率都高，三是士气低而效率高（见图 3.7）。

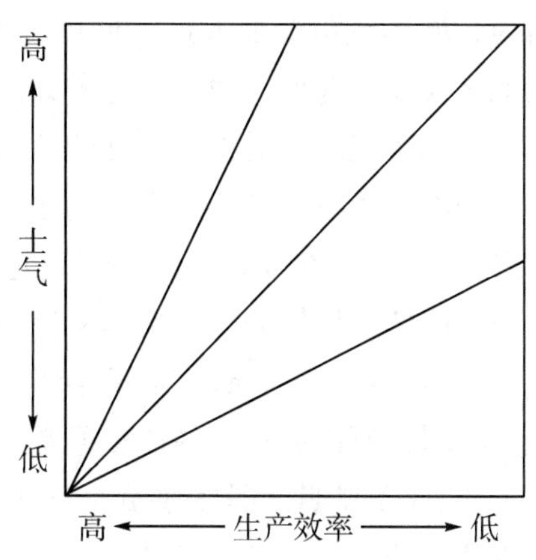

图 3.7　生产效率与士气之间的关系

“士气高、效率低”反映出这样一个特点，即士气不是用在工作上，士气指向之处与群体目标不一致，“南辕北辙”这个成语反映的就是这样一种状态。“士气和效率都高”是一种理想的群体状态，是群体努力的方向；“士气低、效率高”的状态极有可能是因为群体在严格的管理和控制之下所获得的短时间的高工作效率，这种状态难以持久，不利于群体长期目标的实现。

三、群体凝聚力

群体凝聚力（group cohesiveness）是群体对成员的吸引力，它既包括群体对成员的吸引程度，又包括群体成员之间的相互吸引力。这种吸引力表现为成员在群体内的团结和拒绝离开群体的向心力。美国心理学家多伊奇（M Dedutsch）提出过一个计算凝聚力的公式：群体凝聚力等于成员之间相互选择的数目与群体中可能相互选择的总数目之比。

凝聚力高的群体具有以下三个特点：一是成员之间的信息交流畅通、频繁，气氛民主，关系和谐；二是成员有较强的归属感，成员参加群体活动的出席率较高；三是成员愿意更多地承担推动群体发展的责任和履行相关义务，关心群体，维护群体的权益。

群体凝聚力与日常所说的群体团结性既有相似之处，也有区别。群体凝聚力主要是指群体内部的团结，而且可能出现排斥其他群体、与其他群体不团结的倾向。而一般所提倡的团结，往往既包括群体内部的团结，也包括与其他群体的团结和相互支持。

（一）群体凝聚力的影响因素

群体成员相处时间、进入群体的难度、群体规模、群体中的性别构成、外部威胁以及历史上的成功是影响群体凝聚力的主要因素。

（1）群体成员相处时间。群体成员在一起的时间的长短将会影响相互之间的凝聚力的强弱。如果他们在一起的时间比较多，他们就会比较容易形成较为亲密的关系。他们会相互了解，增进友谊，并进行其他交往活动。通过这些相互作用，他们往往能够比较容易地发现大家共同的兴趣之所在，从而增强彼此的吸引力。此外，群体成员之间的物理距离对他们相处的时间也有重要影响。

（2）进入群体的难度。如果获得某一个群体的成员身份越困难，这个群体的凝聚力就可能越强。这主要是因为，群体成员在加入这一群体之前都具有一些共同的经历，这种过程越困难，这种经历就越会印象深刻。而由于这种共同的经历增强了群体成员之间的相似性，也就能够为他们彼此之间的沟通提供更好的话题素材，从而在他们之间搭建起良好的对话平台，所以共同的经历将有助于增强他们之间的凝聚力。

（3）群体规模。群体规模越大，群体内部的关系网络越趋复杂，群体成员之间进行相互作用就越难。此外，随着群体规模扩大，小集团从群体内部滋生的可能性也相应增大。由于小集团的目标往往与群体目标不一致，从而会影响其成员偏离群体目标，使群体成员保持共同目标的能力减弱，所以小集团的产生通常会降低群体内部的凝聚力。

（4）群体中的性别构成。有研究表明，群体成员全部为男性的群体的凝聚力量要比群体成员全部为女性，或者群体成员既有男性又有女性的群体的凝聚力要弱。目前，这一现象还很难做出令人信服的解释。但是，相对而言，一个比较合理的假设是，与男性相比，女性的竞争性较弱，而合作性较强，这样就有助于增强女性群体和混合群体的凝聚力。

（5）外部威胁。一般来说，在群体受到外部攻击的时候，群体的凝聚力往往会增强。因为这时群体与外部的矛盾激烈程度超出了群体内部的矛盾程度，群体内部成员很容易在群体领导的号召下团结起来。这也是为什么企业管理者或国家统治者在应付不了企业或国家的内部矛盾纷争时通过引入外部矛盾来分散成员的注意力，转移矛盾焦点，以求暂时息事宁人。

（6）历史上的成功。如果某个群体有非常成功的历史，它不仅容易建立起群体合作精神来团结现有的群体成员，同时对于群体外的人员也具有很强的吸引力和诱惑力。一般来说，成功的企业与不成功的企业相比，更容易得到新员工的青睐。因此，成功的企业对新进人员选择面更广，这将使其能够优先从中挑选到优秀的人员，由此，群体的成功将进入一个良性循环的轨道。

（二）群体凝聚力与生产效率

群体凝聚力强是否就一定能够带来高的生产率？相反，群体的凝聚力弱是否说明其生产率一定低呢？通过理论上的不断研究和实践的证明，凝聚力并不是影响生产率的唯一因素，群体凝聚力与生产率之间存在复杂的关系。

1. 群体凝聚力和管理者的诱导对生产率的影响

社会心理学家沙赫特（Schachter）做了一个重要的试验，对理解和分析凝聚力与生产率关系具有启发意义。沙赫特在严格控制的条件下检验了群体凝聚力和就群体成员的诱导对生产率的影响，试验的自变量是凝聚力和诱导，因变量是生产率。除了设立对照组外，沙赫特还把试验组分为四种条件，强凝聚力积极诱导、强凝聚力消极诱导、弱凝聚力消极诱导和弱凝聚力积极诱导。

凝聚力由试验指导者用指导性语言来控制；诱导则是把积极和消极的字条给被试，积极的诱导要求增加生产，消极的诱导要求限制生产。试验任务是制作棋盘。试验分为两个阶段：前 16 分钟没有进行诱导，被试只收到中性的字条；后 16 分钟每组都收到 6 次诱导的字条。试验结果如图 3.8 所示。

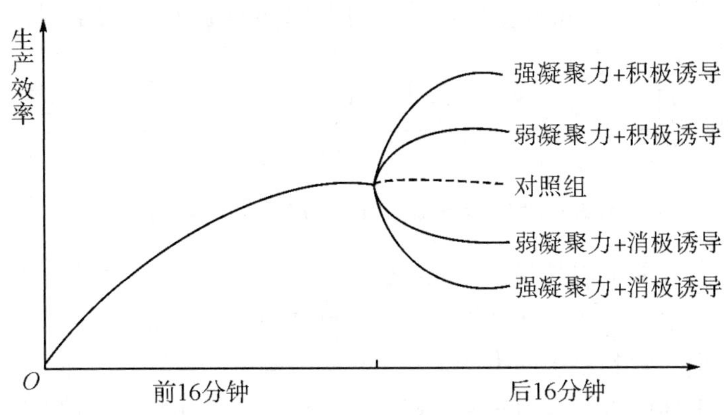

图 3.8　凝聚力与生产效率的关系

资料来源：SCHACTER S , ELLERTSON N , MCBRIDE D , et al. An experimental study of cohesiveness and productivity [J]. Human relations, 1951, 4 (3)：229-238.

试验结果表明，不同的条件对生产率的影响是不同的。在试验第二阶段（后 16 分钟），两种诱导产生明显不同的效应，而且强凝聚力组的生产率更高，而消极诱导明显降低了生产率，强凝聚力组的生产率更低。这个试验的结果还说明：在积极诱导条件下，强凝聚力比弱凝聚力更能提高生产率。

2. 群体目标与组织目标的一致性对生产率的影响

研究表明，凝聚力与生产率的关系，不仅取决于管理者的诱导方向，而且取决于群体的态度与组织目标的一致程度。罗宾斯的实验则实证了凝聚力与生产效率的关系还受控于群体目标与组织目标的一致性程度。凝聚力与生产率的关系有四种不同的组合，它们对生产率产生着不同影响。

（1）高一致性、强凝聚力，也就是说群体目标与组织目标保持高度一致性，这时群体的凝聚力越强，生产率也越高。

（2）高一致性、弱凝聚力，也就是说群体的态度是支持组织目标的，即使凝聚力很弱，生产率也能提高。

（3）低一致性、强凝聚力，也就是说群体的态度是不支持组织目标的，这时群体的凝聚力越强，生产率越低。

（4）低一致性、弱凝聚力，也就是说群体目标与组织目标不一致，群体的凝聚力弱，凝聚力与生产率的关系不明显。

罗宾斯对凝聚力和生产效率关系的研究如图 3.9 所示。

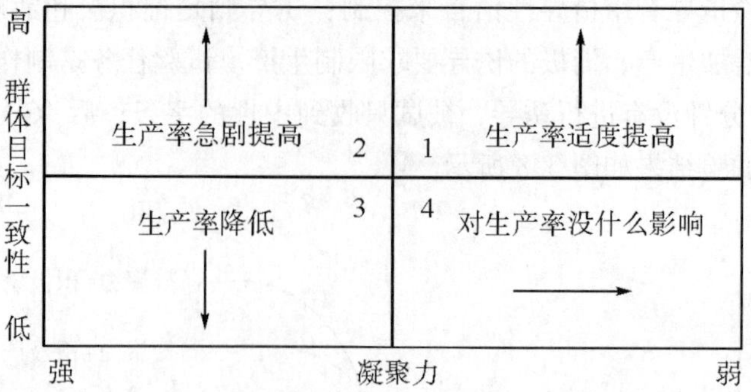

图 3.9　罗宾斯对凝聚力和生产效率关系的研究

综上所述，群体凝聚力越强，其成员就越遵守群体的规范和目标。因此，如果群体倾向于努力工作，争取高产，那么强凝聚力的群体的生产率就更高。但是，如果凝聚力很强，群体却倾向于限制更多的生产，甚至与其他群体产生摩擦，那么就会大大降低生产率。此外，对群体的教育与引导也是影响生产率的关键环节，管理者不能只从加强成员之间的感情方面来增强凝聚力，更重要的是必须在增强群体凝聚力的同时，加强对群体成员的思想教育和指导，克服群体中可能出现的消极因素，这样才能使群体凝聚力成为促进生产率提高的动力，使群体向正确的方向发展。

◎小结

1. 群体是指为了实现特定的目标，由两个或更多的人组成的在行为以及心理上相互影响与相互作用的集合体。群体形成的原因可以概括为五个方面：安全需要、归属需要、自尊需要、权力需要和目标实现需要。

2. 根据群体构成的原则和方式的不同，可以将群体分为正式群体与非正式群体。其中，正式群体是指由组织确定的、工作分配很明确的群体，包括命令型群体和任务型群体；非正式群体是指那些既没有正式结构，也不是由组织确定的联盟，分为利益型群体和友谊型群体。

3. 群体发展的模型有两种：一种是五阶段模型，包括形成阶段、震荡阶段、规范阶段、执行阶段和解体阶段；另一种是间断—平衡模型，群体发展会经历均衡、巨大转变、新的平衡，之后完成任务几个阶段。

4. 群体属性主要包括角色、规范、地位、规模和成员结构，通过研究这些变量就有可能解释和预测群体内的个体行为和群体绩效水平。

5. 群体角色是指人们用以界定群体成员在群体内部各个岗位上被期待的一系列行为模式的规范。在一个特定的群体中，成员有三种比较典型的角色表现：自我中心角色、任务角色和维护角色。

6. 群体规范就是在某一群体内存在着被大家普遍接受的行为准则，包括绩效规范、形象规范、社交约定规范和资源分配规范，起着表现群体核心价值、帮助群体继续平稳地运行、帮助一个群体生存下去等作用。

7. 群体的行为特征主要表现在社会从众行为、群体士气和群体凝聚力等方面。

8. 社会心理学把在群体情境下个人受到群体压力，而在知觉、判断行为上和群体中主流的行为和意见趋于一致的倾向称为社会从众行为。从众行为的产生，一方面是源于马斯洛需要层次理论中的安全需要，另一方面是源于个体其他方面的实际需要。从众行为根据表现行为和内心反应是否一致可以分为四种组合，即心服口服、心服口不服、口服心不服和心口皆不服。

◎参考文献

［1］关培兰. 组织行为学［M］. 2版. 北京：中国人民大学出版社，2008.

［2］龙立荣. 组织行为学［M］. 3版. 北京：东北财经大学出版社，2016.

［3］斯蒂芬·P. 罗宾斯. 组织行为学［M］. 14版. 郑晓明，译. 北京：中国人民大学出版社，2019.

［4］徐世勇. 组织行为学［M］. 北京：中国人民大学出版社，2012.

［5］熊小斌，高勇强. Tuckman的群体发展模型与启示［J］. 商业研究，2005(23)：124-126.

［6］黄步琪. 组织行为学新编［M］. 杭州：浙江大学出版社，2003.

［7］FELDMAN D C. The development and enforcement of group norms［J］. Academy of management review，1984，9（1）：47-53.

［8］GERSICK C J. Time and transition in work teams：toward a new model of group development［J］. Academy of management journal，1988，31（1）：9-41.

［9］GLADSTEIN D L. Groups in context：A model of task group effectiveness［J］. Administrative science quarterly，1984：499-517.

［10］JEHN K A，MANNIX E A. The dynamic nature of conflict：A longitudinal study of intragroup conflict and group performance［J］. Academy of management journal，2001，44（2）：238-251.

［11］PELLED L H，EISENHARDT K M，XIN K R. Exploring the black box：An analysis of work group diversity，conflict and performance［J］. Administrative science quarterly，1999，44（1）：1-28.

［12］VAN KNIPPENBERG D，SCHIPPERS M C. Work group diversity［J］. Annual review of psychology.，2007，58：515-541.

［13］VAN KNIPPENBERG D，DE DREU C K W，HOMAN A C. Work Group Diversity and group performance：An Integrative model and research agenda［J］. Journal of applied psychology，2004，89（6）：1008-1022.

［14］OLMSTED M，HARE A. The Small Group［M］. New york：random house，1978：11.

［15］TUCKMAN B W，JENSEN M. Stages of small group development［J］. Group & organizational studies，1977.

［16］GERSICK C. Time and transition in work teams：Toward a new model of group development［J］. The academy of management journal，1988，31（1）：9-41.

［17］GOODMAN P S，RAVLIN E，SCHMINKE M. Understanding groups in organizations［J］. Research in organizational behavior，1987，9（4）：121-173.

第四章

团队领导力

本章要点

CHAPTER CHECKLIST

- 团队领导与管理
- 职位权力与个人权力
- 特质理论
- 领导行为理论
- 领导权变理论

第一节　团队领导者的影响与权力

一、领导与管理

（一）领导

课前导读

PRE-READING

2021年7月21日，国货品牌鸿星尔克因向河南洪灾捐赠5 000万元物资登上各大平台榜热搜，网友被其“破产式捐款”的行为感动，并为其冠以“国货之光”的称号。为了回馈鸿星尔克，网友们冲进线上直播间与线下实体店进行野性消费，一度出现鸿星尔克商品卖断货的情况。然而，作为鸿星尔克的领军人物——鸿星尔克董事长吴荣照的出现更是让网友们大吃一惊。在鸿星尔克爆火之后，吴荣照不但没有连夜营销、宣传以促进网友们加强消费，反而半夜骑着共享单车到鸿星尔克直播间劝大家理性消费。谦虚、真诚、朴实的吴荣照也再次打动了人们，促使鸿星尔克的品牌价值也大幅提升。

资料来源：https://weibo.com/tv/show/1034:4791574874488938。

2022 年 8 月 30 日，享有“经营之圣”称号的日本商业界传奇人物稻盛和夫逝世，享年 90 岁。稻盛和夫的经营理念被各大企业模仿和认可，关于“怎样的领导者才是一个合格的领导”这一问题，稻盛和夫说过这么一个故事：18 世纪末，美国东部居民开始向西部地区迁移，为了在迁移中能够最大限度地增加负重量，当时非常流行以“篷车”为运载工具所组成的车队迁移。当时，美国西部地区是一片现代文明几乎从未涉足的土地，车队经过这里不仅要克服未知的恐惧，还要面对不确定的困难和障碍，而这都非常考验篷车队长的能力。也就是说，掌握着整个车队命运的是身为领导人的篷车队长。在这一段艰难的旅途中，篷车队长只有发挥卓越的领导力，才能带领车队到达目的地。在当时的环境下，迁移者心里都有“希望富裕，改变现状”的强烈愿望，但是彼此之间却没有层次之分，车队内也没有成熟的制度。所以，要想领导好他们，篷车队长必须是一个高尚的人，至少绝不能是自私自利、贪得无厌的人。因此，在前路茫茫、混沌不安的情景下，这就要求领导者也要有强烈的使命感，如此才能将大家伙凝聚起来。

资料来源：https://www.163.com/dy/article/HG4DBAA80552BKBS.html。

提到领导，我们可能会与“权力、率领、引领”等词联系起来。那么，领导到底是什么呢？关于领导的定义，学者们众说纷纭。著名的管理学家泰勒认为，领导是影响人们自愿努力以达到群体目标所采取的行动。斯多基尔认为，领导是对组织内群体或个人施加影响的活动过程。特里认为，领导是影响人们自动为达成群体目标而努力的一种行为过程。德鲁克则认为，有效的领导应能完成管理的职能，即计划、组织、指导和度量。其中，美国著名的管理学教授、组织行为学领域权威罗宾斯对于领导的定义最简洁明了：领导就是影响一个群体实现愿景或目标的能力。

在第一章团队协同概述中我们已经提到群体与团队有着最重要的区别：团队始终围绕如何有效达成目标而开展协同合作。因此，我们认为，团队领导是在影响一个团队开展团队任务过程中促使团队任务和目标达成的能力。

（二）领导的内涵

➢领导是一种行为。领导是领导者利用职权和个人权力，通过引导、指挥、协调和组织被领导者共同奋斗而实现组织的目标，因此领导是一种行为。

➢领导是一个过程。领导是一个做出决策、实施决策和实现组织目标的过程，而且是一个层层推进、循环往复的过程。

➢领导的实质在于激励和影响下属。领导过程为领导者向被领导者施加影响和进行激励，促使被领导者的思想和行为发生积极的变化，遵循组织规范，为实现组织目标而努力工作。

➢领导是一种社会关系。明茨伯格在《经理工作的性质》一书中归纳出企业经营者所扮演的十种角色，将领导者角色归入人际关系方面。领导所反映的是领导者与被领导者之间的关系，也是一种组织内少数人和绝大多数组织成员之间的关系。因此，领导是一种社会关系。

➢领导行为的有效性受领导者、被领导者及环境三个因素制约，并随着这三个因素的变化而变化。也就是说，有效的领导是由领导者、被领导者和环境三者决定的，用公式表示为：领导有效性=f（L，F，S）。其中，L 为领导者，F 为被领导者，S 为环境。

➤领导与领导者不同。领导是一种行为过程，而领导者是指作为行为主体的人（个人或集团）。领导和领导者虽有区别，但又互相依存。领导行为必须以领导者的存在为前提，它是通过领导者的活动得以实现的，离开领导者，领导行为便不复存在：领导者对其下属施加影响，达到组织目标，必须通过领导行为实现。因此，既要研究领导者本身的种种因素，如智力、性格、作风等，也要研究领导行为的特点和有效性。

（三）领导与管理的联系

无论是管理还是领导都是调动并整合组织资源，包括人力资源、资金、物资、信息和时间等，实现组织目标的活动。领导活动是广义管理活动的一个组成部分，是高层次的管理活动。此外，有一部分组织成员在组织中既是领导者又是管理者，既实施领导行为又实施管理行为，因此不能单纯地将其在组织中的行为区分为领导行为和管理行为。在规模较小的组织中，管理工作与领导工作通常合二为一，在管理的同时也在领导，而领导也有管理的成分。因此，领导和管理并不是完全孤立存在的两种组织行为，在领导实现组织目标的过程中离不开管理的支持，而管理活动的开展同样离不开领导为其提供方向，管理是领导的基础保障，领导为管理提供指导。

（四）领导与管理的区别

管理包括计划、组织、领导、控制等职能，领导只是管理职能的一部分。管理既可以是针对人的，也可以是针对物的，如战略管理、财务管理、生产管理、信息管理等，而领导通常是面对人的，是对他人施加影响，使之致力于实现预期目标的活动过程。

（1）管理和领导的权力来源不同。管理的权力来自组织结构，建立在合法性和强制性的权力基础之上；领导的权力可以源于其职位，即组织结构的权力，也可以源于其个人，如专家的权威性或个人的魅力等。

（2）管理和领导的主要作用不同。管理主要追求的是高效率，即正确地做事，选择正确的途径和方法，用最小的投入获得最大产出，追求更高的效率，就是管理追求的目标。领导主要追求的是高效能，即做正确的事，比如实现组织活动方向和方式的创新。

（3）管理与领导的权利行使方式不同。管理侧重通过详细的监督和控制解决问题，保证计划执行；领导倾向于通过授权和激励等方式鼓舞组织成员迎接挑战。

（4）领导与管理的层次不同。领导具有全局性特点，管理具有局部性特点。领导活动侧重高层次范畴，主要是对组织进行战略性部署，从组织整体出发决定发展方向、制定战略目标以及大政方针等；管理活动侧重低层次范畴，主要进行战术安排，根据组织战略目标和任务，通过实施计划、组织、指挥、协调和控制五大职能，以提高某一项工作的效率。管理与领导的区别如表 4.1 所示。

表 4.1　管理与领导的区别

管理	领导
强调的是效率	强调的是结果

表4.1(续)

管理	领导
强调现在	强调未来的发展
注重系统	注重人
强调控制	培养信任
运用制度	强调价值观和理念
注重短期目标	强调长远发展方向
强调方法	强调方向
接受现状	不断向现状挑战
要求员工顺从标准	鼓励员工进行变革
运用职位权力	运用个人魅力
避免不确定性	勇于冒险

二、职位权力与个人权力

权力既是一个团队领导者的基本标志，也是某些人对其他人产生预期效果的能力。社会心理学家约翰·弗伦奇（John French）和伯特伦·雷文（Bertram Raven）在他们1959年发表的论文中将权力划分为强制权、奖赏权、合法权、专家权和参照权，弗伦奇和雷文的五分法的分类标志不是单一的，前两种权力描述的是权力接受主体所感受到的外在性压力和内在性驱动力，后两种权力强调的是权力掌控主体所拥有的理性权威和感性权威，而合法性权力则侧重从环境条件或组织情境外在合法性来追溯权力的来源。而按照法约尔对权力的划分，强制权、奖赏权和合法权属于职位权力，而专家权和参照权则属于个人权力。

（一）职位权力

1. 强制性权力

强制性权力即惩罚的权力，领导者具有对不服从上司意愿的行为给予惩罚的权力，是建立在惧怕惩罚而被迫服从的人际关系基础上的权力。具有强制性权力的人有能力对另一个人施加惩罚或对其造成不良后果，或者至少可以通过恐吓对方让其相信自己可以给予惩罚或造成不良结果。该种权力主要源于个体认为如果自己不服从就会受到惩罚的意识，因此个体产生服从行为主要是为了避免遭受掌权者所控制的惩罚。如一个团队领导者可能因为下属表现不好而停止其职位的晋升或对其进行批评等，这些行动及其造成的恐惧感就是强制性权力。然而，一个人要具有强制性权力并不一定要有相应的职权。例如，团队成员担心如果不顺从团队同伴的意愿就会遭到抵制，也是强制性权力作用的结果，虽然此时团队成员并没有任何正式职权。

2. 奖赏性权力

与强制性权力相对应的就是奖赏性权力。奖赏性权力是指团队领导者对服从自己的团队成员给予奖励的权力，是以奖励能力为基础的权力。该权力源于拥有给别人奖酬的资源和能力，奖赏不仅包括正面的、有利的结果，还包括去除负面的、不利的结果。这

些奖励针对不同的人可以是不同的东西，在组织中通常会是金钱、休假、升职、赞扬、有利的工作绩效评估、重要的信息等，而在日常的团队中通常会是福利。

奖赏性权力和强制性权力是一对相互对应的概念，如果一个人对他人施加精神或者身体上的压力，那么此人就拥有了对他人的强制性权力；如果一个人给他人某种积极的奖赏刺激或者帮助他人免除消极的影响，那么此人就拥有了对他人的奖赏性权力。需要注意的是，接受方的知觉对于奖赏权的使用是一个关键，如果管理者给下属提供自认为是奖励的事物，如晋升、加薪等，但下属并不看重这些奖励，那么管理者并没有真正拥有奖赏性权力；反之，管理者并不认为在给予下属奖励的行为，如倾听下属的意见、认同下属的业绩等，但如果下属认为这是奖励，那么管理者就具有了奖赏性权力。所以，由于每个人对奖励的追求程度不同，如何进行有效的奖励则取决于管理者对下属的理解程度。

3. 合法性权力

合法性权力又称法定性权力，是指通过在组织中担当一定职位所得到的权力，主要取决于个人在组织中所拥有的头衔或地位，其大多是由组织明文规定授予的权力，如组织章程或规则。这种权力代表了对组织资源控制和使用的正式权力，带有强制性和不可抗拒性；这种权力既可以是强制性的也可以是奖赏性的，它是任何组织中最常见、最通行的一种权力形式。

合法性权力与强制性权力和奖励性权力的不同之处在于，它不依赖于与其他人的关系，而是基于个人所拥有的位置或角色。这种权力有三个主要来源：一是当前社会、组织或团队的价值观决定什么是合法的，二是通过被普遍接受的社会结构来获得合法性权力，三是合法性权力可以来自被指定为一个强有力的个人和团队的代表。

（二）个人权力

1. 专家性权力

专家性权力是指因在某一特定专业领域中的专长（知识技术和经验等）或具有被认可的能力和才干或知识而拥有的权力，是以理性崇拜为基础的权力。一个组织的专业化分工程度越高，这种权力就越普遍、其强度就越显著。

在组织中，专家性权力存在于许多细节之中，甚至超越了职位和工作的界限。区别于奖赏权和强制权，专家性权力与正式权力的联系很少，一个人即使在组织中掌握的正式权力较少也一样会有专家性权力，而且个人的专业技术越无法替代，其专家性权力就越大。

2. 参照性权力

参照性权力是指领导者由于具有好的品质或过去的成就而得到下属的认可和敬佩之后而获得的权力，是建立在对个人特殊品质或人格魅力的尊重、信赖和情感认同的基础上的权力。该种权力源于对另一个人的钦佩，并有想要成为他的意愿。如果景仰一个人到了要模仿他的行为和态度的地步，那么这个人就拥有了参照性权力。通常，参照性权力属于那些具有令人钦佩的人格特征、个人魅力或享有声望的人。

在某些方面，与专家性权力类似，参照性权力也并不总是与正式权力相联系。例如，下属对上司的认同，往往是形成参照性权力的基础，这种认同包括了下属想效仿上司的愿望。一个年轻的管理者可能会模仿一位年长的、受人尊敬的、有经验的管理者，认为这样做有可能会获得同样的成就。

权力的内涵见表 4.2。

表 4.2　权力的内涵

所属	类别	定义	基础	来源
职位权力	强制性权力	拥有对不服从上司意愿的行为给予惩罚的权力	惧怕惩罚而被迫服从的人际关系	个体认为如果自己不服从就会受到惩罚的意识
	奖赏性权力	拥有对服从自己的追随者给予奖励的权力	奖励能力	拥有给别人奖励的资源和能力
	合法性权力	通过在组织中担当一定职位所得到的权力	组织明文规定授予	个人在组织中所拥有的头衔或地位
个人权力	专家性权力	拥有某一特定专业领域中的专长（知识技术和经验等）或具有被认可的能力才干或知识而获得的权力	理性崇拜	拥有专业知识或具有被认可的能力、才干或知识
	参照性权力	由于具有好的品质或过去的成就而得到下属的认可和敬佩之后而获得的权力	对个人特殊品质或人格魅力的尊重、信赖和情感认同	另一个人的钦佩，并有想要成为他的意愿

第二节　领导力理论及其演变

课前导读

PRE-READING

任正非的领导风格

按照军事家的定义，任正非肯定不是军事家。但看他说的和做的事情，却非常像一位军事家。在几十年时间里，他一直像一名军人那样去思考、去表达、去奋斗，从未改变。在 30 多年的时间里，他指挥华为这支用高科技武装起来的“军队”，不惧艰险，英勇奋战，取得了举世瞩目的辉煌战果。以至于引起世界头号强国及其军队的恐慌。美国国防部的 5G 评估报告，将华为列为首要威胁。因为华为，这一头号强国竟然进入紧急状态。而面对美国的疯狂打压，任正非豪迈地宣布：华为除了胜利，已经无路可走！

任正非长期致力于学习研究军事经典。作为一名转业军人，他的基本思维结构和语言系统，主要是年轻时在部队的学习和工作中构建的。即使脱下军装，他仍然孜孜不倦地钻研军事理论。自创建华为公司后，任正非注重运用军事理论指导经营实践。他不仅自己积极学习军事方面的知识，也把军事书籍推荐给公司管理层阅读。他曾给公司高管推荐过 3 本二战时德国军事将领写的书。他说：“德国虽然在二战失败了，但有 3 位德

军著名的将领留下的3本书，对德国二战战略有非常深入的思考。第一本，古德里安的《闪击英雄》。该书对如何用新技术改变战争模式以及德国进攻苏联的战略有细致的思考和讨论。第二本，《隆美尔战时文件》。看这本日记能够琢磨出如何在战斗中集中兵力、在点上突破进而取得全局胜利，以及领会当将军的真谛。第三本，曼施泰因的《失去的胜利》。要领悟他决战欧洲大陆的战略是怎么构想出来的？马其诺防线是怎么被废掉的？他构想这个战略所依据的战略原则是什么。”这几年，任正非曾向华为的高管们推荐了包括《五角大楼之脑》《CEO的海军陆战队》《闪击英雄》《超限战》《蓝血十杰》《落难英雄丁盛将军回忆录》等军事书籍，并亲自写推荐语。由此可以看出，任正非对军事理论的学习和研究是下了真功夫的，并且是带着企业管理遇到的问题来看的，已经达到较深的造诣。难怪他说的和做的会有那么浓的军事色彩。喜欢看这种既专业又冷门的书籍的企业家肯定是极少的。这也许是其他商界人士觉得任正非很难学的一个原因。

任正非喜欢运用军事战略战术管理企业。他说，他很少看管理方面的书。任正非热衷于将毛泽东军事思想用于企业决策，华为的各项重大决策几乎都是在毛泽东军事思想的指导下形成的。任正非说：“在当兵时，我就是毛泽东的铁杆粉丝。我当时是学习毛泽东思想的积极分子。我很喜欢读《毛泽东选集》，一有闲工夫，我就开始琢磨怎么把毛泽东的兵法变成华为的战略。”华为运用毛泽东军事战略，采取了“农村包围城市”“游击队战术”“集中优势兵力各个击破”等战略战术，取得了“摧城拔寨”的卓著战绩。从中可以看出，华为的准军事化管理不仅是最高决策层的自觉行为，而且是从企业经营的战略层面展开的，其所达到的强度和深度超出了人们的想象，这会使那些忽视准军事化管理的企业经营者从中得到启示。

比如，“各自为战”的游击队战术使得华为在发展早期具有很强的灵活性。这种灵活性为其提供了快速的市场响应速度，提升了企业竞争力，从而使华为能够披荆斩棘、突破困境，并“杀”出一条通向成功的道路。华为在技术研发和市场竞争中采取的“压强原则”就是毛泽东“集中优势兵力各个歼灭敌人”军事思想的体现。在早期市场争夺战中，作为当时电信设备巨头中唯一的民营企业，华为毫无优势可言。要想在这一高门槛的行业占有一席之地，就要集中企业内部所有优势资源，瞄准一个领域或一个方向，集中力量攻坚克难，争取在某一阶段、某一方面领先对手。华为利用“压强原则”，由点及面、由小到大，逐渐扩大市场份额，并较快获得了强势地位。

任正非始终注重学习军队的精神与作风。在2001年前后，IT泡沫破裂时，很多西方国家的公司面临重大危机，华为同样陷入严重困境，公司已濒临崩溃。在这个生死攸关的时刻，任正非并未去研究商学院的教材，而是注重从军事著作中寻求智慧和力量。任正非召开了由400余人参加的公司高级干部大会，专题学习德国克劳塞维茨的《战争论》。《战争论》一书中的一段话极大地激励了大家：“战争打到一塌糊涂的时候，将领的作用是什么？就是用自己发出的微光，带领队伍前进。”学习到这里，任正非充满激情地说道：“让我们把心拿出来，照亮队伍前进，增强队伍的信心吧！就像古希腊神话中的丹柯那样，把心拿出来燃烧，照亮后人前进的道路。”

任正非提到的丹柯是一个神话人物。苏联著名的作家高尔基根据这一题材创作了一篇题为《丹柯》的小说。其中的主人公丹柯是一位伟大的悲剧英雄。他是古老部族中的一名有着坚定信念的强壮青年。丹柯和他的族人被敌人赶入大森林的深处，陷入灭族的绝境。丹柯坚决反对向敌人屈服去当奴隶，自告奋勇地带领大家向前行进。族人进入黑暗的密林后迷失了方向，许多人开始埋怨、责怪丹柯。但丹柯并不在意，因为他深爱着自己的族人。在这绝望的时刻，只见丹柯用手抓开自己的胸膛，掏出一颗燃烧的心，将其高高举过头顶，照亮族人前进的道路。族人跟着丹柯走出森林，来到阳光明媚的大草原上，直到此时丹柯才含笑死去。克劳塞维茨的论述与丹柯的形象坚定了华为的高管们的信念，他们与任正非一道，让自己的心燃烧起来，带领员工攻坚克难，齐心协力终于“走出了黑暗的大森林”。

华为应该是中外企业界少有的倡导“一不怕苦、二不怕死”精神的企业。难能可贵的是，任正非带头践行这种精神。在任正非的身上，人们始终能够感受到军人的英勇和牺牲精神。任正非在接受记者采访的时候说：“其实我个人已把生死置之度外，并不觉得我的生命有那么重要。”他对员工们说：“我承诺，只要我还走得动，就会到艰苦地区来看你们，到战乱、瘟疫……地区来陪你们。我若贪生怕死，何来让你们去英勇奋斗。”他在看望员工时说：“要奋斗就会有牺牲，胜则举杯相庆，败则拼死相救。狭路相逢勇者胜，烧不死的鸟就是凤凰！”任正非是这样说的，也是这样做的。

为了鼓舞士气，任正非亲自飞到非洲那些受到战乱、传染病威胁的地区指导工作。利比亚开战前两天，他还在这个危险的国度奔忙着。阿富汗战乱时，任正非不惧风险前去看望员工。2008 年 9 月 20 日夜，巴基斯坦首都伊斯兰堡发生大爆炸，任正非担心华为代表处员工的安危，准备动身赶过去探望，但当时的片区总裁认为那里太危险了，强烈反对他去。任正非勃然大怒，立即给他发去这样一份邮件：“兄弟们能去的地方，我为什么不能去？谁再阻挡我去，谁下课！”任正非的震怒，体现的是他的事业心和生死观。他当然知道下属的阻拦是出于对他的关心、是一番好意。但在他的心中，对崇高事业的追求永远是至高无上的，与此相冲突的一切他都会毫不犹豫地予以拒绝。在必要的时候，即使面临死亡威胁，他也决不会退缩。这就是军人的本色！

领导者的人格、形象、威望也能出生产力。任正非说到了也做到了，员工们的选择只能是钦佩和追随。

资料来源：https://weibo.com/ttarticle/x/m/show/id/2309404803776459440509? _wb_client_=1。

俗话说：“火车跑得快，全靠车头带”。华为能有今天的成就自然离不开掌舵人任正非的正确领导。团队领导者作为团队的带头人，自然身负团队建设的重任。而如何判断一个团队领导的有效性呢？任正非身上特有的军人特质是造就他今日成就的重要因素之一。那么，其他成功的领导者又是怎样体现其领导的有效性呢？对此，管理学界展开了研究以探讨领导有效性，经过长时间的发展，最终形成了领导理论。其中，以下三类领导理论被管理学界普遍认可，即特质理论、领导行为理论和领导权变理论（或称情境理论）。这三类领导理论从不同视角对领导的相关问题进行了研究，为团队领导者提供了理论基础和实践启示。

一、特质理论

什么样的人会成为一个团队的领导者呢？我们可能经常会思考这样的问题，毕竟每个人生来便是与众不同的，因此每个人都有一些与他人不同的特点，而这些特点会使人们在不同场景中表现出不同的特质。特质指的是个人的人格特点，比如个人形象、说话风格、气质以及不同的心理建设和行为方式。从广义上来说，特质就是心理及生理上的所有特征。在日常的工作和学习中，我们经常会用一些特质来描述他人，比如一个人是“友好的、谨慎的、爽快的、争强好胜的、慷慨大方的、吝啬的等”。那么，不同的领导者所展示出来的不同特质对于领导效率会不会有所影响呢？对此，一些管理学家展开了研究并希望得到一些普遍性、一般性的规律来探索领导特质对于领导效率的影响。因此，早在 19 世纪末至 20 世纪 40 年代，便兴起了研究领导特质理论研究的热潮。

（一）传统领导特质理论

传统领导特质理论的基本观点是：领导者的特质是天生的，属于生物遗传，也就是说领导者特质是与生俱来的，这种观点认为“天赋”是决定一个人能否成为领导者的根本因素。奥尔波特（Gordon Ailpor）作为传统领导特质理论的创始人，他曾开拓性地指出了人格特质的重要性，他认为每个人都会以其生理作为基础衍生出一些稳定的性格特质，并将这些特征区分为共同特质和个人特质，其中共同特质是所有人都具备的特质，个人特质则表现为在组织中处于不同角色的人具有的个性特质。

1969 年，美国心理学家吉伯（C A Gibb）在研究中指出，成功的领导者应具备七种先天性特质：一是高智商，二是相貌出众，三是善言善思，四是心理健康，五是性格外向但对环境保持敏感，六是自信心强，七是具有支配他人的意向。

然而，随着特质理论研究的不断深入，许多学者在研究领导特质理论时对于“领导者特质是天生的”这一说法众说纷纭，并且无法达到统一的标准。因此，虽然传统领导特质理论提出了大部分人认可的领导应具备的一些特质，但其局限性也显而易见。主要表现在以下三个方面：一是传统领导特质理论强调的是领导者的特质是先天性的，却忽略了后天环境的作用，然而后来人们也发现领导者是可以通过学习来培养的。二是传统领导特质理论与实际相悖。在实际生活中，许多具有符合标准的特质的优秀人才并不都能够成为有效的领导者，许多不完全具备优良特质的人反而能够成为有效的领导者。如并不是每个出色的领导人都英俊潇洒、能言善辩。三是传统领导特质理论忽略了环境的重要性。传统领导特质理论并没有阐述个别特质与固定环境之间的关系。在某些特定环境下，部分特质可能会起正向的积极作用，但在其他环境中，这些特质可能会是领导者成为卓有成效的领导者的障碍。

（二）现代领导特质理论

随着传统领导特质理论强调遗传、天赋的观点逐渐受到学者们的质疑，现代领导特质理论逐渐进入人们的视野。现代领导特质理论反对传统领导特质理论强调的先天性特质，其主张人的特质并非全是天生的，人的个性特征和品质是在后天实践中形成的，并且可以通过培养和训练造就。针对这一观点，许多学者对此进行了研究。

作为现代领导特质理论的提出者，美国普利斯顿大学的教授威廉·杰克·鲍莫尔（William Jack Baumol）对美国的众多企业进行了研究，并提出企业领导者应具备的十条特质：一是富有合作精神，二是独立决策能力，三是高效的组织能力，四是权力适当下放，五是应变能力强，六是责任心强，七是创新意识强，八是风险承担意识强，九是尊重他人，十是品德高尚。

美国心理学家卡特尔（Raymond Berard Cattell）利用因素分析法提出了“根源特质理论”，并得到了16种相互独立的根源特质，编制了《卡特尔16种人格因素测验》。这16种根源特质分别是乐群性、聪慧性、情绪稳定性、恃强性、兴奋性、有恒性、敢为性、敏感性、怀疑性、幻想性、世故性、忧虑性、激进性、独立性、自律性和紧张性。卡特尔认为，每个人的身上都具有这16种根源特质，差别仅在于每一种特质的表现程度有所不同。有效领导者会在部分特质上表现突出。

现代领导特质理论纠正了传统特质理论中将领导特质看作先天性特质的错误观点，其主张的领导者特质能在后天的实践和学习中得到培养被人们认可，并且现代特质理论明确指出，对于领导的选择一定要有明确的指标，领导的培养也要有具体的方向。然而，几十年的研究并没有使得现代特质理论有较大突破性的进展，学者们无法找出领导者与非领导者在人格特质方面本质的差异。主要原因如下：

➢领导特质理论忽视了下属的需求。领导者的成功离不开下属的影响。然而，领导特质理论仅仅考虑领导者应该具备怎样的特质，完全忽视了下属对领导者有着怎样的作用。

➢领导特质理论忽视了情景因素。在实际生活中，领导特质只是领导产生的必要条件，而非充分条件。领导者的有效性不仅与自身的特质属性有关系，还依赖领导及领导对象所处的环境，仅仅考虑领导与非领导在内在因素上的区别而忽略外部环境的不同。

➢不同团队对领导的要求不一样，因此即使对于同一项工作，在不同团队中也会有要求上的不同，即对领导特质的要求也会有些许不同。因此，固定模式下的领导特质理论不符合实际。

➢领导特质理论并未对领导者特质的因果进行区分，仅仅探讨了领导者应该具备怎样的特质，而对特质与领导的关系没有界定清晰。例如，到底是领导者的自信导致了成功，还是领导者的成功塑造了领导者的自信。

二、领导行为理论

20世纪50~70年代，领导特质理论的研究开始进入衰退期，学者们开始关注领导者所表现出来的不同类型的领导风格。因此，在20世纪60年代中期，管理学界便开始了对领导者的行为风格进行考察。领导行为理论则主要研究领导人的工作作风、方式对领导有效性的影响。

（一）领导风格理论

美国著名的心理学家勒温（Kurt Lewin）和他的团队最早开始对领导风格进行研究。勒温发现，不同团队的领导者会以不同的领导风格来扮演领导者角色，并且领导者会根据任务的不同展现不同的领导风格，这些领导风格对于团队与团队成员的发展都有着重要作用。勒温将领导者风格分为专制型、民主型和放任型三种，他认为不同类型的领导风格对于团队气氛与工作效率都会产生影响。

专制型：专制型的领导者喜欢将权力掌握在个人手里。这种类型的领导者对于人际关系需求较低，而对权力需求较高。专制型领导一般表现为渴望影响、控制别人的行

为，喜欢对下属“发号施令”，希望能够支配下属而自己具有强烈不愿受他人控制的欲望。这种类型的领导者主张采用强制性方法，将奖励和惩罚作为对下级产生影响力的基础。

民主型：顾名思义，民主型的领导者会将权力下放至团队内与团队成员共同拥有权力。这种类型的领导者有着较高的人际关系需求和较低的权力需求，因此民主型的领导者会很乐意与团队成员分享权力。这种类型的领导者会采用民主协商、鼓动团队成员参与的方法来领导团队，这时领导者会以团队成员为中心，依靠良好的关系影响下属，关心员工，与下属共享决策权。

放任型：放任型的领导者将权力定位于员工手中且自己不掌握权力。这种类型的领导者的权力需求与人际关系需求都较低，领导者更多的是采取无为而治的态度来领导团队成员，一切活动方式都是由团队成员自己摸索，自身没有参与到团队决策中，因此这种类型的领导者对团队成员既不约束也不指导。

勒温与他的团队提出了专制型、民主型和放任型三种领导风格之后，人们开始思考这三种领导风格的有效性。从表 4.3 可以了解到，这三种领导风格在权力分配、决策方式以及与团队成员的关系都不同。那么，怎样的领导方式才能够更有效地领导团队呢？勒温与他的团队曾通过实验的方式确定最有效的领导风格，最终发现放任型的领导者的效率最低，民主型的领导者的效率最高。然而，后来的多项研究表明，民主型的领导风格确实能够带来更高的工作满意度，但是在某些特定的工作环境下，专制型的领导风格的团队工作效率甚至高于民主型的领导风格下团队工作效率。一般而言，在军队的团队成员受教育程度较低时，专制型的领导者容易带领团队取得成功。而在如大学里高级知识分子多的团队中，放任型的领导者更有助于提高团队效率。然而，值得注意的是，在实际工作中，这三种极端的领导风格并不常见，大多数领导者的领导风格往往属于混合型。

表 4.3　三种领导风格

领导者风格	权力分配	决策方式	与团队成员的关系
专制型	权力集中于领导者手中，高度集权	仅限于领导者	极少信任与关心团队成员
民主型	权力集中在团队之中	下属具有一定程度的决策权	信任且关心团队成员
放任型	每个团队成员都有权力	团队成员共同决策	信任但较少关心团队成员

延伸阅读

SUPPLEMENTARY CONTENT

最新领导类型

随着对领导者风格研究的不断深入，学者们提出了许多具有特色的领导风格，比如辱虐型领导和家长式领导、服务型领导。

辱虐型领导：辱虐型领导是指团队成员感知到的团队领导者表现出的有敌意的言语

或者非言语的持续性行为，但是不包括身体接触行为。一般而言，辱虐型领导有两种表现形式，即积极侵犯型辱虐和消极侵犯型辱虐。积极侵犯型辱虐会采取主动攻击行为，如在众人面前批评、嘲笑甚至侮辱员工等；消极侵犯型辱虐则是采取一些被动防御性行为，如表现出对员工不理不睬等。

家长式领导：家长式领导是一种类似于父权的作风，在显现出严明的纪律与权威的同时，也会对团队成员展现出体谅和照顾并具有高度道德操守的行为方式。家长式领导是中国企业中普遍存在的一种独特且尤为重要的领导风格，家长式领导既会有父亲严格的一面，也会有仁慈和关爱成员的一面。

服务型领导：服务型领导以利他主义与集体共赢观为准绳，他们在工作中恪守道德规范，秉持“员工第一”的原则，重视员工关系、关注员工情感与情绪变化、乐于分享权力并愿意帮助员工实现职业成功。服务型领导会把团队成员利益置于自身利益之上，满足团队成员的需要并且服务团队成员。

资料来源：彭伟，马越，陈奎庆. 辱虐型领导对团队创造力的影响机制研究：一个有调节的中介模型［J］. 管理评论，2020，32（11）：208-219.

汪林，储小平，彭草蝶，等. 家族角色日常互动对家长式领导发展的溢出机制研究：基于家族企业高管团队日志追踪的经验证据［J］. 管理世界，2020，36（8）：98-110.

吕峰，刘志，张笑腾. 冲突处理视角下服务型领导对员工工作沉浸的影响机制：服务型领导差异化的调节作用［J］. 南开管理评论，2021，24（6）：72-83.

（二）俄亥俄研究（二维度理论）

1945 年，在美国俄亥俄州进行了一项关于领导行为的研究，研究者们通过收集 1 000多种下属对领导行为的描述，最终归纳和定义了领导行为的两类关键因素，即结构维度和关怀维度，因此俄亥俄研究也被称为二维度理论。

◇结构维度：是指领导者更愿意界定和构造团队成员之间关系的程度，以完成团队目标。其中，包括领导者规划工作、界定任务关系和明确目标的行为。领导者具有较高的结构维度，就倾向于关注目标和结果、倾向于建立明确的沟通形式和渠道，明确规章、计划、岗位责任和完成工作的方式，并使用职权与奖惩去监控和促使目标的实现。也就是说，高结构维度的领导者对任务能否完成的关心程度远高于对团队中人际关系和谐的关心程度。

◇关怀维度：是指领导者会尊重和关心下属的感情与看法，更愿意与团队成员之间建立相互信任和双向交流的工作关系。高关怀维度的领导者强调相互信任、尊重、和谐的团队关系，支持开放的沟通和广泛的参与，关怀下级的个人需要、福利的满意程度，与下级沟通对话并鼓励下级参与决策的制定。总之，高关怀维度的领导者特别重视群体关系的和谐和与下属心理上的亲近。

根据结构维度和关怀维度的高低情况，将领导行为分为四种类型，用二维度理论四分图来表示领导行为，见图 4. 1。

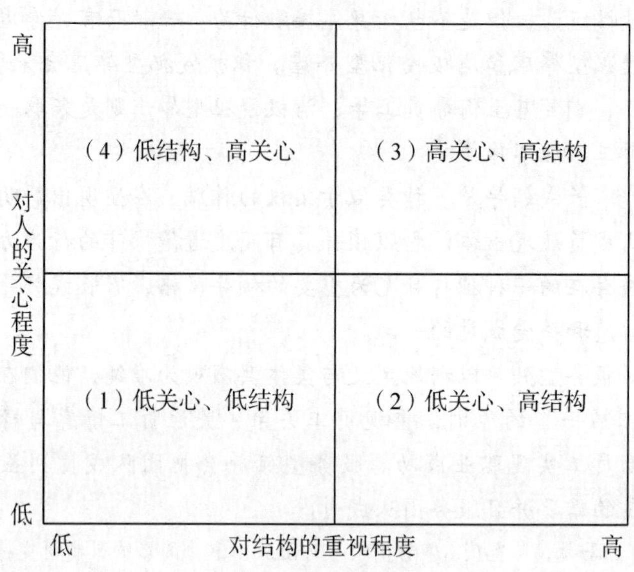

图 4.1　二维度理论四分图

从图 4.1 可以看出：（1）型领导者对团队结构和团队成员都不重视，缺少目标和对团队成员的关心。一般而言，这种领导方式的效果最差。（2）型领导者最关心团队任务和目标，而对于团队成员漠不关心，忽视团队成员的情感需求，因此导致团队成员的工作满意度较低。（3）型领导者对于团队任务的完成程度和团队成员情感都很重视，是较为理想的领导方式。（4）型领导对于团队成员的需求比较关注，但却会忽略任务的完成情况。一般而言，只有当两个维度都具有高水平的领导者才能带领出高的团队效率和团队成员的满意度。然而，二维度理论却忽略了情景因素的影响。因此，我们需辩证地看待这类领导者带来的效果，因为在某些情境下（4）型领导者也不一定能取得积极的效果。比如，当员工从事常规任务时，高结构的领导行为反而会导致高抱怨率和低满意度。

（三）管理方格理论

在二维度理论的基础上，美国得克萨斯州立大学的行为科学家、心理学教授罗伯特·布莱克（Robert R Blake）和简·莫顿（Jane S Mouton）于 1964 年出版了《管理方格》一书，正式提出了领导方格理论。管理方格理论把领导者的行为分为“关心人”和“关心生产”两个维度，通过使用一张纵轴和横轴各九等分的方格图，纵轴和横轴分别表示企业领导者对人和对生产的关心程度。第一格表示关心程度最小，第九格表示关心程度最大。具体如图 4.2 所示。

根据图 4.2，可以将领导行为风格分为五种典型类型。

◆1.1 为贫乏型领导者。这种风格的领导者对生产和对人的关心都少，除了工作上的必要接触外，他们不会过多参与决策工作，并且即使团队内部出现矛盾，他们也不会过多地参与其中。实际上，这类领导者已放弃自己的职责，只想保住自己的地位。

◆9.1 为任务型领导者。这种风格的领导者对业绩的关心多而对人的关心少，作风专制，他们眼中没有鲜活的个人，只有需要完成生产任务的员工，他们唯一关注的只有业绩指标。

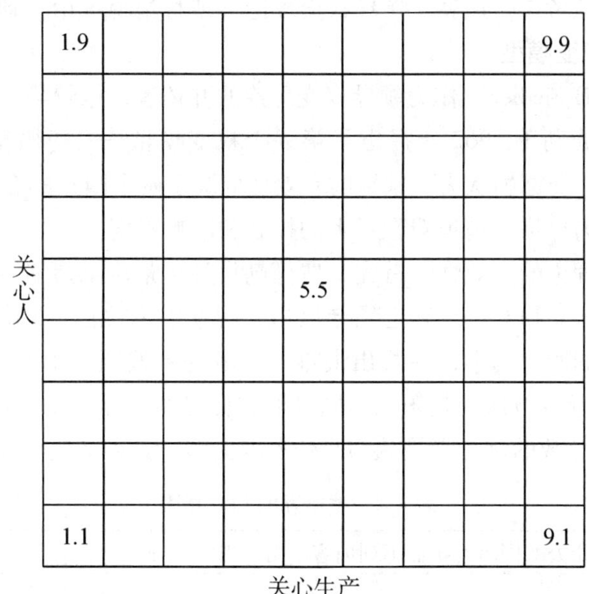

图 4.2　管理方格理论

◆5.5 为中庸型领导者。这种风格的领导者既不偏重于关心生产也不偏重于关心人，他们在必须完成的工作和比较满意的士气之间保持平衡，既不设置过高的目标，又能得到一定的士气和适当的产量，但不是卓越的。

◆1.9 为俱乐部型领导者。这种风格的领导者对业绩的关心少而对人的关心多，他们努力营造一种人人得以放松、感受友谊与快乐的环境，但对协同努力以实现企业的生产目标并不热心。

◆9.9 为团队型领导者。这种风格的领导者对生产和对人都很关心，对工作和对人都很投入，在管理过程中把企业的生产需要同个人的需要紧密结合起来，既能带来生产力和利润的提高，又能使员工从工作中获得成就感和满足感。

布莱克和莫顿认为团队型领导者最佳，其次是任务型领导者，再次是中庸型领导者、俱乐部型领导者，最差的是贫乏型领导者。但是，管理方格理论仅仅提供了框架，并且缺乏实质证据证明所有情景下的“9.9 团队型领导者”都是最有效的方式。因此，在实际团队领导过程中，应该遵循最适合的领导风格。毕竟，除了这些典型类型外，还可以找出一些组合。例如，5.1 方格表示准工作中心型管理，比较关心生产，不太会关心人；1.5 方格表示准人中心型管理，比较关心人，不太会关心工作；9.5 方格表示以工作为中心的准理想型管理，重点抓工作，也比较会关心人；5.9 方格表示以人为中心的准理想型管理，重点在于关心人，同时也比较关心工作。

三、领导权变理论

领导特质理论与领导行为理论都是从领导者的个人特点来研究领导的有效性，而实际上领导的有效性还与被领导者的特点、环境因素有关，领导行为是领导者、被领导者和环境因素的复合，是一种动态的行为过程。某种领导方式在实际工作中是否有效主要取决于具体的情景和场合。这说明了两点：一是领导的有效性依赖于情境因素，二是这些情境条件可以单独考虑。这就是领导权交理论（或称情境理论）研究的问题。

（一）费德勒权变模型

费德勒（Fred E Fiedler）作为领导权变理论的开拓者，他较早地提出了领导有效性与环境的关系。费德勒于 1962 年提出了第一个权变模型——费德勒权变模型（fiedler contingency model）。费德勒认为，领导的有效性取决于两个因素的合理匹配：与下属相互作用的领导的行为风格、情境对领导者的控制和影响程度。

为了证实自己理论的有效性，首先，费德勒设计了最难共事者量表（least preferred coworker questionnaire，LPC）来确定领导风格。问卷由 18 组对照形容词组成，通过让被试回想自己共事的所有同事，并找出最难共事者进行按照分值 1~8 分进行打分，获得高 LPC 分数的领导者被认为是乐意与同事形成良好的人际关系，他们是关系取向型；反之，获得低 LPC 分数的领导者被认为是任务取向型。具体如表 4.4 所示。

表 4.4　费德勒的 LPC 量表

答题说明：对你最难相处的同事，按照下列内容给出适当的得分										分值
令人不愉快的	1	2	3	4	5	6	7	8	令人愉快的	______
不友好的	1	2	3	4	5	6	7	8	友好的	______
拒绝的	1	2	3	4	5	6	7	8	接受的	______
紧张的	1	2	3	4	5	6	7	8	放松的	______
疏远的	1	2	3	4	5	6	7	8	接近的	______
冷漠的	1	2	3	4	5	6	7	8	温暖的	______
敌对的	1	2	3	4	5	6	7	8	支持的	______
厌烦的	1	2	3	4	5	6	7	8	有趣的	______
争论的	1	2	3	4	5	6	7	8	幽默的	______
忧闷的	1	2	3	4	5	6	7	8	欢乐的	______
防御的	1	2	3	4	5	6	7	8	开放的	______
背后说坏话的	1	2	3	4	5	6	7	8	忠诚的	______
不值得信任的	1	2	3	4	5	6	7	8	值得信任的	______
不考虑他人的	1	2	3	4	5	6	7	8	考虑他人的	______
粗俗的	1	2	3	4	5	6	7	8	高尚的	______
不合作的	1	2	3	4	5	6	7	8	合作的	______
虚假的	1	2	3	4	5	6	7	8	诚实的	______
恶意的	1	2	3	4	5	6	7	8	友善的	______
总分										

注：将每项分数相加后为最终 LPC 得分，LPC 最低为 18 分、最高为 144 分。其中：18~58 分为低 LPC，属于任务取向型；59~63 分，属于混合型；64~188 分为高 LPC，属于关系取向型。

其次，需要确定领导的情境。由于领导的情境非常复杂，费德勒选择了其中的三个关键因素用来评判情境。领导情境包括三个方面，即领导者—成员关系、任务结构和职位权力。

· 领导者—成员关系是指领导者对下属信任、信赖和尊重的程度，以及下属对领导者追随和忠诚的程度。

·任务结构是指团队工作任务的程序化程度，即指工作团队要完成的任务是否明确，有无含糊不清之处，其规范的程序化程度如何。

·职位权力是指领导者拥有的权力的影响程度，即领导者所处的职位能提供的权力和权威是否明确充分，在上级和整个组织中所得到的支持是否有力，对雇佣、解雇、纪律、晋升和增加工资的影响程度。

根据 LPC 测量情况与领导者所处的情景类型，共得到八种不同的情境（见表 4.5）。拥有良好的领导者—成员关系、明确的任务和强领导权的情境被认为最有利，拥有恶劣的领导者—成员关系、不明确的任务与弱领导权的情境被认为最不利，介于两者之间的情境的认为一般有利。

表 4.5　费德勒权变模型

领导者—成员关系	好	好	好	好	差	差	差	差
任务结构	明确	明确	不明确	不明确	明确	明确	不明确	不明确
职位权力	强	弱	强	弱	强	弱	强	弱
环境	有利				中等			不利
有效领导方式	任务取向型			关系取向型			任务取向型	

费德勒权变理论认为，特定的领导风格只有在特定的情境下才有效。如表 4.5 所示，任务取向型的领导在非常有利和非常不利的情境下工作效果更好，而关系取向型的领导在中等有利的情况下干得更好。

（二）赫塞和布兰查德的领导生命周期理论

1966 年，心理学家科曼（Karman）在“不成熟—成熟”理论的基础上首次提出了领导生命周期理论，后由赫塞（Paul Hersey）和布兰查德（Kenneth Blanchard）深入研究得到发展，领导生命周期理论是一个重视下属的权变理论，也被称为情境领导理论。领导生命周期理论提出成功的领导者会根据下属的接受度和熟悉度选择适当的领导风格，而下属的成熟度水平是一个权变变量，是个体完成某一具体任务与对自己的直接行为负责任的能力和意愿的程度。而个体的领导者应该根据被领导群体工作成熟度的变化来调整和改变领导方式，才能达到较好的效果。也就是说，领导的历程就如同人的生命周期一样是“不成熟—成熟”的过程，领导的方式也应该逐步得到发展、变化。因此，领导生命周期理论把领导的行为方式按照关系行为和任务行为两个维度划分为四大类型：命令型领导、培训型领导、参与型领导和授权型领导，具体如图 4.3 所示。图 4.3 下方是个体或团队成员的工作成熟度，其中图中曲线为领导行为选择的运行轨迹。

➤命令型领导（高任务—低关系）：强调指导性行为，领导方式是多指导、少支持。被领导群体或个人的工作成熟度较低，需要领导给予较多的工作指导，适宜的领导方式是以工作为导向。

➤培训型领导（高任务—高关系）：领导行为方式是多指导、多支持。被领导群体或个人在某些方面表现出较高的工作成熟度，适宜的领导方式是工作导向和人际关系并重。

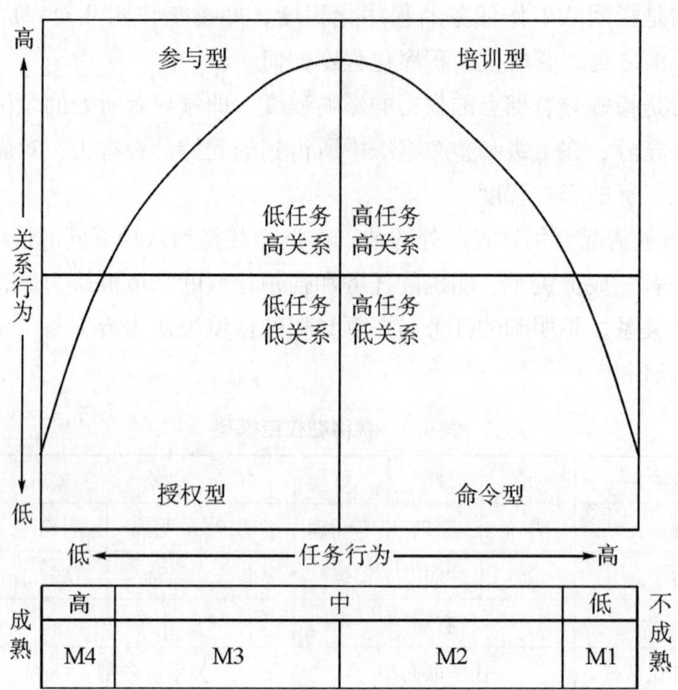

图 4.3　领导生命周期理论

➢参与型领导（低任务—高关系）：领导方式是多支持、少指导。被领导群体或个人已经表现出相当的工作成熟度，适宜的领导方式是较高的人际关系导向和较低的工作导向。

➢授权型领导（低任务—低关系）：领导方式是少支持、少指导。被领导群体或个人的工作成熟度已发展到更高层次，逐步把两种导向行为都降低到适度的水平是有效的领导方式。

赫塞和布兰查德认为，随着团队成员成熟程度的提高，由不成熟到成熟，对应的合适领导风格依次是命令型领导、培训型领导、参与型领导和授权型领导。

（三）豪斯的路径-目标理论

路径-目标理论（path-goal theory）是由加拿大多伦多大学的教授罗伯特·豪斯（Robert J House）根据激励理论和领导四分图理论提出的一种领导权变理论。该理论关注领导者如何影响下属对工作目标、自我发展目标以及实现目标路径的知觉。豪斯认为，领导者的重要工作是向下属明确指出什么样的行为可能导致目标实现，即明确路径，并提供必要的指导和支持，以确保他们各自的目标与群体或组织的目标相一致。

路径-目标理论认为，领导者需要通过制定任务结构、对员工的支持、给予合适的报酬等方式建立一种有利于实现组织目标的工作环境。因此，有效的领导过程取决于两个方面，即建立合适的任务目标和改善实现目标的路径。

领导者的行为被下属接受的程度取决于下属将这种行为视为当前获得满足的源泉或者未来获得满足的手段。领导者行为的激励作用在于：它使下属需要的满足与有效的工作绩效结合在一起，它提供了获得工作绩效所必需的辅助、指导、支持和奖励。

为了考察这些观点，豪斯确定了四种特定的领导行为：

➢指导型领导（directive leader）：明确告知下属应该做的工作以及完成工作的时间安排，要求团队成员服从标准化的条例和结效标准，并予以具体指导。这种类型的领导对决策全权负责，员工不参与决策的制定。这类领导者对于目标的完成程度非常重视，因此也对目标的制定、完成目标的流程很重视。

➢支持型领导（supportive leader）：领导者平等对待下属，关怀下属的各种需要。这种类型的领导会在建立有利于实现组织目标的工作环境的同时尽力满足员工的各类需求。

➢参与型领导（participative leader）：领导者会与下属共同磋商，并在决策之前充分考虑下属的建议，允许下级对上级的决策施加影响。

➢成就导向型领导（achievement-oriented leader）：领导者会为下属设置有挑战性的目标，期望下属发挥出自己的最佳水平，并对下属能够履行责任、努力工作和完成挑战性的目标具有高度的信心。

根据路径-目标理论，领导者应该增加提供给下属奖励的数量和类型，应该使下属明确获得奖励的路径，即帮助下属明确期待、减少实现目标的障碍。只有当下级认为有可能获得所想要的目标时，才愿意付出努力；只有当下级感知到某种奖励是源于他的哪种特定行为时，才知道应该怎么做。领导者应该尽可能为下属制定通往目标的路径，并为此选择最合适的领导风格。因此，路径-目标理论的基本假设是，领导行为具有根据不同情境改变风格的弹性。这与费德勒模型的假设正好相反。

路径-目标理论提出了两类情境或权变变量作为领导行为与结果之间关系的中间变量。一类是下属控制范围之外的工作环境特征，包括工作性质、任务结构、正式权力组织和非正式权力组织特点，以及工作群体等。例如，对于结构化的任务，指导型领导就不是那么必要和有效的。另一类是下属特征，如受教育程度、经验、对成就的需要、感知能力、愿意承担责任的程度及对独立的需求程度等。研究结果表明，认为自己能力较强的员工通常不喜欢指导型领导（他们认为自己知道如何工作），而认为自己能力较弱的员工则偏好指导型领导（需要他人告诉自己如何工作）。具体模型如图 4.4 所示。

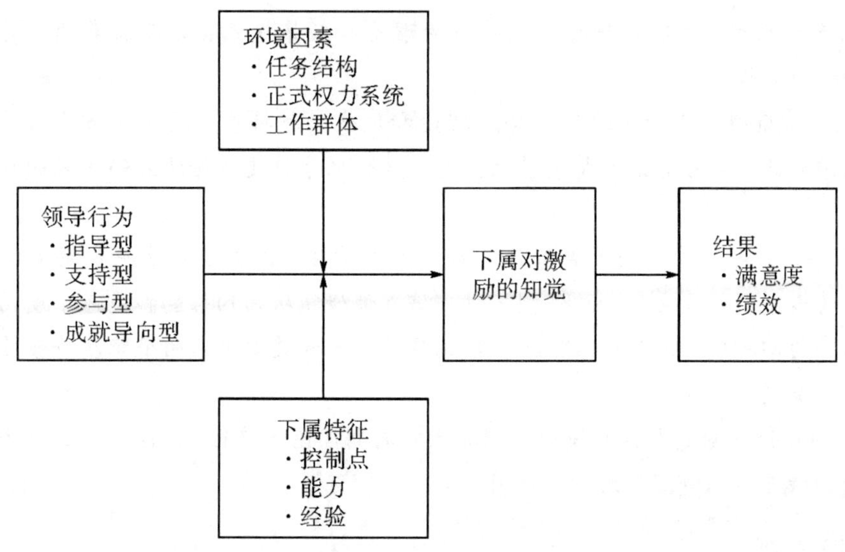

图 4.4　路径-目标理论

该理论强调，领导行为应与变量互补或协调，当领导行为类型与环境因素重复，或与下属特点不一致时，领导效果不佳。据此，可以引申出下列结论：

（1）与高结构化和规范化的任务相比，当任务不明或压力过大时，指导型领导会带来更高的满意度；

（2）当下属执行结构化任务时，支持型领导会带来高绩效和高满意度；

（3）对于感知能力强或经验丰富的下属，指导型领导可能被视为多余；

（4）组织中的正式权力关系越明确，越官僚化，领导者越应表现出支持型行为，减少指导型行为；

（5）当工作群体内部存在实质性冲突时，指导型领导会带来更高的满意度；

（6）内控型下属（相信自己可以掌握命运）对参与型领导更为满意；

（7）外控型下属对指导型领导更为满意；

（8）当任务结构不明时，成就导向型领导将会提高下属的期望值，使他们坚信努力会提高绩效。

路径-目标理论是一个通用的理解领导行为和情境因素对下属态度与行为影响的理论。如果领导者的行为能够与下属特征以及特定的工作环境紧密结合，领导者将能够成功对下属施加最大影响。路径-目标理论并不能提供确切的解决方案，但是如同工作动机中的期望理论，它将有助于更好地解释复杂的领导过程。

◎**小结**

1. 领导与管理既有联系，又有区别。领导与管理都是调动并且整合组织资源，然而领导只是管理职能的一部分，且领导与管理在权力来源、作用、权利行使、层次等方面均存在差异。

2. 职位权力包括强制权、奖赏权和合法权三种，个人权利包括专家权和参照权两种。

3. 目前已经形成了特质理论、领导行为理论和领导权变理论三大类领导力理论来探索领导的有效性。

4. 领导特质理论包括传统领导特质理论和现代领导特质理论两个方面。其中，传统领导特质理论认为领导者的特质是天生的，现代领导特质理论认为领导者的特质能够后天培养。

5. 领导行为理论关注领导者工作作风、方式对领导有效性的影响：勒温将领导者的风格分为专制型、民主型和放任型三种。俄亥俄研究从结构维度和关怀维度两方面将领导行为分为四种领导风格；管理方格理论从关心人和关心生产两个维度将领导行为分为五种典型类型。

6. 权变理论从费德勒权变模型、领导生命周期理论和路径-目标理论三个方面探索了领导者的特点与环境因素的相关作用。

◎**参考文献**

［1］罗倩文. 组织行为学［M］. 重庆：西南师范大学出版社，2015.

[2] 付永刚. 组织行为学 [M]. 北京：清华大学出版社，2010.

[3] 林忠，侯鑫远，夏福斌，等. 家长式领导与员工工作繁荣关系研究：工作-家庭增益的中介效应 [J]. 中国软科学，2021 (10)：115-125.

[4] 吕峰，刘志，张笑腾. 冲突处理视角下服务型领导对员工工作沉浸的影响机制：服务型领导差异化的调节作用 [J]. 南开管理评论，2021，24 (6)：72-83.

[5] 刘雪梅，赵修文. 关系绩效与离职倾向的实证研究：以团队信任为中介变量 [J]. 科研管理，2013，34 (3)：93-98.

[6] 徐立国，席酉民，郭菊娥，等. 社会化过程中领导特质的类型及其形成与关系研究 [J]. 南开管理评论，2016，19 (3)：51-63.

[7] 彭伟，马越，陈奎庆. 辱虐型领导对团队创造力的影响机制研究：一个有调节的中介模型 [J]. 管理评论，2020，32 (11)：208-219.

[8] 汪林，储小平，彭草蝶，等. 家族角色日常互动对家长式领导发展的溢出机制研究：基于家族企业高管团队日志追踪的经验证据 [J]. 管理世界，2020，36 (8)：98-110.

[9] 赵修文，刘显红，姜雅玫. 基于扎根理论的团队工作价值观结构分析及其对团队绩效的影响机制研究 [J]. 中国人力资源开发，2018，35 (1)：162-172.

[10] HERSEY P，BLANCHARD K H. Management of organizational behavior：utilizing humanresources [J]. Industrial & labor relations review，1969，8 (3)：12-13.

[11] FIEDLER F E. Predicting the effects of leadership training and experience from the contingency model：a clarification [J]. Journal of applied psychology，1973，57 (2)：110-113.

[12] TEPPER B J. Consequences of abusive supervision [J]. Academy of management journal，2000，43 (2)：178-190.

第五章

团队激励

本章要点

CHAPTER CHECKLIST

- 激励概述
- 激励理论
- 有效激励的形成

第一节　激励概述

课前导读

PRE-READING

2021年11月16日，一份来自国美控股集团的内部文件截图在网上广泛流传。

图片显示，国美总部针对非工作流量信息进行统计排查后，发现部分员工在工作区域内占用公司公共网络资源从事与工作无关事宜，如玩电脑游戏、上网聊天、听音乐等。哪个部门、哪位员工，看了多久的视频，用了多少流量，从这份通报上都能看得一清二楚。国美根据公司的规定，对11位“摸鱼”的员工（包括一名外包人员）进行了通报和相应处罚。事件发酵后，国美相关负责人回应称，该文件确实存在。随后“国美通报批评员工上班‘摸鱼’”冲上热搜，引发了网友热议。国美控股集团公关总监张川石针对这一事件回应称，集团不提倡员工无效加班，鼓励员工劳逸结合，但被通报的员工存在“过度‘摸鱼’划水”行为。有意思的是，经国美内部测算，使用800M流量可看视频约1小时，而被通报的员工使用流量均在10G以上。据调查，其中一位员工在

5天内，仅腾讯视频就看了22.5G，相当于观看视频28小时以上，平均每天达5.6小时。

资料来源：https://sghexport.shobserver.com/html/baijiahao/2021/11/22/591676.html。

其实，“摸鱼”现象在企业中普遍存在。2022年年初，36氪研究院发布的《2022年轻人职场“摸鱼”报告》显示，96.18%的年轻人会在平时工作中“摸鱼”，从不“摸鱼”的员工只占3.82%。员工“摸鱼”的时间也是惊人的，超过6成的“95后”员工每天至少“摸鱼”1小时，一年合计“摸鱼”30个工作日！“摸鱼”现象的背后反映出员工的工作投入及对工作的主观能动性、积极性的降低，所以管理者通过有效的激励来调动员工的积极性是提高组织运行效率并实现组织目标必不可少的一部分。

一、激励的内涵

激励一词源于古代拉丁语“movere”，该词的本义是“使移动”。现在已经延伸为激发、鼓励、调动人的积极性。关于激励的定义，学者们给出了不同的观点。

斯蒂芬·P. 罗宾斯（Stephen P. Robbins）认为，激励是通过高水平的努力实现组织目标的意愿，而这种努力以能够满足个体的某些需要为条件。

维克托·弗鲁姆（Victor Vroom）认为，激励是指个人对其自愿行为所做的选择进行控制的过程，是诱导人们按照预期的行为方案进行活动的行为。这些活动可能对被激励者有利，也可能对被激励者不利。

兹德克（Zedeck）和布拉德（Blood）认为，激励是指朝着某个特定目标行动的倾向。

坎伯尔（Campbell）认为，激励必须研究一组自变量和因变量之间的关系，这种关系在人的智力、技能以及环境中的各种制约条件都恒等的情况下，能说明一个人的方向、幅度与持续性。

安德鲁·杜柏林（Andrew Dubrin）认为，激励是为达到某种结果而进行的努力，而这种努力来自个人的内在动力。

在此基础上，本书认为激励是指管理者通过运用各种管理手段满足被管理者的需要，引导激发其产生与工作相关的动机，使其朝着组织所期望的目标前进的过程。激励是管理过程中不可或缺的一部分，有效的激励可以为组织的发展提供动力，促使组织目标实现。

二、需要、动机和行为的关系

一般来说，当人产生某种需要而未得到满足时，其就会产生一种不安和紧张的心理状态。在遇到能够满足需要的目标时，这种紧张的心理状态就转化为动机，推动人去从事某种活动，向目标前进。当人达到目标时，其紧张的心理状态就会消除，需要得到满足。这时，人又会产生新的需要。这是一个不断循环往复的过程，使人不断地向新的目标前进。而且，这个过程也正是激励得以实现的基础。我们可以把这一过程用图5.1的模型表示出来。

需要 → 动机 → 行为 → 满足需要

图 5.1　需要、动机、行为关系模型

需要是激励的起点与基础，是人们对某种目标的渴求和期望，是一种主观体验。需要越强烈，它的推动力就越强、越迅速。

动机建立在需要的基础上，当人们需要某种东西而又未能得到满足时，其便会出现紧张和不安的状况，这种不安和紧张成为内在的驱动力，促使个体采取某种行为，心理学把这种现象称为动机。

行为是人们被动机驱使而采取的实现目标的一系列活动。行为是由满足某种需要的动机引起的，又是达到一定目标使需要得到满足的手段和过程。

延伸阅读
SUPPLEMENTARY CONTENT

哪种类型的人可能选择创业？

创业动机已经得到了学者的广泛关注，在所有创业动机中，成就需要一直是创业的主要动机。成就需要是一个人追求卓越或在竞争环境中取得成功的愿望，有高成就需要的人渴望成功，更愿意在竞争激烈的市场中建立成功的企业。麦克里兰（McClelland）提出，人类行为背后强大的心理驱动力是影响创业意向的重要因素，具有高成就需要的个体更倾向于承担具有适度挑战性的任务，他们具有强烈的成功愿望，会表现出更多的创业意向。具有高成就需要的个体在困难的环境中更具优势，能够在专业活动中始终保持高水平，并且会更多地参与创业活动。

※启示

根据需要、动机和行为的关系，我们可以知道，那些具有高成就需要的人会表现出更多的创业意向（动机），也就更可能参与创业活动（行为）。

第二节　激励理论

一、需求层次理论

需求层次理论（hierarchy of needs theory）是美国著名的心理学家亚伯拉罕·马斯洛（Abraham Maslow）于 1943 年在《人类动机论》中首次提出的，他在 1954 年出版的《动机与个性》一书中做了进一步阐述。马斯洛将人类内心存在的需求分为逐级上升的五个层次，从低到高依次为：

·生理需求，这是人类维持自身生存最基本的需求，如食物、饮水、住宿、性和其他身体需求。

·安全需求，包括保护自己免受生理和情绪伤害的需求。安全需要既包括现在的安全需要，也包括对未来安全的需要，如人身安全、工作安全、职业稳定、财产安全、老年的生活保证等。

· 社会需求，包括爱、归属、接纳和友谊。

· 尊重需求，包括自尊和被他人尊重，如自主、成就感、地位、认可和关注。

· 自我实现需求，这是最高层次的需求，是一种追求充分发挥个人的潜在能力的需求，如个人成长、开发自我潜能和自我实现。

马斯洛还将五种需求划分为高层次和低层次两个层次。低层次需求包括生理需求和安全需求，主要从外部使人得到满足；高层次需求包括社会需求、尊重需求和自我实现需求，需要使人从内心感到满足，如图 5. 2 所示。

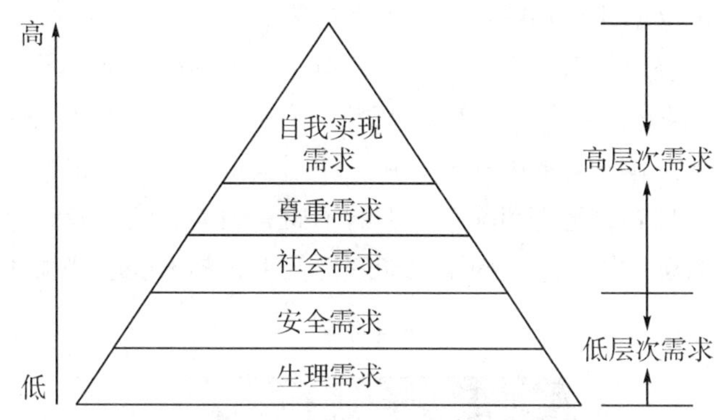

图 5. 2　马斯洛的需求层次

当人存在某种需求而未被满足时，就可能产生满足需求的动机，进而采取对应的行为。在低层次的需求被满足之后，较高一层次的需求就占据了主导地位，成为主导需求并驱动人产生相应的动机和行为，已经满足的需求不再起激励作用，只有未被满足的需求才能影响人的行为。所以，如果想要激励一个员工做出组织需要的行为，就需要了解他目前处于哪个需求层次，然后采取有针对性的管理措施来达到激励的目的。具体应用见表 5. 1。

表 5. 1　需求层次与激励措施

需求层次	员工需求	激励措施
生理需求	食物、住所	基本工作报酬、物质待遇、工作条件
安全需求	人身安全、工作保障	职业安全、工伤保险、医疗保险、终身雇佣、失业保险
社会需求	友谊、团队接纳、爱护关心	团队建设、互助金制度、节日庆祝（生日聚会等）
尊重需求	地位、权力、认可、名誉	工作职称、授予对应的职权、公平公开的晋升制度、公开表扬
自我实现需求	实现个人成长、成就感、职位晋升	有挑战性的工作、提供发挥员工潜能的平台

二、双因素理论

双因素理论（two-factor theory）是美国心理学家弗雷德里克·赫茨伯格（Frederick

Herzberg）在 1959 年出版的专著《工作的激励因素》中提出的，也叫激励—保健理论。

激励因素是指那些使员工感到非常满意的因素，这类因素通常与工作的内容和性质紧密相关，包括成就、赞赏、工作的挑战性与趣味性、责任以及成长的机会等。这类因素的满足或改善，能够提升员工的满意度并使其得到有效的激励。

保健因素是那些会造成员工不满意的因素，这类因素通常与外界的工作环境紧密相关，包括物质工作条件、工资福利、人际关系、公司政策等。这类因素的满足或改善，只能消除员工的不满意而不能使员工感到满意，也不能充分调动其积极性。这些因素的满足对员工产生的效果，类似于卫生保健对身体健康所起的作用。卫生保健不能直接提高健康水平，但能起到预防疾病的效果。保健因素虽然不能直接起到激励员工的作用，但这类因素被满足能够防止或消除员工的不满情绪。

传统观点认为，满意的对立面是不满意，但是赫茨伯格提出了不一样的观点，如图 5.3 所示。他认为，满意的对立面是没有满意，不满意的对立面是没有不满意。根据赫茨伯格的观点，导致工作满意的因素与导致工作不满意的因素是相互独立的，而且是截然不同的。因此，管理者若努力消除工作中的不满意因素，则只能创造出平和的工作环境，但这未必具有激励作用。这些因素只能安抚员工，却不能起到激励他们的作用。

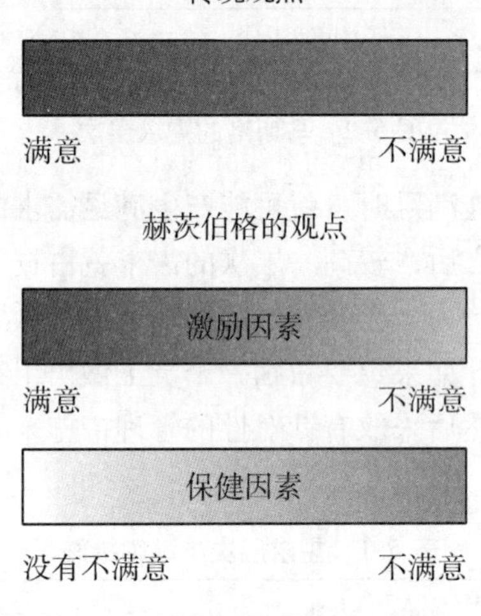

图 5.3 传统观点和赫茨伯格观点的比较

三、期望理论

期望理论（expectancy theory）美国心理学家维克托·弗鲁姆（Victor Vroom）在其 1964 年出版的《工作与激励》一书中提出的，该理论受到了广泛的认可。

期望理论认为人们采取某种行为的动力或者激励力，取决于对个人从组织中获得报酬的价值判断（效价）以及对取得该报酬可能性（期望值）的估计，即激励力量的大小取决于效价和期望值的乘积，用公式可以表示为

$$激励力量（M）= 效价（V）\times 期望值（E）$$

式中：M——动机强度，是指直接推动或使人采取某一行动的内驱力。

V——对目标价值的主观评价，是指达到目标后能够满足个人需要的价值大小，

反映个人对某一目标的重视与渴望程度。

E——人们根据过去经验判断自己达到某种目标的可能性，即对目标达成的概率估计与判断。

从上面的公式可以看出，人们积极性的增强取决于效价和期望值这两个因素。效价和期望值越高，激励力量就越大。

同时，期望理论指出在进行激励时需要处理好以下三方面的关系：

第一，努力与绩效的关系。如果个人认为能够通过自身的努力获得良好的绩效，其工作积极性就会比较高，这要求绩效评估要在很大程度上反映出员工的努力成果，否则，员工就会失去努力工作的动力。

第二，绩效与奖励的关系。如果员工认为工作的高绩效使得自己得到相应的奖励，就会产生更大的工作热情。这里的奖励不仅是物质上的报酬，如绩效工资，还包括精神上的赞赏认可等。

第三，奖励与满足个人需要的关系。组织奖励可以满足个人目标或个人需求的程度，以及潜在的奖励对个体的吸引力。

期望理论的观点见图 5.4。

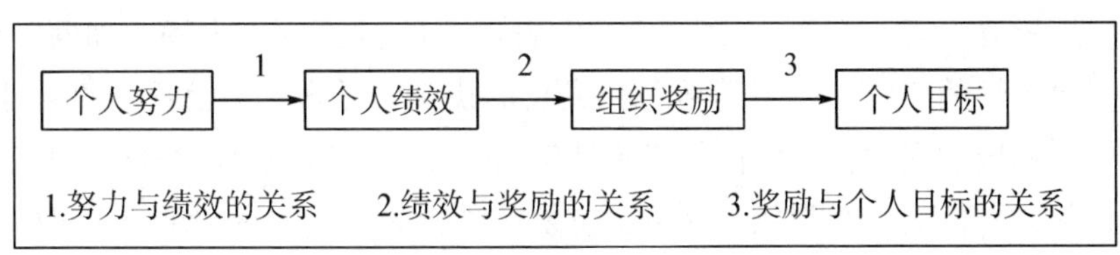

图 5.4　期望理论的观点

四、公平理论

公平理论（equity theory）是由美国行为科学家亚当斯（Adams）于 20 世纪 60 年代在其《社会交换中的不公平》《激励与工作行为》等著作中提出的。该理论主要研究工资报酬分配的合理性、公平性对员工生产积极性的影响。

公平理论指出，员工的工作动机，不仅受其所得的绝对报酬的影响，而且受其相对报酬的影响，即一个人不仅关心自己收入的绝对值（自己的实际收入），而且关心自己收入的相对值（自己收入与他人收入的比较）。每个人会不自觉地把自己付出的劳动所得的报酬与他人付出的劳动所得的报酬相比较，也会把自己现在付出的劳动所得的报酬与自己过去劳动所得的报酬进行比较。我们用 O_p 代表自己对个人所获报酬的感觉；O_c 代表自己对他人所获报酬的感觉；O_h 代表自己对个人过去所获报酬的感觉；I_p 代表自己对个人所做投入的感觉；I_c 代表自己对他人所做投入的感觉；I_h 代表自己对个人过去所做投入的感觉，主要有以下几种情况：

（1）$O_p/I_p = O_c/I_c$，这种情况下，员工会认为是公平的。

（2）$O_p/I_p < O_c/I_c$，这种情况下，员工会觉得不公平，会向组织要求增加报酬或自己减少投入，还可能找其他人作为比较对象，以便达到心理上的平衡。

（3）$O_p/I_p > O_c/I_c$，这种情况下，员工一般不会要求减少报酬，而且会自觉地多做些工作以增加投入。但过一段时间后他就会因为重新过高估计自己的投入而对高报酬心安理得，于是其投入又会恢复到原先的水平。这种情况同样不利于调动积极性。

（4）$O_p/I_p = O_h/I_h$，这种情况下，员工会认为是公平的。

（5）$O_p/I_p < O_h/I_h$，这种情况下，员工会觉得不公平，从而减少投入或者要求增加报酬。

（6）$O_p/I_p > O_h/I_h$，这种情况下，个人不会因此产生不公平的感觉，也不会因为自己所获报酬过高而主动增加投入。因为随着时间的推移，自己的能力、经验和技术等方面有了进一步的提高，这是一种正常的现象，其工作积极性不会因此而提高。

五、强化理论

强化理论是美国心理学家斯金纳（B. F. Skinner）在巴甫洛夫的条件反射学说、华生的行为主义学说和桑代克的错误学习论的基础上提出的。所谓强化，就是当行为结果有利于个人时，行为就会重复出现，如果行为结果对个人不利，这一行为就会削弱或消失。根据强化的性质和目的，我们可把强化分为四种：

（1）正强化。正强化就是奖励那些符合组织目标的行为，以使人的行为（反应）得到加强以至重复出现。在管理中，对工作表现好的员工运用表扬、加薪、晋升、认可、指派有挑战性的工作、给予其学习和成长的机会等手段进行激励，都属于正强化。正强化是一种积极的强化，可以使员工更加努力地工作，以便使这些行为得到进一步加强。这样，就会促使员工在类似情况下，重复此种行为，从而有利于组织目标的实现。

（2）负强化。负强化是指预先告知人们某种不符合要求、不期望出现的行为可能引起的不良后果，以使人们采取符合要求的行为或回避不符合要求的行为，从而避免或消除不良后果。例如，企业安全管理人员告知工人如果不遵守安全规程，就要受到批评，甚至得不到安全奖励，于是工人为了避免此种不期望的结果，而认真遵守操作规范，进行安全作业；因为学校里规定无故旷课的学生会被取消考试资格，学生为了避免这种情况出现都会按时上课以避免不希望的行为发生，这种行为不是积极强化的结果，而是为了避免受到惩罚，但同时也促进了组织所希望的行为。

（3）惩罚。惩罚是指通过某种令人不愉快的结果而使某种行为得到终止。惩罚通常是用带有强制性或威胁性的措施来阻止不良行为的出现。例如，运用批评、降职、降薪、罚款、重新分派任务、解雇等方式以示对这种不合要求的行为的否定，从而达到减少消极行为或消除消极行为的目的。但是，惩罚一方面可能会引起怨恨和敌意，另一方面惩罚会随着时间的推移，而效果减弱。因此在采用惩罚策略时，要因人而异，注意方式和方法。与负强化不同的是，负强化只是包含了惩罚的威胁，在员工表现满意时并不付诸实际；而惩罚则是落实对组织不利行为的惩罚措施。

（4）自然消退。自然消退是对一个行为不予以强化，以表示对此行为的否定，这样就会使这个行为逐步减弱，最后消失。自然消退主要有两种方式：一是对某种行为不予理睬，以表示对该行为的轻视或某种程度上的否定，使其自然消退；二是指原来用正强化手段鼓励的有利行为由于疏忽或情况改变，不再给予正强化，使其逐渐消失。例如，如果一个人老是抱怨分配给他的工作不合理，但却没有人理睬他，也不给他调换工作，也许过一段时间他就不再抱怨了；又如，企业原来对超额完成任务的员工都给予较高的奖励，但由于管理者更换或政策改变，不再有此项奖励，那么员工超额完成任务的积极性就会逐渐消退。

强化理论是影响和引导员工行为的一种重要方法，表扬和奖励可以使动机得到加强，行为得到鼓励；批评、惩罚等可以否定某种行为，使不好的行为越来越少。奖励起着正面引导的作用，惩罚则起着劝阻和警告的作用，奖励与惩罚好像一条航道上的左右两个航标，是保证船只正确航行必不可少的要素。

六、整合的动机理论

真实的管理情境是复杂多变的，当管理者想要用上文中介绍的某一种理论来对员工实施有效的激励时，可能会发现并没有哪一种理论可以解释清楚所有情况。其实，本章提到的很多理论是相辅相成的，当然也包括一些上文中没有详细阐述的理论。本节将把它们结合起来并介绍它们之间的相互关系。

如图 5. 5 所示，整合的动机理论的基本框架是上文提到的期望模型，同时也整合了很多动机知识。

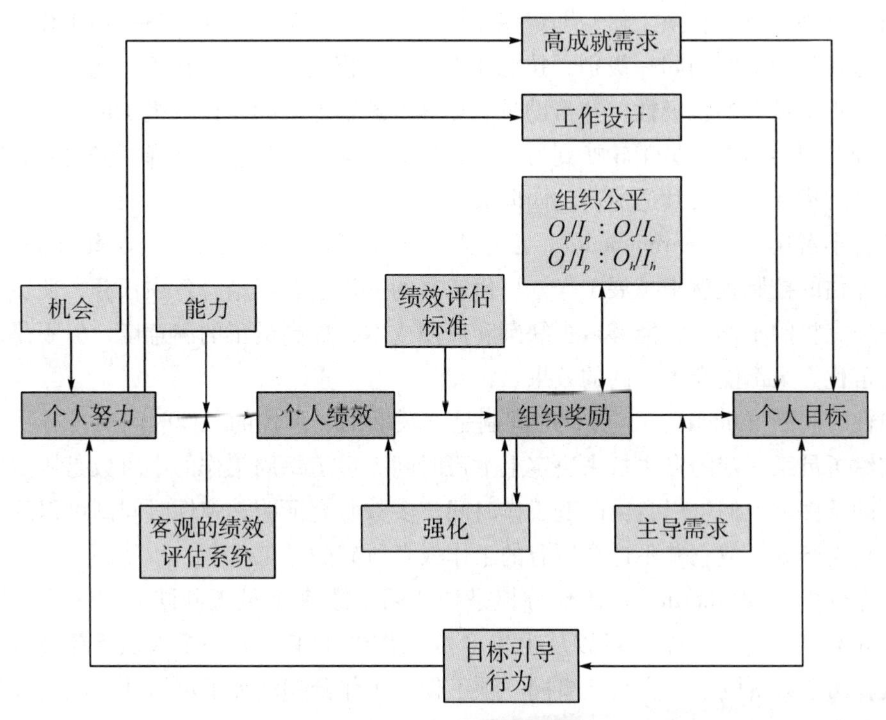

图 5. 5　整合的动机理论

首先，机会既可以促进也可以妨碍个人的努力。根据目标设置理论的观点，个人努力会受到个人目标的影响，目标—努力链提醒我们注意目标对行为的导向作用。

根据期望理论，当一个员工认识到努力与绩效、绩效与奖励、奖励与个人目标满足之间的关系，就会努力工作。但从图 5. 5 我们可以看出，这三种关系会受到其他一些因素的影响。努力与绩效之间的关系会受到个人能力和绩效评估系统的影响。绩效与奖励之间的关系会受到绩效评估标准、强化、组织公平和个人与自己或他人比较的影响。奖励和个人目标满足之间的关系会受到个人需求的重要性即是否为主导需求的影响。

该整合模型除了强化理论和公平理论外还考虑到了成就需求和工作设计的影响。高成就需求者受到的激励不是来自组织对他的绩效评估或组织提供的奖励。对他们来说，努力与个人目标之间有着最直接的关系。对于高成就需求者来说，只要他们从事的工作能提供个人职责、信息反馈和中等程度的风险，他们就会产生完成工作的内在驱动力。所以，这些人并不关心努力—绩效、绩效—奖励以及奖励—个人目标的关系。

第三节　有效激励的形成

一、通过工作设计进行激励

工作设计（job design）方面的研究表明，工作要素的组合方式会提高或降低员工的努力程度。下面介绍一些工作再设计的方式。

工作轮换（job rotation）。如果员工不喜欢自己的工作过于固定化或例行化，那么公司可以选择让员工轮换工作，即定期安排员工从一项工作转换到另一项工作，这些工作岗位通常处于组织的同一级别，技能要求也十分相近。其优势在于它能够减少工作的枯燥性，提高员工的积极性，并帮助员工更好地理解他们的工作对组织的贡献。其劣势在于培训费用会提高，员工轮换到另一项工作时，其工作效率会下降，需要主管花费较多时间进行指导，需要其适应新的团队成员。

工作丰富化（job enrichment）。工作丰富化是指通过提高员工对工作任务的规划、执行和评估的控制程度来扩展工作。一份丰富的工作会有机结合各项任务，使员工能够从事一项完整的工作。它能够减少缺勤和离职成本，提高员工的满意度，但不是所有的工作丰富化方案都能产生相同的效果。

弹性时间制（flextime）。弹性时间制是“灵活的、弹性的工作时间安排方案”的简称。它给了员工一定的自主权来决定上下班时间。员工每周工作的小时数是固定的，但在一定的条件下他们可以自由改变工作时间。多数研究证明，弹性时间制可以降低缺勤率和提高生产率。但它并不适合所有的工作或者所有的员工。

工作分担（job sharing）。工作分担是指让两个或多个员工共同分担一项每周需要40 小时的传统工作。一个人可以从上午 8 点工作到中午，另一个人从下午 1 点干到 5 点，或者两个人每隔一天交替从事同一项工作。工作分担增加了灵活性，但最大的困难是找到最合适的员工组合来分担同一项工作。

远程办公（telecommuting）。对许多人来说，这也许是一种近乎理想化的工作方式：不用乘车上下班，工作时间灵活，穿着随意，不受或几乎不受同事打扰。这种模式也就是让员工每周至少两天在家办公，通过与办公室联网的电脑来处理公务。其好处在于公司可以从更广泛的劳动力队伍中挑选员工，获得更高的生产率和更低的离职率、更高的员工士气和更低的办公成本。远程办公最大的缺陷在于管理层难以直接监管员工。

二、通过员工参与进行激励

员工参与（employee involvement）是一种参与过程，它利用员工对工作的投入来增强他们对组织的承诺。其隐含的逻辑基础是：如果让员工参与那些能够对他们产生影响的决策，并增加他们对其工作生活的自主权，那么他们会变得更有积极性，对组织更忠诚及生产率更高，对自己的工作感到更加满意。这些好处不仅限于个人，如果团队对他们的工作有更多的掌控，整个团队的士气和业绩就会提高。

三、通过奖励进行激励

研究表明，工资虽然不是影响员工满意度的首要因素，但它能够对员工产生激励作用，而企业经常低估它的重要性。

➢建立薪资结构。最佳的薪酬体系是既能按照员工工作的价值付酬，同时又能在劳动力市场上保持相对竞争力。

➢通过浮动工资方案奖励员工。计件工资、绩效工资、奖金、利润分享、收益分享和员工持股计划都是浮动工资方案的具体形式。

➢灵活福利。企业通过让员工自己选择报酬组合来最好地满足员工当前的需求或状况，从而为员工提供个性化的报酬。

➢内部奖励：员工认可方案。重要的工作奖励既可以是内部的，也可以是外部的。员工认可方案就属于内部奖励，而薪酬体系所提供的薪酬就是外部奖励。员工认可方案范围广泛，既可以是自发的、私人的感谢，也可以是被广泛宣传的正式方案。在这些正式方案中，某些特定的行为类型会得到鼓励，员工如何获得认可的程序是明确规定的。一些研究表明，物质激励的短期效果更好，而非物质激励的长期效果更好。

◎小结

1. 激励是指管理者通过运用各种管理手段满足被管理者的需要，引导其产生与工作相关的动机，使其朝着组织所期望的目标前进的过程。

2. 一般来说，当人产生某种需要而未得到满足时，其就会产生一种不安和紧张的心理状态；而当遇到能够满足需要的目标时，这种紧张的心理状态就会转化为动机，推动人们去从事某种活动，向其目标前进。当其达到目标时，紧张的心理状态就会消除，需要得到满足。

3. 马斯洛提出的需求层次理论将人类内心存在的需求分为逐级上升的五个层次，从低到高依次为：生理需求、安全需求、社会需求、尊重需求、自我实现需求。

4. 赫茨伯格提出的双因素理论也叫激励-保健理论，其中激励因素通常与工作的内容和性质紧密相关，而保健因素通常与外界的工作环境紧密相关。赫茨伯格认为满意的对立面是没有满意，不满意的对立面是没有不满意。

5. 期望理论认为人们采取某种行为的动力或者激励力，取决于对个人从组织中获得报酬的价值判断（效价）以及对取得该报酬可能性（期望值）的估计。

6. 公平理论指出，员工的工作动机，不仅受其所得的绝对报酬的影响，而且受其相对报酬的影响，即一个人不仅关心自己收入的绝对值（自己的实际收入），而且关心自己收入的相对值（自己收入与他人收入的比较）。

7. 所谓强化，就是当行为的结果有利于个人时，行为就会重复出现，如果行为结果对个人不利，这一行为就会削弱或消失。

8. 在管理实践中，企业可以通过工作设计、员工参与、奖励等方式对员工进行激励。

◎**参考文献**

[1] 姚凯，丁棠丽. 反摸鱼：基于 *X*+*Y* 理论的管理方式［J］. 企业管理，2022（5）：88-92.

[2] 罗倩文. 组织行为学［M］. 重庆：西南师范大学出版社，2015.

[3] 斯蒂芬·P. 罗宾斯，蒂莫西·A. 贾奇. 组织行为学［M］. 14 版. 孙健敏，李原，黄小勇，译. 北京：清华大学出版社，2012.

[4] 周三多，陈传明，鲁明泓. 管理学：原理与方法［M］. 上海：复旦大学出版社，2009.

[5] 付永刚. 组织行为学［M］. 北京：清华大学出版社，2010.

[6] 龙立荣. 组织行为学［M］. 3 版. 大连：东北财经大学出版社，2016.

[7] 徐世勇. 组织行为学［M］. 北京：中国人民大学出版社，2012.

[8] 关培兰. 组织行为学［M］. 2 版. 北京：中国人民大学出版社，2008.

[9] 顾琴轩. 组织行为学［M］. 上海：上海人民出版社，2007.

[10] 张秀娥，王超. 成就需要对创业意向的影响：风险倾向和创业警觉性的双重中介作用［J］. 软科学，2019，33（7）：34-39.

[11] MCCLELLAND D C. Need achievement and entrepreneurship：A longitudinalstudy［J］. Journal of personality and social psychology，1965，1（4）：389-392.

[12] KLEIN HI. An integrated control theory model of work motivation［J］. Academy of management review，1989，14（2）：150-172.

[13] LOCKE F A . The motivation sequence，the motivation hub and the motivation core，organizational behavior and human decision processes，1991，50（2）：288-299.

[14] GRIFFIN R W . Effects of work redesign on employee perceptions，attitudes and behaviors：A long-term investigation［J］. Academy of management journal，1991，34（2）：425-435.

[15] SHELLENBARGE. Two People，One Job［J］. The Wall Street Journal 1994，12（7）：B1.

[16] MARKHAM S E，SCOTT K D，MCKEE GH. Recognizing good attendance：A longitudinal，ouasi-Experimental field study［J］. Personnel Psychology，2002，55（3）：641.

[17] PETERSON S J，LUTHANS F. The impact of financial and nonfinancial incentives on business unit outcomes over time［J］. Journal of applied Psychology，2006（91）：156-165.

第六章

团队冲突

本章要点

CHAPTER CHECKLIST

- 冲突的内涵、特征与类型
- 冲突观及其变迁
- 团队冲突产生的原因
- 冲突的发展过程
- 团队冲突的处理

第一节 团队冲突的产生

一、冲突的内涵

课前导读

PRE-READING

2006年，微软公司推出了一款名为Windows Vista的操作系统。这是一款非常重要的产品，但是它的开发过程却充满了问题。Windows Vista项目由微软公司的多个团队负责，但是由于团队之间的协作不够紧密，导致软件出现了质量和延期问题，最终导致了Windows Vista项目的失败。

2016年，三星公司推出了一款名为Galaxy Note 7的智能手机。这是一款非常受欢迎的产品，但是它的开发过程却充满了问题。Galaxy Note 7项目由三星公司的多个团队负责，但是由于团队之间的协作不够紧密，导致电池出现了质量和安全问题，最终导致了 Galaxy Note 7 项目的失败。

资料来源：https://wenku.baidu.com/view/7ef01004bb4ae45c3b3567ec102de2bd9705de02.html?_wkts_=1690987008098&bdQuery=%E5%9B%A2%E9%98%9F%E5%86%B2%E7%AA%81+%E5%AF%BC%E8%87%B4%E4%BC%81%E4%B8%9A%E5%A4%B1%E8%B4%A5%E7%9A%84%E4%BE%8B%E5%AD%90。

在一个组织或群体中，由于人与人之间存在着一定的差异，因此在发展过程中难免存在不同的意见和建议。冲突在我们的日常生活中广泛存在，存在于家庭、学校、工作等各个方面。总体来看，冲突有四个方面的表现：

（1）冲突表现为人们在面对抉择或者困惑时，内心的各种斗争，如吃面条还是吃米饭的选择；

（2）冲突表现为人与人之间的实际争斗，如争吵、打架等；

（3）冲突表现为群体与群体之间的争斗，如企业于企业之间的竞争等；

（4）冲突表现为人与群体之间的争斗，如人民群众和黑恶势力的斗争。

根据冲突的表现方式，我们该如何界定冲突呢？目前，学者们的看法存在一些不一致。通过整理早期社会科学各学科关于冲突的概念，庞蒂（Pondy，1967）指出组织冲突的过程应包括前因、情感状态、认知状态以及结果四种因素。始于组织中某一方感到挫折，是两个以上的单位间发生的关系，这种将冲突视为过程的认知得到许多学者的认同。例如，托马斯（Thomas）指出冲突是一个过程，其肇始特征为其中一方感到另一方试图损害和正在损害自身的利益。同样，芬克（Fink）指出冲突是在组织环境或过程中，冲突两方被至少一种形式的敌对心理关系或敌对互动所联结的现象。

按照冲突发生的主体和范围，组织内冲突可以区分为自我冲突、人际冲突、团队间冲突、组织冲突等。本研究的研究对象为团队冲突，以上对于组织内冲突普遍性的特征描述和概念界定也同样适用于团队这种特殊的组织形式中的冲突现象。本书参考吴铁钧对团队冲突的定义：团队成员之间、成员与团队之间、团队与团队之间，在完成共同任务或目标的动态过程中，由于个人目标、价值观以及资源分配等差异而产生的对立或者不一致。

综上，虽然不同领域的学者对冲突的内涵的理解各不相同，但都认为冲突是一个双方关系破裂的过程，具有一些共性和特征。冲突广泛存在于人际关系、团队协作和组织发展过程中，与人们的生活息息相关，认识和了解冲突的特征将有助于解决和管理好冲突。那么冲突有哪些共同的特征呢？接下来将为您揭晓。

二、冲突的特征

（一）客观性

冲突是客观存在的社会现象，冲突通常是组织系统的复杂性导致的：①个体和团队相互依存在人际社会系统范围内，他们相互依存的性质和范围经常处于限定和重新限定的动态过程之中，不可避免地会产生冲突。②大多数组织要求团队间的紧密合作，当多个团队致力于多项任务时，冲突实际上经常发生。③个体和团队经常处于不断变革的外部环境中。④组织中成员之间和群体之间在工作目标上的差异、文化上的不协调、沟通上的障碍等都可能引发冲突。⑤组织在进行资源配置、权责安排、人员调配等方面也经常发生冲突。

冲突的客观性表明冲突是不可避免的，因此要进行冲突管理就必须通过了解冲突的原因以及合理的处理方式来使冲突成为推动组织和团队发生积极改变的力量。

（二）主观性

冲突归根结底就是人与人之间的冲突，人们产生冲突的原因和处理冲突的方式不可避免要受其主观认知的影响，具体表现为：一是组织中人与人的情况各不相同，在需要、动机、目标、性格等各方面存在差异，有差异就可能产生分歧，当这种分歧发展到一定程度时，就可能导致冲突；二是人都是有感情的，而人们的不同情感倾向会使人际关系出现亲疏、好恶的差异，从而可能最终形成冲突，如价值观相同或相似的两个人具有共同喜好的可能性更大，而价值观不同的两个人喜好差异较大；三是由于组织中的人们处在不同的部门和岗位上，其认知角度、立场观点、归因分析、价值取向、行为方式等都可能出现较大差异，进而可能导致冲突。

总之，冲突是人的冲突，冲突的解决也离不开人。因此，冲突一定会带有人的主观因素，要做到完全客观地处理冲突是不可能的。在进行冲突管理时，我们应充分考虑到人的主观因素的影响。

（三）程度性

冲突的程度性是指冲突具有程度高低的差异。现代冲突观认为，冲突的高低差异会影响组织绩效和个人的能力水平，并且冲突水平有高、中、低三种典型情景。低度冲突情景下，组织的状态是一团和气，对环境变化反应迟钝，缺少创新，整个组织停滞不前；低水平的冲突是破坏性的，组织绩效较差；适度冲突情景下，组织内成员之间和团队之间有很多思想交流的机会，有利于个人和团队创新，能够迅速适应环境和保持旺盛的生命力，这是最佳的冲突状态，组织绩效较好；高度冲突情景下，组织成员之间、团队之间互相不合作，冲突较多且剧烈，升级后的冲突难以协调造成一片混乱，这种高度冲突状态对组织破坏性较大，组织绩效较差。

（四）二重性

传统的观点认为，冲突既然意味着分歧和对抗，就必然对组织和群体造成破坏，影响组织目标的实现，极端的情况还会威胁组织的生存，因此所有的冲突都是破坏性的。这种观点提供了一种简单的方法来对待冲突，即必须避免和减少冲突。现代观点则认为，有些冲突对组织是具有破坏性的，也有一些是具有建设性的，冲突具有二重性。适当的冲突能使组织保持旺盛的生命力，不断创新。因此，一个组织既要限制破坏性的冲突，也要促进建设性的冲突。

三、冲突的类型

上述传统观点和现代观点的看法不同引起冲突的分类差异，源于人们看待冲突的视角不同，所以对冲突的分类也不同，究竟有哪些冲突存在于我们的生活中呢？常见的冲突分类如下：

（一）根据冲突发生的层次分类

1. 个人内心冲突

个人内心的冲突主要是指个人价值观、理想与现实情况之间的冲突。勒温（Levin）根据相互接近和回避的倾向提出个人内心冲突的四种类型：接近-接近型冲突、回避-回避型冲突、接近-回避型冲突及多重接近-回避型冲突。

接近-接近型冲突是指个体需要同时达到两个相反的目标而产生的冲突，如休假的时候既想出去旅游又想在家休息。

回避-回避型冲突是指个体面临同时要回避的两个目标而产生的冲突，如既不想忍受头疼又不想吃苦涩的药。

接近-回避型冲突是指个体一方面想要达成某目标而另一方面又想回避该目标的内心冲突，如既想过上财富自由的生活又不愿意努力工作以提高自己的个人能力。

多重接近-回避型冲突是两种以上的接近-回避型冲突混合产生的复杂模式，如工作后既想再次进入学校学习又害怕自己的精力不足；既想拥有多项技能，又怕浪费自己过多的时间；既想锻炼自己的交际能力又怕在公共场合被别人嘲笑。

2. 人际冲突

人际冲突主要是指两个或两个以上的个体在价值观、认知、态度和行为等方面存在矛盾与不一致而产生对抗。“世界上没有完全相同的两片叶子”表明个体差异是客观存在的，人际冲突也时常发生在我们的身边。人际冲突既可能产生于统一组织或群体内部各成员之间，也可能在不同组织或群体之间发生。

3. 群体间冲突

群体间冲突是指两个或两个以上的群体之间的矛盾。在组织情境下通常可以分为水平冲突和垂直冲突两类。水平冲突是指在组织内横向部门之间因利益与权力分配等产生的冲突。垂直冲突是指组织中因为纵向职权分工形成的不同层级之间的冲突。

（二）根据冲突内容分类

工作冲突。当个体和部门之间在工作上相互依赖或密切相关而出现职责分歧和工作矛盾时，就可能产生工作冲突。

目标冲突。当员工、部门和组织所希望获得的终极状态互不相容时，就会产生目标冲突。

利益冲突。组织和部门在分配资源、奖酬和福利时可能出现分配不公平或人们认为不公平的情况，这时极易产生利益冲突。此外，当组织资源有限而不能同时兼顾所有员工或部门时，也容易形成冲突。

权力冲突。当组织出现机构调整、职位空缺或权责不明时，就可能产生权力冲突。

认知冲突。当个体的认知（建议、意见和想法等）与他人或组织的认知产生矛盾时，会产生认知冲突。

情感冲突。当个体在情感或情绪上无法与他人或组织相一致时，会产生情感冲突，情感冲突一定有其能够产生此种冲突的背景事件，有时找到了背景事件并能够很好地解决，就能缓解情感冲突。

（三）根据冲突对组织的影响分类

建设性冲突是指对组织有积极影响的冲突，其特点在于冲突主体在目标上具有一致性，只是在具体的目标达成途径和方法上有着不同的观点。这类冲突通过冲突方不同意见之间的争论与交流形成解决问题的共识，从而促进组织内部的良性竞争，提高组织的效率。

破坏性冲突是指对组织有负面影响的冲突，其特点在于冲突主体目标出现不一致、只关注于己方的想法是否取胜而不愿听取他人的意见，甚至把争论升级为人身攻击。破坏性冲突通常会表现出刻板印象、曲解、高估自己而贬低对方的情况，易导致关系摩擦、情感伤害、员工士气低落、资源的浪费和组织效率的降低。

建设性冲突与破坏性冲突的比较如表 6.1 所示。

表 6.1 建设性冲突与破坏性冲突的比较

建设性冲突	破坏性冲突
关心共同目标 以问题为中心，对事不对人 乐于了解他人的观点，交换良性增加	关心己方观点胜负 针对人，甚至伴随人身攻击 排斥对方的意见，彼此交换逐步减少

（四）根据冲突产生的原因分类

1. 任务冲突

任务冲突是指由于对工作内容和工作目标的不同认识所产生的冲突。

例如，学校要举办迎新会，欢迎新生的到来。老师把组织本班同学参与迎新会的任务交给班长和文娱委员。班长认为既然是迎新会，应当由文娱委员全权负责，自己只需要在一旁支持辅助就行；而文娱委员认为班长总领全班事务，迎新会也属于班级事务，自然应由班长主要负责，自己从旁协助，于是两个人都不主动承担这个任务。在这个例子中，班长和文娱委员就是由于对工作内容的理解不同而产生了冲突。

2. 关系冲突

关系冲突是指由于人际关系，如性格、爱好和价值观等不同所造成的冲突。

例如，在进行小组讨论时，小李对自己的想法很自信，进行了详细的描述；小张则认为小李的许多观点过于偏激，有违常理，不适合日常生活使用。所以，两人在讨论过程中发生了冲突。此案例中，两人由于价值观不同造成了关系冲突。

3. 过程冲突

过程冲突是指对于完成工作的程序存在不同认识所造成的冲突。

例如，领导分配了一个关于楼层装修的任务，团队 1 的成员认为应该先调查，了解客户需求再施工；而团队 2 的成员认为应该边装修边针对客户的需求进行改动。两个团队由于工作的程序不同发生了冲突。表 6.2 为根据冲突产生原因进行分类的结果。

表 6.2 冲突产生原因分类

分类依据	冲突的分类	概念解释
冲突产生原因	任务冲突	对任务内容和目标的认识不同而产生的冲突
	关系冲突	由于性格、爱好、价值观等不同而产生的冲突
	过程冲突	对完成任务的程序的认识不同而产生的冲突

冲突是“利”还是“害”？

有一幅著名的漫画，描述的情景在意大利西西里地区相当常见：当地的司机都非常霸道，根本不知道让路。这幅名为“西西里僵局”（The Sicilian Stalemate）的漫画描绘的是，4辆车因为交通灯的失误同时到达十字路口，每辆车的前进方向都被另一辆车堵着。当然，这个问题其实挺容易解决，只要其中一辆车退后，被它堵上的车就可以通过了，其他的车也就都可以依次开走了。这幅画的重点在于说明，有时候因为不愿意做出牺牲和让步，最后却付出了更高昂的代价。虽然从漫画中看起来这种状况很不可理喻，但是很多人在现实生活或者在工作中遇到冲突时，却都是这样表现的。

※启示

我们经常认为，冲突的结果必然是一好一坏、一正一负，发生冲突往往是不好的。其实，冲突本身仅仅是个现象，现象无所谓“好”与“坏”，只有现象引发的结果才有“好”和“坏”之分。同样，冲突所导致的结果才有了“利”和“害”之分。如果我们能够有效地处理冲突，并引导它们往好的方向发展，那么真的可以化冲突为双赢，实现化干戈为玉帛。

四、冲突观及其变迁

（一）国外研究中对冲突的认识

人们对组织冲突的认识有一个变化的过程，主要有消极、中性和积极三个阶段。

第一阶段是20世纪30~40年代。传统冲突观认为冲突对组织是有害的、破坏性的，主张必须避免。因此，传统观点认为组织内冲突与组织绩效成反比，如图6.1所示。

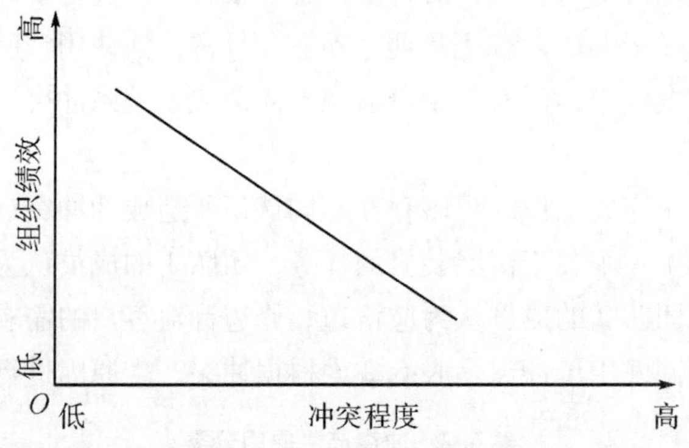

图6.1　冲突与组织绩效的关系

主要原因：首先，霍桑实验的研究表明冲突的结果是破坏性的。其次，由于工人与组织管理层之间经常爆发的冲突，人们便认为，组织内冲突总是对组织有害的。

第二阶段是20世纪40~70年代，主张冲突有利有弊。该观念认为当冲突来临时，我们需要接纳并解决好冲突，这时人们已经意识到冲突是不能消除的，要用全面发展的眼光来看待它，有时它还会产生有益的作用，如适度的建设性冲突将会对组织发展产生更好的效果。

第三阶段是从20世纪70年代后开始的，人们开始对冲突持积极态度。该观点鼓励冲突，认为组织中存在冲突是有积极效应，它能够使群体和团队保持旺盛的生命力，提高个人创新能力。例如，本部在美国波士顿的一家IT公司——Keane公司的高级技术开发执行官康宁汗（F. Cunningham）认为，如果公司不允许员工发表任何不同意见，那将是公司最大的损失；当公司允许员工表达他们的观点，公司可以产生更多发现，从而助力实现组织的改进和创新目标。

由上可见，随着社会的进步和科学技术的发展，国外学者和管理者对冲突的看法也与时俱进，经历了从消极、中立到积极的观点。在组织中，一旦员工对冲突感觉到舒适，便会主动接纳、创造冲突，形成组织的积极冲突。处理冲突的最好办法是建立一种文化，使冲突被承认和支持，使得冲突成为组织业务程序中的一部分。因此，营造一种健康冲突的工作环境非常重要。

通常，营造健康冲突的工作环境可从以下四方面进行：

（1）重视个人和个人的差异；

（2）奖赏公司需要鼓励的行为；

（3）确信员工对工作做好了充分准备；

（4）在需要时提供个性化的培训。

（二）国内研究中对冲突的认识

在我国，受传统文化的影响，许多组织都持有冲突的传统观。“以和为贵”“和气生财”和“中庸之道”等都是对冲突的否定反映。在团队协作、人际交往等方面，大家都尽量回避冲突、否认冲突。长期回避冲突也往往造成组织中出现一些现象，表现为组织混乱，破坏性冲突增多，影响组织的良好运转。

与保守的冲突观不同，当前研究已经证实在现代企业中，冲突的影响具有两面性，它既具有建设性、推动性等积极影响，又具有破坏性、阻滞性等消极影响。建设性冲突能够激发团队成员的创造力，组织中能够形成开放包容的组织文化；而破坏性冲突则破坏团队成员之间的协作，导致大家互相猜疑，破坏组织和谐。所以，需要发挥建设性冲突的积极作用，处理好破坏性冲突的消极影响。

此外，冲突也存在一个程度的问题，只有适度的冲突才能使组织绩效达到最佳水平，如图6.2所示。冲突程度过低或过高都会对组织绩效产生负面影响。在一个组织中，如果冲突程度过低，将会使组织成员像工作的机器一般，没有生气与活力，组织成员创造力低下，导致组织绩效偏低；若冲突程度过高，组织成员之间拒绝合作，各行其是，将会导致组织内部一片混乱、组织绩效下降。因此，只有使冲突保持在适度水平，鼓励员工面对冲突并解决冲突，组织绩效才能达到最优状态。

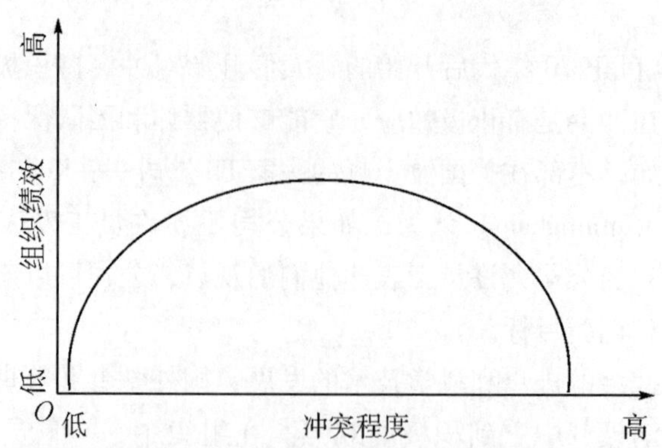

图 6.2　冲突与组织绩效的关系

第二节　团队冲突过程与处理

一、团队冲突产生的原因

课前导读
PRE-READING

提起广场舞，没有人不知道。在辉县，广场舞遍布城乡，居民们每天早晚都在盛情起舞。不过，在 2021 年 10 月，"广场武"一词名声大噪，"广场武"一词从辉县流传到了全国。事情缘起辉县体育场的两支广场舞团队。在最开始的时候，两支队伍疑似因"地盘"起了冲突，双方发生了激烈的语言争执。事情很快激化，双方冲突上升到肢体冲突。当天傍晚，有视频爆出，在冲突中疑似有人受伤，在市医院急诊科接受治疗。这起事件迅速引起辉县市民的关注，多条视频在抖音上疯传，最多的一条点赞量上万，预估曝光量在百万以上。这也意味着，传播受众早已超出了辉县范围，辉县广场舞以一种意料之外的方式走向了全国，被人戏称"广场武"。

上述两支队伍的冲突主要源于资源竞争的冲突，这在组织与团队内部也经常出现。除了资源竞争、目标冲突等导致破坏性冲突的发生外，还有哪些原因会导致冲突？那么，团队冲突产生的原因有几种情况呢？

第一种情况是资源竞争。资源竞争是团队冲突的一个主要原因，团队之间和团队内部都存在资源竞争。由于资源的有限性和团队每个成员的贡献不同，团队管理者对各种各样的资源的分配，显然不可能做到完全公平，这也就必然会存在资源竞争的情况。

第二种情况是目标冲突。每一个团队都有自己的目标，只有每个团队都朝着团队目标不懈努力，组织才会有更长远的发展。但组织中每个团队的目标也同样存在差异，在开展团队目标的过程中也会出现摩擦与冲突。

第三种情况是相互依赖性。相互依赖是团队生存的基本情况，团队中的每个成员相互依赖，是一种团队凝聚力的表现，但相互依赖也会造成个别成员完全依赖团队中的其他成员，长此以往其工作能力很难得到提升。当面临极其严峻的外部环境时，长期依赖他人者会难以适应环境的变化。

第四种情况是责任模糊。当团队内部出现分工不明确的情况时，很少有人会主动承担责任，各成员之间会出现互相推诿、互相推脱的现象。责任模糊会导致团队内部一片混乱，从而破坏团队和谐。

第五种情况是地位斗争。无论是在组织还是在团队中，大多数人都想成为资源分配者，因为获得优质资源意味着能获得更多的物质利益。地位的高低也象征着权力的大小，权力越大，越能支配更多资源，但地位斗争却是团队发展中的一个恶性现象。

第六种情况是沟通不畅。团队内部的沟通交流是信息传递的关键，沟通不畅将会造成信息不对称，从而影响团队方案的推行与实施。所以，公司需要制定一套可行的团队运作流程，促进团队成员的沟通交流。

资料来源：摘自“峰哥跑交通”《辉县体育场冲突升级！缘起两支广场舞团队!》。

团队冲突原因解释见表 6.3。

表 6.3　团队冲突原因解释

团队冲突	原因	解释
原因一	资源竞争	团队内的不同成员得到的岗位和获取的资源是不同的，个体资源的占有率也不同，这是资源竞争引发冲突的矛盾点
原因二	目标冲突	不同部门间的任务是不同的，有的部门负责销售，有的部门负责生产，各部门存在不同的部门目标，虽然总目标一致，但销售部门总是希望品种多样，而生产部门总是希望品种单一、成本低，容易造成冲突
原因三	相互依赖性	因为团队内部的部门划分的问题，很多时候不同部门间是相互依赖的，但是依存的情况也导致了不同部门间可能因为对方部门的行为而引发冲突
原因四	责任模糊	责任模糊导致成员之间互相推诿，不愿意承担责任
原因五	地位斗争	团队内部也会出现对地位的争夺，因为地位高的人掌握了资源的分配权
原因六	沟通不畅	沟通不畅会引发信息传递的误差，从而引发更大的问题，所以沟通是保证团队有效进行的重要保障

二、冲突的发展过程

了解了冲突的概念与冲突产生的原因，那么冲突的发展过程又是如何的呢？人们的直觉过程是如何表现出来的呢？庞蒂的冲突五阶段模型和罗宾斯的五阶段模型将为您分析此发展过程。

（一）庞蒂的冲突五阶段模型

路易斯·庞蒂（Louis R Pondy）认为，我们可以将冲突的发展阶段分为潜在的冲突、知觉的冲突、感觉的冲突、显现的冲突和冲突的结果五个阶段。

1. 潜在的冲突

在冲突的潜伏阶段，会出现一些引起冲突发生的因素，如价值观、性格等差异，这些因素出现后，在某一临界点将会引起冲突。在某种程度上，两者差异性越大，冲突发生的可能性就越大，且冲突的潜伏期就会越短。

2. 知觉的冲突

两者的差异是客观存在的，当双方感觉到彼此的差异性时，便是冲突爆发的前奏，冲突的爆发大多是由某一特定事件引发的。

3. 感觉的冲突

在这一阶段，冲突双方开始对冲突做出定义，并制订各种冲突应对方案以及各种可能的处理方式。感觉到冲突后，冲突双方将会发泄不满情绪，分析冲突的原因、结果等。

4. 显现的冲突

此时，冲突双方或一方总想通过言语或行动，展现出自己感觉到的冲突。冲突开始从认知层面和情感层面进入行动层面，并采取口头（或身体上）攻击的形式对方、孤立对方等。

5. 冲突的结果

一般而言，冲突的结果可以大致分为胜—胜、胜—负、负—胜、负—负四种形式。冲突的结果并不代表冲突的真正结束，下一次冲突还可能随时发生。因为冲突双方的结果可能存在差异，对冲突结果的不满会诱发冲突双方不同的反应和后续行为。

（二）罗宾斯的五阶段模型

罗宾斯也提出了冲突的五阶段模型，包括冲突的潜在对立或失调阶段、冲突的认知和情感投入阶段、冲突的行为意向阶段、冲突的行动阶段和冲突的结果阶段（见图 6.3）。该理论在国内组织行为学领域具有很大的影响力。

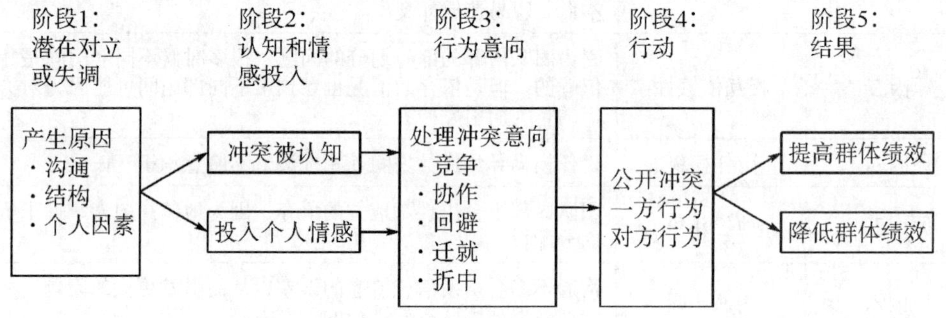

图 6.3　罗宾斯的五阶段模型

1. 冲突的潜在对立或失调阶段

冲突产生需要各种条件和机会，而沟通、结构和个人是冲突产生的必要条件。

沟通是指在信息的发送、接收过程中发生的沟通障碍，而沟通中的各种信息偏差会增加冲突发生的可能性。

结构包括团队规模、团队成员的分工明细程度、人岗匹配性、群体间相互依赖的程度等相关因素。结构安排不合理会增加冲突发生的可能性。

个人是指个体的价值观和性格特征。研究表明，某些人格类型（如专制、教条和自大）有可能会导致更多的冲突。

2. 冲突的认知和情感投入阶段

在这一阶段，个人意识到了沟通、结构和个人的差异，而且出现了相应的情绪反应。在这一过程中，双方会界定冲突的性质，并提出相应的解决办法。针对破坏性冲突，个体会采取回避或敌对的方式来应对。

3. 冲突的行为意向阶段

行为意向阶段是指冲突者想要采取某种方式来应对冲突的阶段。行为意向为下一阶段的行为提供了指导，它分为合作性和自我肯定性两个维度。合作性是指一方愿意满足另一方愿望的程度，从而实现双赢。自我肯定性是指一方只愿意满足自己愿望的程度。根据这两个维度，可以确定五种冲突处理的行为意向，分别是竞争、协作、回避、迁就、妥协。

4. 冲突的行动阶段

行动阶段包括冲突双方进行的声明、活动和态度。在这个阶段，冲突表现为双方的相互作用，是将行为意向转化为公开行动的过程。根据冲突的严重程度，我们可以将行为由轻到重分为轻度的意见分歧，公开的质疑和怀疑，言语攻击，威胁和最后通牒，身体攻击和摧毁对方的公开努力等方式。

5. 冲突的结果阶段

冲突双方的互动导致了最终结果，这个结果可能会带来积极的效果，提高团队的工作绩效。当然，冲突也可能会带来消极的效果，影响团队的工作绩效。

三、团队冲突的处理

（一）冲突处理倾向模式

美国行为学家托马斯（Thomas）曾从合作和独断两个维度研究了冲突的处理问题，并提出了冲突处理倾向模式，如图 6.4 所示。托马斯认为，独断维度是指冲突双方满足自己利益的独断程度，合作维度指冲突一方与另一方合作的程度。根据这两个维度，托马斯提出冲突处理有五种倾向：竞争、回避、迁就、妥协和合作。

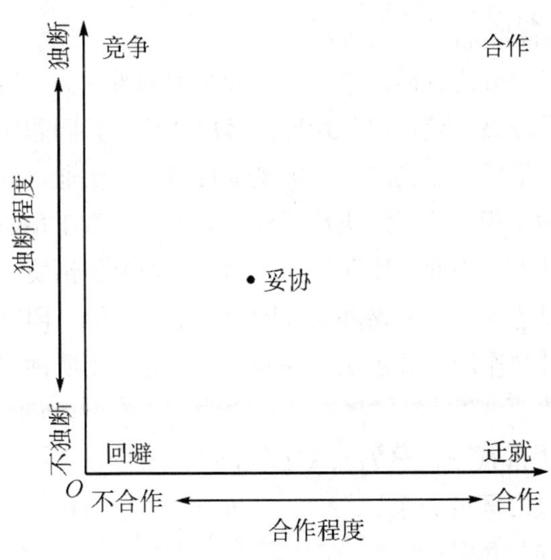

图 6.4　冲突处理倾向模式

竞争，是一种非输即赢的争斗。冲突主体的一方为了达成自己的目标或获得利益，全然不考虑对冲突另一方的影响。当一个人在冲突中寻求自我利益的满足，而不考虑冲突对另一方的影响时，往往就会采取竞争的做法。这种做法包括试图以牺牲他人的利益为代价来实现自己的目标，试图让对方认识到自己的错误，以及当问题出现时试图怪罪别人等。

回避，是冲突主体的一方虽然认识到冲突的存在，但却采取退出冲突或忍受冲突的反应。一个人意识到了冲突的存在，但希望逃避它或抑制它。回避策略的具体做法包括试图忽略冲突，回避与自己不同的意见。比如，同学们一起争论某一问题时，就会有人在旁沉默不语或干脆躲开，选择保留心中一个明确的认识而忽略他人的观点。

迁就，也称折中，是冲突主体的一方为了平息与对方的冲突，愿意优先考虑对方的利益。也就是说，一方为了维持与对方的关系，愿意做出自我牺牲。如果一方为了安抚对方，把对方的利益放在自己的利益之上，就是迁就的表现。迁就的做法包括愿意牺牲自己的利益使对方达到目标，违心地支持他人的意见，原谅某人的违规行为并允许他继续这样做。

妥协，是冲突主体双方都必须做出某些让步，才能共同相处。当冲突各方都寻求放弃某些东西，从而共同分享利益时，则会带来妥协的结果。采取妥协的做法，没有明显的赢家或输家，双方愿意共同承担冲突问题，并接受一种双方都达不到彻底满意的解决办法。

合作，冲突主体双方的行为目标是解决问题，双方都愿意满足对方关心的利益，寻找相互受益的结果。当冲突双方均希望满足各方利益时，双方就可以进行合作，并寻求相互受益的结果。在协作中，双方的意图是找到解决问题的办法，而不是迁就不同的观点，其做法是坦率地澄清差异。

冲突处理的五种倾向各有特点。一般认为，合作是最好的冲突处理方法，达到双赢的结果。然而，合作往往必须满足一些条件才是最好的策略，这些条件是：没有什么时间压力；双方都希望采取双赢的解决方式；问题十分重要，不可能妥协折中。

（二）团队冲突的管理

冲突管理的技巧可以分为预防冲突、降低冲突和刺激冲突。组织发生反功能性冲突的时候，如果冲突水平较高，就可以采用冲突解决技巧，如问题解决、扩充资源、设立共同目标；如果冲突水平较低，则采用冲突激励技巧，如沟通、改变组织结构、加入异质性高的新成员等。冲突管理除了解决冲突外，似乎更着重于预防冲突，并将冲突带来的力量引导为组织的助力。因此，团队领导必须衡量冲突的情境，运用各种不同的方法处理组织内的冲突，以达到人际和谐并提升团队的工作效能。团队冲突管理的目的是让团队冲突发挥积极促进的作用。舒尔茨（Schultz）认为，团队冲突只有在下面六种情境下才能发挥积极的功效：

（1）营造有效的紧张氛围，避免意气之争；

（2）增进团队成员之间的关系；

（3）认真考虑不同的意见；

（4）要能够发现问题、处理问题；

（5）要能够做出正确的决定；

（6）要能够使团体获得共识。

一般来说成员处理冲突的方法有两种，第一种是尝试在冲突升级为破坏性冲突之前想办法控制住冲突的发展，第二种是在冲突明显化之后采取措施以解决冲突。根据团队冲突管理的理论，在发生冲突的时候团队成员采取的常用处理方式为：

（1）斗争式管理，也就是团队成员采用比较激烈的办法强行解决团队冲突；

（2）吸收式管理，充分考虑双方的利益，一方吸收另一方的忠告；

（3）回避式管理，允许冲突在一定水平下存在，顺其自然让矛盾消化；

（4）协商式管理，团队冲突的双方通过沟通达成共识，来解决彼此的冲突；

（5）上诉式管理，冲突双方将冲突情况告诉领导，请领导出面解决。

从冲突理论的角度看，团队冲突可以划分为两类：第一类是认知冲突，也就是个体对某个事物的观点和看法，在此过程中团队成员可能会产生一定的矛盾心理。从认知冲突的角度，一般是从“事”的角度进行论证，阐述的主体是对于事物的理解和认识。第二类是情感冲突。在冲突管理中，个体会形成喜怒哀乐、爱恨等方面的情感。认知冲突的过程中，团队成员能够比较好地进行交流学习，从而形成较客观的解决思路。情感冲突中冲突双方往往会意气用事，会对问题的解决造成负面影响。认知冲突和情感冲突，不是两个极端，而是冲突过程中的两个维度。从认知冲突进入情感冲突阶段，尤其是在情感冲突阶段，将给整个团队建设带来一定的压力，影响团队成员的理智判断。因为团队成员斗争，会造成团队成员之间的冲突加剧。在团队建设中，需要善于运用认知冲突和情感冲突，从而形成对冲突的全面管理。

布朗在 1979 年提出了处理团队冲突的管理方式如表 6. 4 所示。

表 6. 4　团队冲突的管理方式

团队管理	方式	解释
方式一	交涉与谈判	当冲突出现，可以利用交流沟通的方式进行冲突的解决，当交涉成功，很容易找到冲突的根源
方式二	第三者仲裁	当冲突已经不适合由内部进行调整时，可以采用第三人出现来缓和与解决团队冲突
方式三	吸收合并	其实团队冲突发生后，可以选择由一方接受另一方的冲突的矛盾点，这是一种团队中自我消化的过程
方式四	强制	由于团队中存在权力的结构，那么冲突出现的时候，可以利用权力解决冲突，强制化解冲突双方
方式五	回避	既然冲突双方存在一定的冲突和矛盾，又不好及时地化解，可以回避冲突，尽量对冲突进行规避
方式六	激发冲突	有时候冲突既然发生了，可以将冲突进行激化，快速处理，这样可以避免冲突的长久的存在导致更大的危机
方式七	预防冲突	虽然冲突是不可避免的，但是我们可以采取一些防御措施，减缓冲突造成的影响

第三节 冲突研究的典型观点与实践启示

国内外许多学者都对组织冲突进行了相关研究，得出了富有深刻思想的见解，对冲突管理实践具有启发意义。主要观点及实践启示如下：

（1）高社交需求的人往往采用妥协或礼让的方式，而避免使用竞争或强迫风格。因此，个性特质会影响人们处理冲突的方式。

（2）对不同意见，以傲慢或者贬低的表达方式，产生的消极效果更明显；而以通情达理的方式表达将会产生更多的积极效应。换言之，在冲突存在的情况下，以何种方式反对他人的意见是至关重要的。

（3）争论中的一方采取的威胁或惩罚手段会引起另一方强烈的威胁或惩罚。简而言之，一方的攻击将导致另一方的攻击回应。

（4）随着冲突的增大，群体满意度降低。相较于用回避方式来应对冲突，采用整合方式应对冲突将会产生更高的群体满意度。

（5）具有强制性或约束性仲裁政策的公司往往不如没有此类政策的公司受欢迎。显然，对那些不愿迫于压力做事的求职者来说，强制性或约束性仲裁政策无疑是令人讨厌的。

（6）随着目标难度和目标明确度的提高，不论是部门内还是部门间的冲突都会降低。因此，具有挑战性的、明确的目标能减少冲突。

（7）在同一管理级别的男性与女性，往往以相似的方式处理冲突。简言之，性别差异并不起作用。

（8）冲突往往会在整个组织内扩散。因此，有必要提醒管理者注意这样的事实：冲突通常会在某一领域或层级上滋生，并转而在其他地方出现。如果要进行持续性改进，人们需要追踪冲突发生的源头。

◎**小结**

1. 冲突是一方感知到另一方试图损害或正在损害自身利益的过程。

2. 冲突是客观存在的，具有客观性；冲突受到人们认知的影响，具有主观性；冲突有高低程度差异，具有程度性；冲突有利有弊，具有二重性。

3. 从不同的视角看待冲突，冲突的分类也各不相同，主要有冲突发生的层次、冲突内容、冲突对组织的影响、根据冲突产生的原因共四种分类。

4. 团队冲突产生的原因主要包括了六类原因，分别是资源竞争、目标冲突、相互依赖性、责任模糊、地位斗争、沟通不畅。

5. 团队冲突的五阶段模型，主要为庞蒂的冲突五阶段模型和罗宾斯的五阶段模型。

6. 介绍了美国行为学家托马斯（Thomas）提出处理冲突的倾向模式；分析了团队冲突的管理需要在特定情境下才会发挥作用，总结了团队成员在发生冲突的时候所采取的处理方式，主要有交涉与谈判、第三者仲裁、吸收合并、强制、回避、激发冲突、预防冲突共七种方式。

7. 个性、性别差异会影响人们处理冲突的方式；攻击性越大冲突越大，群体满意度越低；冲突会逐渐扩散；强制性政策并不能解决冲突，而目标的难度和明确度却能消除冲突。

◎参考文献

[1] 郭朝阳. 冲突管理：寻找矛盾的正面效应［M］. 广州：广东经济出版社，2000.

[2] 罗伯特·克赖特纳，安杰洛·基妮奇. 组织行为学［M］. 顾琴轩，等译. 6版. 北京：中国人民大学出版社，2007.

[3] 卢盛忠，余凯成，徐昶，等. 组织行为学［M］. 杭州：浙江教育出版社，1993.

[4] 斯蒂芬·罗宾斯，蒂莫西·贾奇. 组织行为学精要［M］. 北京：机械工业出版社，2008.

[5] 杨锡山. 西方组织行为学［M］. 北京：中国展望出版社，1986.

[6] 关培兰. 组织行为学［M］. 北京：中国人民大学出版社，2011.

[7] 顾琴轩. 组织行为学［M］. 上海：上海人民出版社，2007.

[8] 罗倩文. 组织行为学［M］. 北京：科学出版社，2016.

第七章

团队沟通

本章要点

CHAPTER CHECKLIST

- 沟通的过程模型
- 团队沟通的方向与形式
- 影响沟通的因素
- 促进团队沟通的策略

课前导读

PRE-READING

2022 年 8 月 1 日，安理会轮值主席、中国常驻联合国代表张军大使就安理会 8 月工作面见联合国主流媒体时，就台湾问题、美国众议长佩洛西将访台表明立场。张军大使指出，关于美国众议长佩洛西将访问台湾，中方近期已多次向美方表明严重关切和坚决反对。这样的访问显然是危险的、挑衅的，将向“台独”分裂势力发出严重错误信号，严重违反一个中国原则，严重侵犯中国主权和领土的完整，严重破坏台海和平稳定，严重破坏中美关系。中方严阵以待，如果美方一意孤行，中方必将采取坚定有力措施，捍卫国家主权和领土完整，由此造成的一切严重后果应由美方负责。

2022 年 9 月 13 日上午，消防救援人员已完成地震后的救援任务，四川甘孜藏族自治州泸定县的群众自发夹道欢送救援人员，并道“辛苦了！感谢你们!”。群众往救援人员车上挂上哈达，还给他们换送鸡蛋、核桃等物资，感谢消防人员地震后的救助。

2022 年 8 月 29 日晚，成都市民“热带雨林”在微信群里发布关于四川省对于此次疫情相关的会议主要议程以及商讨等内容的不实消息，引起成都市民的关注，因为这名“热带雨林”市民的造谣，超市被抢购一空，成都市民将此次购物称为“热带雨林购物节”。随后，此事件排名微博热度前三，引起全网热议。

什么是沟通呢？在《美丽心灵的永恒阳光》电影中，乔尔说过“说个不停的不一定是沟通”。那么，我们应该如何理解沟通呢？其实关于沟通有很多不同的定义，《韦氏大词典》将沟通定义为文字、文句或消息的交流，思想或意见的交换；赫尔雷格尔（Hellriegel）将沟通概括为信息在人与人之间通过一种或多种媒介的传递，是一种通过传递观点、事实、思想、感受和价值观而与他人接触的途径；从一般意义上讲，沟通就是人们在互动过程中，通过媒介来进行思想、传递、交换以及情感等的交流，并寻求反馈来相互理解的过程等。罗宾斯认为，沟通就是意义的传递和理解。

资料来源：https://news.china.com/socialgd/10000169/20220914/43405001_all.html；https://www.163.com/dy/article/HG1P35L20514FD4Q.html。

第一节　团队沟通过程

现实生活中的沟通过程，似乎就是一个人说出来，另一个人去倾听与理解的过程。但其实沟通是一个复杂过程，它是发送者将自己期望表达的信息，选择合适的通道传递给接收者，信息接收者所理解获得的信息再反馈给信息发送者的循环过程。但凡在信息传递过程中，其中一个环节出现问题，都可能使信息失真，从而出现沟通错误。开篇案例中，张军称佩洛西访台是危险的挑衅行为、泸定群众自发夹道欢送救援人员和“热带雨林”的事件各不相同，但它们的沟通过程是相同的。那么，沟通的过程是怎么样的呢？

一、沟通的过程模型

图 7.1 描述了沟通的过程（communication process）。这个模型涉及发送者、编码、信息、通道、解码、接收者、噪声、反馈。沟通过程中还存在着两个黑箱的操作过程：一是发送者对信息的编码过程，二是接收者对信息的解码过程。然而我们无法控制和检测这两个过程，它们是人脑的思维和理解过程。

（一）发送者

发送者（source）是拥有信息并试图进行沟通的人。发送者是引发沟通的过程，决定谁为沟通对象以及沟通的目的的人。发送者在实施沟通前，要在自己的记忆里选择出沟通的信息，然后将这些信息转化为沟通对象能接受的形式，如口头表达、文字文件或肢体语言等。由此在沟通过程中，发送者的动机、态度、技能、情绪等都可能影响沟通的效果。正如开篇案例中，张军称佩洛西访台是危险的挑衅行为中的发送者就是张军，他作为中方的代表，决定用口头表达的方式对美方访台的行为进行警告，并表达后续采取的方式以达到沟通的目的。

（二）编码

编码（encoding）是发送者把自己的情感、观点和思想等信息根据一定的语言、语义规则翻译成可以传递的符号形式，所以发送者的词汇和知识在这里至关重要。编码的过程中可以用语言的方式、非语言的方式，或者两者结合完成。信息发送者将试图对传达给他人的观念和情感进行编码，因为沟通对象不同，沟通方式也就不同，所以他的感受可能不能直接让接收者接收，他们就必须将其转化为接收者能察觉的信号。然而，发送者应明白，不管自己的期望是怎样的，接收者的解码过程只反映接收者自己的信号。正如开篇案例中，泸定县的群众自发夹道欢送救援人员，并通过哈达来表达感谢，哈达代表洁白，哈达就是群众沟通选择的编码。

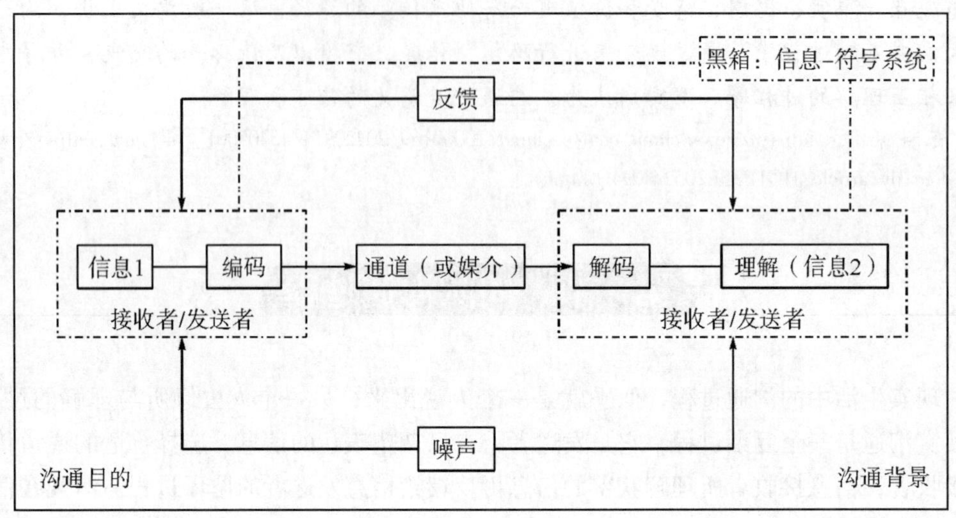

图 7.1　沟通过程模式

资料来源：斯蒂芬·P. 罗宾斯. 组织行为学［M］. 14 版. 郑晓明，译. 北京：中国人民大学出版社，2019.

（三）信息

信息（message）是指发送者所要传递给接收者的内容。信息是发送者通过大脑处理、理解并加工成双方共知的一种物理产品。当我们说的时候，说出的话就是信息；当我们写的时候，写下的内容就是信息；当我们做动作时，肢体动作和面部表情就是信息。正如开篇案例中，“热带雨林”在微信中编辑的文字就是信息。

（四）通道

通道（channel）是指沟通信息所传达的方式。编码完成后，发送者会选择一种合适的通道将信息传递给接收者。通常的沟通方式有面谈、会议、计算机网络等，这些都可以作为沟通的媒介。那么，哪种媒介能够最有效地将信息传递给每个重要的听众呢？

心理学家研究发现，在各种沟通中，面对面的沟通方式仍然是影响力最大的沟通方式。因为在面对面沟通中，除了话语本身的信息以外，还有沟通者整体的心理状态的信息，这些信息可以使得沟通者与信息接收者的情绪相互感染。此外，在面对面沟通的过程中，沟通者可以根据接收者的反馈，及时调整自己的沟通方式与技巧，使得双方沟通更有效率。

（五）解码

解码（decoding）是信息接收者将传递的内容转化为信息的思维过程，是信息接收者通过自己已有的经验和参考框架把所接收的信号进行翻译、解释的过程。解码能不能成功与发送者的编码能力有关，也与接收者的解码能力有关。接收者在接收信息后，必须根据自己的经验将特定的符号信息进行解码，转化成发送者试图传达的知觉、观念和情感。接收者得到的信息与发送者的本意可能相似，也可能不同，因为发送者和接收者具有不完全相同的心理，沟通转化后的内容与原信息内容也是不完全对应的。

通常情况下，信息的发送者和接收者的角色是可以互换的。当接收者对发出者的信息进行反馈时，他就变成信息的发送者，而最初的发送者就变成接收者。所以在日常生活中，每个人都要学会理解别人和让别人理解，这样才能提高沟通的有效性和准确性。

（六）接收者

接收者（receiver）是指发送者发出的信息接收人。接收者在接收携带信息的各种特定符号后，根据自己已有的经验，将其转化成发送者试图传达的信息。这是一个比较复杂的过程，包括一系列注意、知觉、转译和心理等动作。我们需要考虑很多问题：什么信息会引起他们注意？他们对于信息的态度是积极还是消极的？有一个还是多个接收者？哪些是主要的，哪些是次要的，哪些是没有考虑到的？这些都需要接收者根据个人的知识、经验、心态等，对接收的信息进行转译。

（七）噪声

此噪声非我们平时说的噪声，这里的噪声（noise）是指通道中除了所要传递的那些信息之外的任何干扰，即影响接收和准确理解信息的任何障碍因素。例如，在进行线上沟通时，突然停电了，这时的停电就是噪声。噪声的本质就是一种信息，只不过这种信息会增加编码和解码的不确定性，导致信息的传递过程的模糊和失真。

（八）反馈

反馈（feedback）是接收者在收到信息后，根据自己的理解形成新的信息，再将其传递给发送者的过程。如果接收者能充分解码，并使信息真正融入沟通中，则会产生反馈。反馈可以使接收者向发送者确定是否存在理解有误的过程，使得个人之间的沟通交流变成的一个双向或多向的动态过程。

反馈可以反映出接收者和发送者理解每一条信息的状态。如果接收者接收并理解了发送者的信息，则称为正反馈；反之，如果发送者的信息没有被接收和理解，则称为负反馈；然而，反馈不一定都来自对方，当自己发现自己传递的信息模糊不清或难以理解时，自己可以做出调整。例如，老师上课给我们讲授知识时，对于有些同学就是正反馈，对于有些同学就是负反馈。当老师发现其讲授的知识同学们难以理解时，就会对自己进行调整，从而进行自我反馈。

二、团队沟通的方向与形式

沟通的方向可以是水平的，也可以是垂直的。具体可细分为下行沟通、上行沟通、平行沟通、斜向沟通四种形式，如图 7.2 所示。

（一）下行沟通

在群体和团队中，从一个层级向另一个更低层级进行的沟通的方式称为下行沟通。当在校的老师们向学生提供学习指导、解释校规校纪以及指出在校时需要注意的问题时，使用的就是下行沟通。不过，下行沟通不一定非要采取口头或面对面的形式。一名老师向班级各个同学发送电子邮件，提醒同学们学习任务的截止日期将至，就是在使用下行沟通。

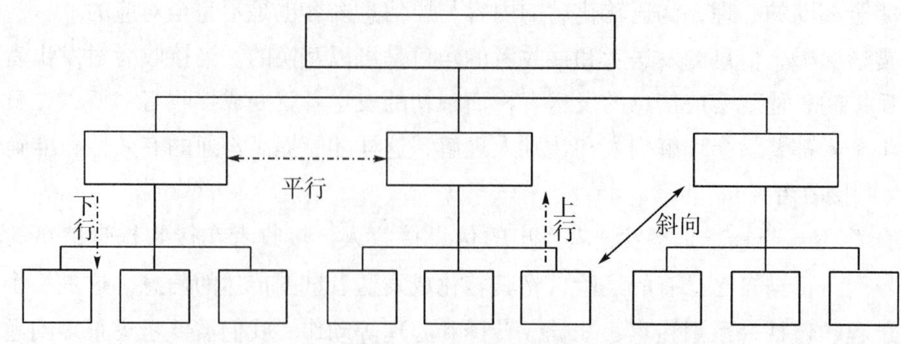

图 7.2　几种沟通形式

资料来源：斯蒂芬·P. 罗宾斯. 组织行为学［M］. 14 版. 郑晓明，译. 北京：中国人民大学出版社，2019.

进行下行沟通时，管理者必须对决策的原因进行解释。有效的下行沟通并不只是传达命令，而是应该让接收命令的人了解这样做的原因。下行沟通中使用有效的解释更容易获得他们的信赖与支持。

下行沟通是单向性的，即自上而下的沟通。通常在下行沟通中，发送者会忽略对接收者的尊重与倾听，不会去征求接收者的意见和看法。所以在下行沟通时，最好的沟通者既要向下一层级的接收者解释清楚决策背后的原因，也要向他们征求意见。

（二）上行沟通

上行沟通是群体或组织中流向更高层级的沟通。在新冠病毒感染疫情期间，班长每天都会统计班上同学们的健康码情况，然后跟老师汇报班级同学们的健康码情况。同学们向班长汇报和班长向老师汇报这些使用的都是上行沟通。上行沟通可以使老师了解同学们如何看待疫情、防控疫情等信息。老师还可以通过上行沟通来完善自己的观点和接收同学们的建议。

我们可以通过比较正式的环境，简洁明了的语言，切实可行的内容等，与老师进行有效的上行沟通。上行沟通的形式有很多，可以是上级召集下级的座谈、定期的汇报、设立匿名意见箱等。要想高效地实施上行沟通，最为重要的是要让下级明白上级重视来自下级的建议或意见，并会积极落实其认同的建议或意见。

（三）平行沟通

同一工作群体的成员之间、不同工作群体但同一层级的员工之间、同一层级的管理者之间，或者任何等级相同的人员之间的沟通，我们都称之为平行沟通。如你是一名大学生，你与你的同班同学沟通，与你不同专业的同学沟通，与其他学校的学生沟通等，这些都是平行沟通。

相较于垂直沟通，平行沟通更能够节省时间和促进和谐。平行沟通可以采取正式沟通的形式，也可以采取非正式沟通的形式，一般是后者居多。因为他们进行平行沟通是为了绕过垂直层级、加快工作速度而产生的非正式的途径，平行沟通的发送者与接收者也没有明显的地位差异，相互之间比较平等。然而平行沟通也具有两面性，有利的情况是在上级知情和支持的情况下进行平行沟通；不利的情况是在沟通时成员都站在各自的立场，可能会出现短视、偏见和本位主义的现象，最后可能会导致恶性冲突。

所以为了保证平行沟通的有效性，需要发送者和接收者进行换位思考，双方或多方的沟通者让步，来保证双赢或多赢。管理者平时可以组织大家定期聚在一起，讨论所面临的问题，并及时地提出解决办法，这样才会让平行沟通更有效。

（四）斜向沟通

斜向沟通是指与其他部门中不同地位即职权等级不同的成员之间的沟通。例如，当有职能权限的领导同不同部门的员工进行交流时，此信息的沟通就超越了组织规定的路线。同平行沟通类似，斜向沟通的主要采取非正式沟通的形式。斜向沟通也有利有弊，它会破坏统一指挥；它仍广泛应用于各种组织之内，因为它有助于提高效率，跨组织层次交流可以比正式的途径更快地提供和获得信息。

第二节　有效沟通

有效沟通是所有沟通者和沟通对象的首要目标。在现实生活中，有效沟通并非一件易事，由于种种原因，信息在传递过程中往往出现缺失或发生曲解，降低了沟通的效率，使得沟通的预期目标没有达到，从而阻碍了有效沟通的实现。然而沟通是否有效取决于沟通双方对目标的定位和彼此心理预期，以及双方的协作后的效果。

也就是说，要想实现有效沟通，信息、思想、情感等的交流过程，我们需认识、防止、克服沟通障碍，其核心是系统思考。只有这样，沟通双方或多方才有可能达成共识，实现沟通的目标。此外，不断提高沟通技巧，加强沟通过程中的管理，也尤为重要。

一、影响沟通的因素

（一）源于组织结构因素的沟通障碍

1. 职位差别

团队成员因职位不同而造成心理隔阂，这种现象被称为位差效应。由于职位的不同，员工会有上级与下级层级区别的心理。处于上级的人会认为自己层级比别人高而有优越感，而处于下级的人会认为自己层级比别人低而产生自卑感，职位层级的高低会影响沟通的方向与形式。

然而这种职位层级的高低也可能导致信息过滤的现象。过滤是指信息发送者有意操纵信息，以使接收者更顺眼地看待这些信息。例如，如果一名学生告诉老师的信息都是老师想要听到的东西，这名学生就是在过滤信息。过滤的主要决定因素是团队结构的层级数目。组织中的垂直层级越多，过滤的机会就会越多。只要有地位的差异，就会出现信息的过滤。因为层级低的人害怕传递坏消息，层级低的人因害怕层级高的人不高兴而导致上行沟通的失真。

2. 信息传递链

以往的团队结构大多是直线型，因为以前的组织层级比较多，机构比较庞大，凡事必先请示，再加上层层审批，传递次数多了就极有可能导致信息失真，沟通效率低下。

这些组织的信息流动往往都是单向的，每一层级的人只对上一层级的人负责。况且，下一层级的人害怕传递坏消息，同时又希望取悦层级高的人，因此他们经常会采取报喜不报忧的做法，只有极其少数层级低的人愿意把真实情况传递给层级高的人。所以，组织成员在沟通过程中容易把信息放大化或缩小化，导致信息失真。例如，如果一名学生告诉助教老师的信息是一半学生已经完成任务（真实情况是只有30%的已经完成，20%的还差一小部分，50%的还差一大部分），助教老师听到了想听的内容，并且随后告诉主教老师这个班级的学生已经大部分完成任务，好让主教老师放心并表明自己的认真负责，这就导致了信息的失真。

所以，在日常生活中向上沟通本来就比向下沟通困难，上一层级的人要养成主动与下一层级沟通的习惯，了解他们的真实想法，减少这种层级带来的官僚作风，保持沟通的顺畅，从而让沟通变得更加有效。

3. 团队规模

当团队规模较大时，人与人之间的沟通也相应变得更加困难。原因在于人员的增长意味着沟通数量的增长，不同的人沟通方式也会不同。沟通者每天都需要花费大量的时间和精力去辨别和处理大量的信息，然而个人的精力和时间是有限的，导致有的信息无暇顾及，就可能影响沟通的效果。过多的沟通也会给沟通者带来巨大的压力，有时候会使他们产生一些厌烦的情绪，甚至可能耽误其完成的任务。这时沟通者可以暂停深入地处理信息，也可以筛选、忽略、跳过、忘记部分信息，但这些解决方法都会使信息失真和导致沟通效果不佳，所以解决沟通数量的超载问题也显得尤为重要。

（二）源于个人特征因素的沟通障碍

1. 能力因素障碍

能力因素障碍是指由沟通者个人沟通能力导致的沟通障碍，具体包括：

（1）表达能力不佳。如果用词不当、口齿不清、字迹难辨、逻辑混乱、自相矛盾等，这些都会产生噪声并造成传递失真，从而导致信息接收者难以准确地接受和理解信息发送者的真实意图。

（2）知识、经验差异。信息发送者在进行编码时，只是根据自己的知识与经验将自己的观点编译成符号代码；同样，信息接收者在进行解码时，也只是根据自己的知识与经验来理解对方传递的信息，这样就会加大有效沟通的难度。当然，双方共有的知识与经验越多，双方的交流就会越顺畅，沟通的范围也会越广；如果双方共有的知识与经验越少，那么可能其中一方就无法理解另一方的真实意图，导致沟通失败。

例如，一个会多国语言的同学，在日常沟通中可能不自觉地会加入一些其他国家的语言，如果她的沟通对象是一个只会一国语言的同学，那么两个人就会因为拥有知识的不同，而很难顺利地展开沟通。

（3）忽略非语言因素。非语言沟通总是伴随着语言沟通而发生，如果沟通者不懂得运用非语言沟通的技巧，忽视非语言沟通，或者非语言的暗示与实际表达的意思不一致，会使信息接收者产生困惑。

例如，有些同学喜欢以相互击掌表示喝彩或高兴，然而，如果以同样的方式向老师或年龄较大的长辈表示高兴或喝彩，就显得格外失礼。再比如，平时你的体态是弯腰驼背，但如果你在面试时也这样，你就很有可能被认为自由散漫，虽然你也许并不是这样。

2. 沟通者的知觉偏差

认知或者知觉过程，是指人们依赖自己的知识和经验，对所获得的信息进行选择、解释和评价心理的过程。人们在沟通过程中，会把信息转换成对他人有意义、能理解的符号或文字。在转换过程中，信息发送者会将过去发生的事件、经验，现在的动机和对未来的预期等作为参考，而信息接收者会根据自己的需要、动机、经验、背景以及个人观点有意或无意地对信息进行筛选，在对信息进行解码时，信息接收者还会把自己的兴趣以及期望加入其中。因此在沟通过程中，常常出现先入为主、刻板效应、晕轮效应、选择性知觉等认知偏差，从而在沟通中常常出现误解，所以认知上的差异会影响有效沟通。

例如，在企业面试员工的过程中，一些面试官会将应聘者与自己进行比照，对于那些与自己的知识、背景、特点等相似的应聘者，面试者会更容易得到他们的青睐。

3. 心理因素障碍

（1）沟通恐惧。据估计，5%~20%的人有某种程度的沟通恐惧（communication apprehension）或社交焦虑，类似于我们所说的“社恐”。这些人在口头沟通或书面沟通时会感到过分紧张和焦虑。例如，有的人可能发现自己很难与其他人进行面对面的交谈，或者需要打电话沟通时也表现得极为焦虑，他们通常会选择发邮件或传真来传递信息，即使知道打电话更合适快捷。

有沟通恐惧或社交焦虑的人会回避那些需要口头沟通的情境，比如销售，因为他最主要的要求就是口头沟通。但是，几乎所有的工作都要求一定程度上的口头沟通，对于高度沟通焦虑的员工会排斥其工作所需要的沟通，以求尽可能地减少口头沟通。因此，在团队中确实存在极少数人竭力避免使用口头沟通，并且他们会告诉大家说自己不需要太多的口头沟通也能有效地从事工作，从而使自己的行为合理化。

（2）自我为中心。人们习惯于关注自己，总认为自己是正确的。在倾听过程中，过于注意自己的观点，喜欢听与自己观点一致的意见。对于不同的意见，人们往往置若罔闻，因而常常错过聆听他人观点的机会。例如，在生活中，有的人不愿意倾听别人的观点，认为自己的观点永远是对的，但是当看到结果时，才恍然大悟，当初太以自我为中心。所以在生活中我们要有自己的观点，但是不能太过于注意自己的观点，不去聆听别人的观点，因为从别人的观点中也可以学习到很多东西。

（3）拒绝聆听。拒绝聆听往往发生于一些沟通者漫不经心、骄傲自大，拒绝倾听上级或下级的意见的情形中，这种情况源于要么就是“我知道所有事情”的优越感，要么就是“我一无是处”的自卑感。例如，在生活中，我们不爱倾听来自家人的啰唆，总感觉自己长大后都知道所有事情，但我们时常会忽略很多东西，事情发生后才知道当时不应该拒绝倾听来自母亲的啰唆和唠叨，所以在生活中我们要学会和善于倾听。

（4）不信任。信息发送者与信息接收者双方相互猜疑，会增加抵触的情绪，影响沟通与交流。如果沟通的其中一方认为信息会给自己带来伤害，他们就会对自己有害的信息进行有利的加工，这样会导致信息的失真，另一方就会收到不完整甚至错误的信息。

（5）情绪因素。在接收信息时，接受者的心情也会影响其对于信息的解释。不同的情绪感受对同一信息的解释是完全不同的。任何极端的情绪体验，都可能阻碍有效沟通。如果沟通双方都处于激动的状态，就无法进行客观理性的思维活动，容易误解对方的信息，导致沟通无法进行。就像对于同一份信息，你在愤怒或暴躁时对它的解读可能截然不同于你在快乐时对它的解读。极端的情绪体验（如狂喜或大哭）最有可能阻碍有效沟通。在这种状态下，我们容易抛弃理性、客观的思维活动，从而进行情绪化的判断。试想你在情绪暴躁的时候，即使是你最好的朋友来劝慰你，你也很难听进去，你需要等情绪稍微平静后，你才能冷静地接受朋友的建议。

4. 性别差异

德博拉·坦嫩（Deborah Tannen）的经典研究表明，男性往往利用沟通来强调地位，而女性通常通过沟通来建立关系。当然她的结论并非适用于每一位男性或者女性。在日常生活中，男性常常抱怨女性总是反反复复地谈论她们那些鸡毛蒜皮的小事，女性经常批评男性从不认真倾听。但往往实际情况是，当男性听到一个问题时，他们思考的是如何通过解决这个问题来表现自己；而女性沟通这个问题时，是想要去加强亲密感、维护关系，而不是一定是为了获得解决问题的办法。相对而言，男性的思考更加理性，而女性的思考更加感性。所以，两性在沟通过程中存在着一定的差异。

（三）信息传递中的沟通障碍

1. 时机不当

信息传递的时机会增加或减少信息沟通的价值，在时间不恰当的时候去发送信息，对于接受者的理解将是一个难以克服的障碍。比如，你在大年三十的晚上向领导汇报工作进展和自己所遇到的问题，领导可能此时不会认真且仔细地去聆听，所以我们要选择合适的时机去发送信息才能达到令人满意的效果。

2. 媒介障碍

沟通者缺乏良好的沟通媒介。随着当代网络技术的发展，信息技术对当代组织沟通的影响尤为重要。媒介包括中介人和各种沟通工具、设备、技术，它本身就是一种信息，信息发送者在选择媒介就是在传递相应的信息。如果缺乏良好的沟通媒介，或者选择不恰当的媒介，都会对沟通产生严重的影响。

延伸阅读
SUPPLEMENTARY CONTENT

沟通中有认真倾听吗?

美国知名主持人林克莱特某天访问一名小朋友：“你长大后想要当什么呀?”小朋友天真地回答：“我要当飞机驾驶员！”林克莱特接着问：“如果有一天，你的飞机飞到太平洋上空时，所有引擎都熄火了，你会怎么办?”小朋友想了想说：“我会先告诉坐在飞机上的人系好安全带，然后我挂上我的降落伞跳出去。”

当在现场的观众笑得东倒西歪时，林克莱特继续注视着这个孩子，想看他是不是自作聪明的家伙。没想到，接着孩子的两行热泪夺眶而出，这才使得林克莱特发觉这孩子的悲悯之情远非笔墨所能形容。于是，林克莱特问他说："为什么要这么做？"小孩的答案透露出一个孩子真挚的想法："我要去拿燃料，我还要回来！"。

※启示

在生活中，我们经常会犯这样的错误：在下级还没有来得及讲完自己的事情前，就按照我们的经验进行评论和指挥。但是，如果你不是领导，你还会这么做吗？打断下级的汇报，一方面我们接收的信息不全面，容易做出片面的决策；另一方面会让下级感觉不被尊重。时间久了，下级将再也没有兴趣向上级反馈真实的信息。反馈信息系统被切断，领导就成了"孤家寡人"，在决策上就成了"睁眼瞎"。与下级保持畅通的信息交流，将会使你的管理如鱼得水，以便你及时纠正管理中的错误，制定更加切实可行的方案和制度。

资料来源：https://xueqiu.com/8886334405/199215940? ivk_sa=1024320u。

二、促进团队沟通的策略

美国的斯蒂芬·罗宾斯在《组织行为学》一书中指出，团队是指在特定的可操作的范围内，为实现特定的目标而合作的人的共同体。他认为，团队内完美的沟通目标是可望而不可即的，而选择正确的通道，做一个有效的听众，运用反馈则有助于更有效的沟通。他强调了为了实现团队的目标，必须在团队内部进行有效的沟通。

（一）拓宽沟通渠道，提高沟通效率

团队应设法缩短信息传递链，拓宽沟通渠道，保证信息的畅通和完整。沟通渠道是沟通中信息传递中选择的媒介。在正式渠道方面，大多数的企业的团队的沟通渠道还停留在指示、汇报和会议等这些传统的沟通媒介上，沟通效果较差。领导定期地与员工进行面对面的交谈，也可以让领导不定期地与群众进行沟通交流等这些都是不错的沟通方式。而领导与员工的沟通交流，是想要那些有想法、有建议的员工有途径表达自己的想法，与领导进行直接的沟通；领导与群众直接的沟通交流，可以使领导第一时间了解员工表现出真实的思想、情感等信息，避免信息的传递链拉长带来的信息失真的现象。在非正式沟通渠道方面，企业可以采取聚餐、旅游、团建活动等形式，来拓宽沟通的渠道。这些渠道可以发挥非正式沟通的优点，可以大大减少信息的失真或扭曲的可能性。

（二）塑造有利沟通的组织文化

任何团队的沟通总是在一定的沟通背景下进行的，而团队的沟通还会受到组织文化的影响。不同的企业有不同的企业文化，企业文化也直接决定员工的行为特征、沟通方式、沟通风格等。所以，首先包容性强的企业会给员工提供很多沟通交流的机会，并鼓励员工表达自己的想法，企业中会创造条件和机会，鼓励员工沟通。其次，企业应当具有包容的氛围，让大家感觉到平等、理解、信任的组织文化氛围。让团队的成员能够接受并尊重彼此的差异，从而促进彼此之间的理解。同时，这样的沟通也会更有效地改善团队成员之间的人际关系。所以，不管是企业的团队还是什么样的团队，都应该建立民主包容的氛围，上级领导可以适当地改善自己的领导风格和提高自己的领导水平，这样就可以让组织沟通更加有效。

（三）掌握沟通技巧

1. 在沟通中积极倾听

人际沟通始于倾听，终于回答。如果没有积极主动地倾听，也无法实现良好有效的沟通。沟通本就是一种双向交流的过程，所以积极倾听有助于了解全部信息，改善彼此的关系，从而解决问题；同时，积极倾听可以鼓励他人，帮助信息的发送者理清思路。但现实生活中倾听并不是一件容易掌握的沟通技巧，但它又十分重要。因此，积极倾听的技巧非常重要。

积极倾听，是对信息进行主动的搜寻，它不同于被动地接收信息。罗宾斯提出，积极倾听有四项基本要求：专注、移情、接受和对完整性负责的意愿。专注是指倾听者集中精力地听人所言；移情是指倾听者站在说话者的角度理解他所要表达的意思；接受是指倾听者要客观地、耐心地倾听说话者所说的内容，而不对其做判断；对完整性负责的意愿是倾听者不仅要倾听说话者说的内容，也要关注他的情感。所以在企业管理者应当认真倾听，站在员工的角度进行理解，对其说的内容客观地倾听不做判断。当不同意见时，不要急于发表自己的意见。这样才能避免漏掉信息，自己意见的表达可以放在说话者说完以后。

2. 在沟通中，使用简洁、明了、易懂的语言

使用简单而明确的语言更有利于沟通。专业的术语和特殊的符号只有在双方都能理解的基础上才能使用。信息的发送者应该根据不同沟通对象的不同特点，选择易于理解的相应词汇。在对信息进行编码时，应当尽量避免冗长、专业的语句，也要避免枯燥或重复的语言表达。

3. 在沟通中，运用有效反馈的技能，形成双向沟通

信息反馈就是将信息传递变成一种双向的信息流动。在沟通中，反馈是对信息接收情况的核实、检验和补充的重要环节。所以，反馈的内容比较强调具体的行为和表现；信息反馈是始终围绕着主题的，是有目的的反馈；信息反馈得越及时则发挥的效果越好；反馈就是确保沟通双方是否都能彼此理解信息，不能理解就应及时处理。所以反馈仅适用于面对面的沟通，一般是信息发送者通过提问等方式来确定信息接收者是否理解信息，信息接收者会通过面部表情、精神状态等来反馈。

4. 在沟通中，巧妙使用非语言沟通

任何的沟通都包含有非语言沟通，如果口头沟通与非语言沟通所传递的信息协调一致，那么沟通效果就会增强。所以在倾听别人发言时，不仅要倾听发言者的内容，也要注意发言者的非语言信号。此外，发言者也可能通过观察你倾听时的表情，来判断你是否在认真倾听或是否真正理解。因此，积极的目光接触，不仅可以让你集中精力去倾听，还可以鼓励发言人；你也可以通过一些肢体语言或面部表情等，如面带微笑、赞许性点头，来表达自己理解了发送者所要表达的意思；在倾听过程中，尽量不要进行如看表、转笔、翻阅书籍等行为，这些行为会让发言者觉得你没有集中精力倾听，让发言者感受到你的不尊重。

5. 在沟通中，选择适当的沟通氛围和时机

在沟通中，如果其中一方怒气冲天，情绪低落，就会影响沟通的效果。在这种情况

下，任何合理的要求、建议都可能丧失原本的效果，甚至给另一方带来麻烦。此时的沟通一方无法进行客观理性的判断，从而使得沟通不顺畅，信息被扭曲。因此，在沟通前，双方可以约定一个时间，并根据谈话的内容选择一个安静的区域，双方均能保持冷静且理性，能够不受干扰地讨论问题。

◎小结

1. 沟通是意义的传递和理解，也就是说，人们在互动过程中，通过媒介来进行信息的传递与交换以及情感等的交流，并寻求反馈来相互理解的过程。

2. 沟通的过程是发送者将自己期望表达的信息，选择合适的通道传递给接收者，信息接收者所理解获得的信息再反馈给信息发送者的循环过程。

3. 团队沟通的方向可以是水平的，也可以是垂直的。具体可细分为下行沟通、上行沟通、平行沟通、斜向沟通等几种形式。

4. 在沟通过程中，沟通双方或多方往往会受到来源于组织结构因素、个人特征因素以及信息传递中的沟通障碍因素的影响，导致消息缺失或发生曲解，降低了沟通的效率，使得沟通的预期目标没有达到，从而阻碍了有效沟通的实现。

5. 在团队沟通中，我们可以通过拓宽沟通渠道，提高沟通效率，也可以营造有利沟通的组织文化氛围，还可以掌握和提高沟通技巧，最终实现沟通的目标。

◎参考文献

[1] 斯蒂芬·罗宾斯，蒂莫西·贾奇. 组织行为学 [M]. 12 版. 李原，孙健敏，译. 北京：中国人民大学出版社，2008.

[2] 罗伯特·克赖特纳，安杰洛·基尼奇. 组织行为学 [M]. 6 版. 顾琴轩，等译. 北京：中国人民大学出版社，2007.

[3] 孙健敏，张德. 组织行为学 [M]. 北京：高等教育出版社，2019.

[4] 肖金岑，赵修文，张友欣，等. 知识型员工向同事横向学习的机制研究：自我效能与社会交换的作用 [J]. 科学学与科学技术管理，2019，40 (8)：109-125.

[5] BERLO D K. The process of communication (New York：Holt，Rinehart，and Winston，Inc. 1960) [M]. Berlo：The Process of Communication，1960.

[6] SIMPSON R L. Vertical and horizontal communication in formal organizations [J]. Administrative science quarterly，1959：188-196.

第八章

团队决策

本章要点

CHAPTER CHECKLIST

- 团队决策的内涵
- 团队决策的优势
- 团队决策风格
- 影响团队决策的因素
- 打造高质量的团队决策力

课前导读

PRE-READING

A 公司是一家拥有较好发展势头的初创型公司。A 公司采取团队工作制的方式运营，并在公司成立的三年时间内签下了多笔重要的业务。2020 年年初，A 公司拟进行战略升级，重点是决定是否进入新的业务市场。在搜集了公司全体人员的意见后，公司统计后发现，超过 70%的员工认为公司应该进入新的业务市场。这与管理层团队的初步想法似乎不太一致。这让 A 公司的管理层很为难，他们请来了著名的管理学家帮忙。经过一番调研和分析，该专家建议 A 公司重新开展调查，但这次调查要求以一个团队为单位，提交一个决策方案，而不是像上一次一样，以个人为决策单位。此次，90%的团队都认为不应该进入新的业务市场。可见，团队决策和个体决策出现了很大差异。该专家指出，员工看到的是工作熟练度饱和、成长与学习机会递减等，而管理者看到的是新冠病毒感染疫情的影响、经济环境的下行等。为什么会出现这样的情况，团队决策有什么特征和风格？是什么影响了团队决策？这些问题将在本章得到解答。

第一节　团队决策内涵

一、团队决策的内涵

虽然个体决策是每个管理者日常工作的重要组成部分，但决策过程并不总是那么容易的，决策效果也并不总是令人满意。麦肯锡（McKinsey）管理咨询公司的一项调查显示，仅28%的高管敢自夸其公司战略决策，而多达60%的高管表示，他们公司的决策，成功与失利两者兼具。决策是指组织或个人为了实现某个目标而对未来一定时期内的有关活动的方向、内容、方式的选择或调整的全过程。在一个组织系统中，管理人员最终做出有效的决策比什么都重要。决策是管理活动的核心，贯穿管理过程的始终。无论计划、组织、领导和控制，各项管理职能的开展都离不开决策。

20世纪末，组织中陆续出现“围绕个人开展工作”到“围绕团队以分配大型任务群开展工作”的转变，团队决策的重要性日益凸显，团队决策受到了学界和业界的重点关注。里德（Reader）指出，团队决策是一种包括收集、处理、整合和交流信息以达成相互接受的决策，需要团队成员共同协作。团队决策无疑是提升决策成功率的重要方法，对组织的效能和长期竞争优势有明显的提升作用。

二、团队决策的优势

了解团队决策的内涵有助于丰富我们的理论知识，也能够指引我们在实践中更好地进行团队决策。事实上，一些管理者在尝试避免让成员参与到团队决策中，避免让情况变得复杂，甚至是害怕产生意见冲突。然而，他们忽略了从这种团队对话中产生的想法往往会更有价值，有时候还能起关键作用。团队决策不同于个体决策，其独特作用主要有以下两种：

（1）不再预设共识。管理者决策时通常会遵从共识或多数意见以避免冲突，促进团队和谐。但这并不总是正确的。共识可能会使你低估问题的重要性，得出欠缺创造性的解决方案。你需要乐于应对冲突，冲突虽然带来不愉快，但它对于发现一些潜在的假设和数据至关重要，因而你能避免受这些假设和数据影响，做出不明智的决策。管理者往往过早地达成了所谓的共识，这是共识导向模式一个最坏的副产品，也是为什么这个模式只适用于极度简单的决策。若不主动尝试克服这样的共识，你只会为其所困，只是把团队单纯聚集起来参与所谓的决策，但这个过程实质上并不比你独自决策要好多少。

（2）提升团队成员的参与度。管理人员可以通过让团队成员参与决策过程，展示出领导或组织对其意见的信任和重视，这反过来能提高员工参与度。根据盖洛普（Gallup）分析咨询公司的数据，参与度高的员工，其工作成果更佳，更有可能留在公司长期发展，更少经历职业倦怠期。然而，除非员工能感受到自己对工作的投入有所回报，能够看到自我优势发展的机会，否则他们无法积极参与到决策中。

除此以外，团队决策与个体决策相比，还具有以下三种优势：

（1）提供更全面、更完整的信息和知识。

（2）增加观点的多样性。

（3）提升决策的被接受度。如果团队成员参与到决策的制定过程中，他们更有可能热情地接受该决策并鼓励其他人也接受该决策。

团队决策能够为团队或组织带来更多的选择和机会，有助于决策的顺利施行，但也要注意团队决策需要花费更多的时间，容易出现责任不明确等问题。因此，选择个体决策还是团队决策，往往需要根据实际情况来进行有效选择。一般情况下，如果要保证决策的准确性、创造性时会选择团队决策，而在决策速度上，个体决策往往更胜一筹。在决定是否采用团队决策时，需要衡量团队决策在效果上的优势能否超过它在效率上的损失。总体来看，在决策过程的许多步骤中，团队是一种出色的工具，团队决策在某种程度上优于个体决策。

三、团队决策风格

团队决策风格不仅可以影响团队绩效，还能够提升团队成员的满意度。前一种说法我们不必多阐述，但后一种说法我们该如何理解？有学者进行了解释：因为团队决策要求团队成员参与其中，团队决策的过程中团队成员会对其身份重要性进行判断，从而影响了满意度。例如，一个非常重视信息公平的个体，参与团队决策时若发现自己所获得的信息比他人少，他就会认为自身与团队决策的风格不匹配，进而判断自己的重要性较低，导致满意度下降。因此，了解团队风格的内涵、类型、影响因素等非常重要。

（一）什么是团队决策风格

如同个体决策一样，团队也因其成员、历史、文化等的不同，表现出独特的决策风格。要想准确地理解团队决策风格，我们需要先了解一个概念：团队组成（team composition）表示团队成员在团队内部的属性和特征的配置，这些属性和特征随后会影响团队的过程和结果。例如，一个主要由风险规避型成员组成的团队，在决策时也往往表现出风险规避的特征。进一步地，有学者提出，团队决策风格（team decision-making style）是一种静态的、稳定的团队偏好。之所以认为其是静态和稳定的，是因为团队决策风格在很大程度上就是团队成员个体决策风格的加总。现有研究已经证实一系列的成员属性和特征对团队决策的影响，例如尽责性（conscientiousness）、外倾性（extraversion）和情绪稳定性（emotional stability）。可见，团队决策风格就是个体决策风格的聚合（aggregation）。但需要注意的是，聚合不是简单的加总，而是涉融合、排斥、分散、进化等的一个过程。虽然团队决策风格在学界的定义不尽相同，但从本质上来讲，团队决策风格是一种团队偏好，这种偏好受到团队组成、团队文化、团队历史和团队环境等因素的影响。

（二）团队决策风格

达拉尔和布鲁克斯（Dalal & Brooks）指出，团队决策包括五种类型的风格：理性型（rational）、直觉型（intuitive）、依赖型（dependent）、回避型（avoidant）和自发型（spontaneous），如表 8.1 所示。

表 8.1 团队决策风格

团队决策风格	特征
理性型	以周全的探求和对逻辑性评估为特征
直觉型	以依赖直觉和感觉为特征
依赖型	以寻求他人的指导和建议为特征
回避型	以试图回避做出决策为特征
自发型	以渴望即刻、尽快完成决策为特征

由于本书中的决策是针对知识密集型决策情况以及信息搜索、备选方案评估和逻辑分析等决策行为，因此，我们重点关注理性型的团队决策风格。根据迪恩和沙夫曼（Dean & Sharfman）的界定，团队理性决策代表了团队倾向采用系统方法来收集、逻辑评估和分析与决策过程相关的信息。可见，理性的团队决策更有规律可循，更能体现决策的科学性，也更容易做出高质量的决策。与个人理性决策类似，采用理性型决策策略的团队能够解释其决策或行动方案的基本逻辑。也就是说，团队能够解释为什么这样决策，有哪些证据支持我们这样决策，更重要的是，它可以在一定程度上预测下一阶段的行为。

理性型的团队决策强调团队在进行决策时会投入仔细的和系统的信息分析过程中。也就是说，团队的理性型决策风格表示团队会花大量时间思考决策、权衡备选方案并认真评估信息以解决问题和做出决策。团队理性决策可以帮助不同领域的团队做出更高质量的决策，并且在不确定或者知识密集型决策的情况下，作用更为突出。事实上，现实商业环境中的很多决策正是属于不确定和知识密集型决策，即团队可以获得大量和决策有关的信息。

第二节 影响团队决策的因素

一、团队成员

是什么帮助团队做出合理的决策？克尔和丁代尔（Kerr & Tindale）指出，团队做出高质量决策并因此提高团队绩效的能力取决于成员的正确组合以及利用最佳决策策略的倾向。因此，理解如何组建团队成员，这是团队决策的基础。类似地，还有研究表明，团队成员的多样性有助于产生更好的决策，通过让不同学科和文化背景的人参与到对话中来，可以增强决策团队的创造力，能够增加全新的视角来看待当前的任务或问题。这一观点对应了上一节中提到的团队决策是成员特征的聚合，涉及融合、排斥、分散、进化等。举例而言，当团队成员中有一半是重视关系自我构建的个体（relational-interdependent self - construal），另一半是重视独立自我构建的个体（relational - independent self-construal），他们在做出团队人际方面的决策时可能存在相反的意见，此时的团队决策虽然本质上也是个体偏好的聚合，但就不再是以多数成员特征为主导的决策模式。相反，此时的决策需要团队成员收集信息、仔细分析、深入研判并最终形成决议。因为这种理性的思考，成员在团队层面便表现出了融合、排斥、分散或进化等特征。

二、决策情境

尽管团队成员的特征在影响决策时往往具有主导作用，但他们仍然会考虑所处的环境，如时间压力、决策的重要性或熟悉程度。的确，人们普遍接受这样一个观点：团队决策行为不仅取决于团队成员的特征，也依赖于团队所处的决策环境。也就是说，同样的一群团队成员，他们在进行决策时会重点考虑当时所处的环境。例如，考虑到受新冠病毒感染疫情的影响，某企业高管团队就是否进入新的业务领域这一问题的决策很可能与过去几年不同，即使高管团队的成员没有变化。团队所处的情境并不只是在组织内部的情境，也包括了组织外部的情境。

基于此，我们可以延伸出一个问题：高质量的决策究竟需要合理的人员配置还是充分的决策环境的信息。交互主义（interactionism）和个体-情境匹配理论（person-environment fit theory）为我们提供了参考。交互主义源于社会心理学早期研究的争论：特质和情境谁是个体行为差异的来源？由此衍生的交互主义认为，个体可以在跨情境中表现出一致的行为。例如，一个拥有诚实品格的个体在生活和工作两种情境中都会表现得很诚实；而情境可以将不同特质的个体塑造得表现出行为趋同性。例如，当某家企业受到同行的普遍好评时，新进者们都会倾向于与其合作，即使他们本身有各自的特色和偏好。因此，我们无法简单地断定是个体特征还是所处环境决定了我们的行为；相反，是两者在共同起作用。团队决策的影响因素也是这一逻辑，即团队决策受到个体特征和所处环境二者的交互影响。当然，这里还涉及一个强度的问题，往往强度较大的一方会占据主导地位。举一个比较极端的例子，当处于火灾这种情景中，任何人、任何团队一定会选择逃跑，此时情境占据了主导地位，因为它有极高的强度。

另外，组织行为学领域中的经典理论：个体-环境匹配理论，指出了三个重要的观点：一是个体特征和所处环境可共同更好地预测了人类的行为，而不是某一方独自决定；二是无论个体特质和所处环境本身是高水平、中等水平或低水平，只要两者是匹配的就能产出好的结果；三是在不匹配时，是个体与环境不匹配还是环境与个体不匹配，并不重要，而是看整体是否匹配。因此，当团队的特征和所在的情境能够匹配时，团队往往可以做出比较积极的行为。总而言之，影响团队决策的因素，或是什么驱使团队做出科学的决策，往往是团队特征和其所处情境共同决定的，尤其是两者能够实现匹配时。

三、组织因素

团队在做决策时，需要考虑所在组织自身的因素影响。比如，组织文化、领导者对待风险的态度、组织伦理规范，等等。虽然这些因素可归纳为决策情境因素，但组织情境尤其是组织文化对团队决策的影响颇深，我们另外再进行单独论述。

组织文化是一个企业的灵魂所在，是推动企业发展的源泉和推动力，包含了组织成员在长期的相互作用和相互影响过程中所形成的共同价值观体系。组织文化影响着包括决策制定者在内的所有组织成员的思想和行为，进而影响到一个组织对方案的选择和实施，即组织文化通过影响人们对变革、变化的态度而对决策起影响作用。在决策过程中，任何方案的选择都意味着对过去某种程度的否定和组织要发生某种程度的变化。决策者本人及其他团队成员对待变化的态度会影响到方案的选择和实施。在偏向保守、怀旧的组织中，人们总是根据过去的经验和变化标准来判断现在的决策，总会担心在变化中失去什么，从而对决策将要引起的变化产生害怕、怀疑和抵御的心理和行为；在具有开拓、创新的组织中则刚好相反，成员渴望改变、欢迎改变，这更有利于决策的顺利实施。

第三节 打造高质量的团队决策力

企业在经营过程中，需要根据不同的事情、面临的不同挑战来确定不同的决策方式。在团队决策中，团队的效力来自杰出的领导者以及团队成员的决策，在什么情况下采用什么样的决策方式决定了团队的效力如何。团队决策主要有五种方式：个人决策、少数决策、多数决策、共识决策以及一致决策，具体特征见表 8.2。

表 8.2 团队决策方式及适用情况

团队决策方式	特点	适用场景
个人决策（独裁式）	个人做出决策，其他成员赞同并同意遵守	（1）某个成员处于行动最前沿，具有相关的经验和技巧； （2）紧急情况
少数决策（精英制）	少数适合处理该问题的人决策，团队参与度低	（1）少数成员处于行动最前沿，具有相关的经验和技巧； （2）紧急情况
多数决策（民主制）	团队半数以上成员参与决策，通常采用投票表决形式	（1）人员太多而不能形成共识； （2）问题太小不需要太多考虑
共识决策（民主集中制）	全体成员共同商议，团队参与度高，有利于统一思想，提高执行力	大部分重要决策
一致决策（共同决策制）	每个成员对决策完全赞同，团队参与度完全且绝对，需要大量的信息和时间	至关重要的事件

团队决策主要包括问题定义、创造高质量的选项、分析选择、计划、执行落实、检查与反馈等几个流程，与普通决策流程无异。但在团队决策过程中，我们最需要注意的问题是谨防“群体思维”（group thinking）。群体思维是指团队在沟通与决策过程中为了追求高度一致，忽视并抵制少数人的观点从而造成错误决策的现象。群体思维可能会发生在任何人、任何时间上，我们很容易落入群体思维中，甚至我们都没有意识到。同时，团队决策也容易出现群体偏移的现象，这是群体思维的一种特殊形式。它是指成员在讨论备选方案和制定决策时往往会坚持自己最初的立场或观点，使得团队决策比个体决策更容易极端化，即倾向于更保守或更冒险。那么，如何避免群体思维呢？我们有以下三点建议：

（1）采用头脑风暴、圆桌会议等决策方法；

（2）进行横向沟通或跨部门沟通；

（3）除非必要，领导不应对按正常轨道工作的团队进行过多的干涉。

团队决策不可避免地会出现争论和意见不一。为此，我们需要遵循团队决策的沟通原则：一是成员高度参与；二是鼓励不同意见，承认团队内部的不同价值判断；三是对于涉及隐私或告诉私密性的问题进行公开争论；四是时间允许的条件下，对争议的问题进行充分讨论；五是不轻易否定被认为是不合理的见解和看法；六是寻找意见的根源；七是实事求是，经受实践检验。

小问题开大会解决，大问题开小会解决

在组织内部怎样进行决策呢？柳传志曾说“听多数人的意见，和少数人商量，一个人说了算”，这解释了CEO决策的本质。“多数人”可能是公司内部的高管和董事，或是公司的外部顾问；“少数人”往往是CEO的“亲信”们，可能是受信任的董事会成员、财务总监、人力资源总监等。这其实没有什么不妥，因为在组织内部，做最终决策的职责永远是个人，而非团队。很多组织虽然是团队决策，但在决策前，通常已经有一个成形的方案。团队的集体智慧和丰富经验可能会给决策负责人提供重要帮助，但最后做出决策的。往往还是CEO！

其中的关键“少数”就是决策的基础。“小问题开大会解决，大问题开小会解决”。也就是说，小团队比大团队更擅长做关键决策，可以避免组织权力分布不均衡、部门本位主义和人多难以达成共识等问题。而且，这里的“少数”作为幕后团队，没有正式名称，组织成员灵活多变，CEO可以根据需要选择合适的咨询对象，保证决策的主动权。CEO通过“开小会”做出重大决定，然后去“开大会”寻求更多人的支持。

※启示

CEO有权“独裁”，但他要想决策能得到有效执行，他就必须“民主”。在做出正式决定之前，他必须听取多方意见，让高管们参与到决策中来，让大家感觉到这个决定是集体做出的。如果高管们认可某一个决定，他们在执行的时候才会全力投入。如果CEO能让高管们感觉到这是“大家的决定”，他们往往会表现得足够积极。CEO必须意识到，建立“少数”团队，只是为了优化决策流程，而不是为了个人的安全感，以及办公室政治。无论采取何种决策方法，CEO的目标都不在于获得所有高管的认同，而在于做出最佳决策，并让这些决策得到有效执行。这才是CEO最重要的职责。

资料来源：https://zhuanlan.zhihu.com/p/160842646。

◎小结

1. 团队决策是包括收集、处理、整合和交流信息以达成相互接受的协作过程。

2. 团队决策的独特优势：一是不再预设共识，二是能够提升团队成员的参与度。

3. 个体决策风格的聚合形成团队决策风格，这是一种静态的、稳定的团队偏好。

4. 理性的团队决策风格强调团队在进行决策时会投入仔细的和系统的信息分析过程中，可以帮助不同领域的团队做出更高质量的决策。

5. 团队能否做出科学的决策往往受到团队成员以及决策环境的共同影响。

6. 企业可以根据实际需要选择决策方式，并谨防决策过程中出现“群体思维”的现象。

◎参考文献

[1] BELL S T. Deep-level composition variables as predictors of team performance: A meta-analysis [J]. Journal of Applied Psychology, 2007 (92): 595-615.

[2] BELL S T, BROWN S G, COLANERI A et al.. Team composition and the ABCs of teamwork [J]. American psychologist, 2018 (73): 349-362.

[3] DALAL R S, BROOKS M E. Individual differences in decision-making skill and style [M]. New York: Routledge, 2013.

[4] DEAN J W, SHARFMAN M P. Does decision process matter? A study of strategic decision-making effectiveness [J]. Academy of Management Journal, 1996 (39): 368-392.

[5] DRIVER M J, BROUSSEAU K E, HUNSAKER P L . The dynamic decisionmaker [M]. New York: Harper & Row, 1990.

[6] HIGHHOUSE R S, DALAL. Judgment and decision making at work [M]. New York: Routledge, 1992.

[7] GAVETTI G, LEVINTHAl D, OCASIO W. Perspective: Neo - Carnegie. The Carnegie school' s past, present, and reconstructing for the future [J]. Organization Science, 2007 (18): 523-536.

[8] HOLLENBECK J R, ILGEN D R, SEGO D J, et al.. Multilevel theory of team decision making: Decision performance in teams incorporating distributed expertise [J]. Journal of Applied Psychology, 1995, 80 (2): 292-316.

[9] PERVIN L A. Personality: current controversies, issues, and directions [J]. Annual Review of Psychology, 1985 (36): 83-114.

[10] SONESH S, RICO R, SALAS E. Team decision making in naturalistic environments: A framework for and introduction to illusory shared cognition [M]. New York: Routledge, 2014.

[11] VAN VIANEN A E. Person-environment fit: A review of its basic tenets [J]. Annual review of organizational psychology and organizational behavior, 2018 (5): 75-101.

[12] ZHU X S, WOLFSON M A, DALAL D K, et al.. Team decision making: The dynamic effects of team decision style composition and performance via decision strategy [J]. Journal of management, 2021, 47 (5): 1281-1304.

第九章

团队学习

本章要点
CHAPTER CHECKLIST

- 圣吉模型
- 间接学习
- 知识的分享与创造
- 深度会谈与催化师角色

第一节　团队学习涌现

一、圣吉模型

课前导读
PRE-READING

20世纪80年代末，英国最大的汽车制造厂商罗孚（Rover）陷入了困境：每年亏损超过一亿美元。Rover内部管理混乱，产品质量江河日下，劳资矛盾恶化，员工士气低落，前景一片黯淡。几年之后，Rover却摇身一变，成为全球最富生命力的汽车制造厂商之一。在北美洲和亚洲，其产品供不应求；其质量优异，几乎囊括了业界所有的质量奖；Rover豪华系列一跃成为新的"马路之皇"，而Rover 600则跻身世界最畅销的汽车排行榜。在全球汽车市场刚刚复苏的1993—1994年，Rover的销售额竟增长了16%。与此同时，Rover的员工满意度和生产率也创历史新高，并且持续高涨。超过85%的员工对自己的工作感到满意，认为受到了良好的培训，并且愿意齐心协力提高团队的绩效。这与几年前的境况简直大相径庭，而这一切变化竟然发生在如此短暂的时间内，更是令人匪夷所思。

同样是汽车制造厂商，江淮汽车（JAC）也通过团队学习，走出了一条有鲜明特色的民族汽车企业的成长之路。自1990年以来，江淮汽车依靠自我积累，从净资产为负、年产销汽车不足千辆、濒临倒闭的小企业，不断发展壮大，跻身全国汽车行业前十强。1998年，公司正式提出JAC的学习观：倡导向一切可以学习的人和事学习；学习是大福利；学习是一项回报颇丰的投资；学习的最重要任务之一是学会学习。把镜子转向自己、换位思考、激荡智慧，在JAC，沟通更像是一把开启心灵的钥匙。公司将这些做法提炼成模版，形成组织记忆，贯穿各项工作，形成组织学习的长效机制。2007年5月，安徽省人民政府批准成立JAC大学，作为一所培养中、高级技工、技师和高级技师的职业学院，江淮的学习模式也从组织内部推广到整个社会。JAC大学作为安徽江淮汽车集团有限公司的下属单位，其内部结构分为三个部分：职业教育、员工培训、企业文化研究。经过十余年的不断探索和实践，江淮汽车公司探索出一条创建中国本土化的学习型组织的道路。

资料来源：Marquaradt M. J., Building the Learning Organization, 1998; http://wzpm.dajie.com/corp/1001063/discuss/276792。

当经济社会进入VUCA（volatile无常、uncertain易变、complex复杂、ambiguous模糊）时代，“变化”成为管理实践面临的巨大挑战。如何学习得比竞争对手更快，攫取变化带来的创新红利，成为企业面临的课题，学习型组织在此背景下应运而生。通过学习型组织，企业构建起一个发现变化、开发知识、推广知识、改善运营的管理机制，驱动企业持续学习、螺旋上升，进而保持相对竞争优势。

此外，在科技迅速发展、信息技术发达的知识经济背景下，学习型社会已经成为时代发展的必然趋势，“终身学习”“大教育观”等重要理念正在推动学习成为一种生活方式。学习型组织作为构建学习型社会的基石，在信息社会和知识经济时代扮演着十分重要的角色。

（一）什么是学习型组织

学习型组织理论最初是由美国哈佛大学教授佛睿思特（Forrester）于1965年提出的，他利用系统动力学的相关理论，推演出学习型组织的一些基本特征和内容，包括组织结构扁平化和动态性、组织开放性、组织信息化、组织学习持续性等。20世纪80年代，学习型组织理论开始在商业界和管理界流行，继而被教育等领域应用。

彼得·圣吉（Peter Senge）是佛睿思特教授的学生，他在十年间对数千家企业进行了深入的管理研究，经过总结提炼，于1990年出版《第五项修炼——学习型组织的艺术与实践》一书。该书首次深入地剖析并阐述了学习型组织，将学习型组织的研究理论化、系统化，揭开了学习型组织全球快速发展的序幕，促使学习型组织研究自成体系且渗透到各领域，成为当今最前沿的管理理论之一。彼得·圣吉的《第五项修炼——学习型组织的艺术与实践》点燃了学习型组织的星星之火，许多企业将打造学习型组织作为战略目标，并通过一系列实践取得了初步成效。

彼得·圣吉认为，学习型组织是一个“通过创造弥漫于整个组织的学习气氛，为充分发挥员工的创造性思维而建立的一种有机的、高度柔性的、扁平的、符合人性的、能持续发展的组织”。换言之，学习型组织以系统思考、组织学习为制度性手段，构建共同愿景、改善心智模式、不断自我超越，进而在复杂环境中开拓创新、提升效能，实现持续进步的生存与发展状态。它以“学习人”假设为人性论基础，强调正确的价值观和生活意义、强调团队学习和面向未来的学习、强调系统思考、强调学习的自愿性和深度、强调跨界合作、强调连续性学习和根本性改变等。

（二）学习型组织的特征

在传统组织中，专业化的严格分工建造了“隔离带”，把组织分割成为相对独立且常常发生冲突的领域；传统组织过分强调竞争，员工之间时常以“对手”身份相处，很难发挥组织的合力；此外，传统组织的“反应性”使得组织常常只关注当前的、细枝末节的问题，“兵来将挡，水来土掩”，缺乏长远的、全局的、核心的思考和谋划。当面对剧变、复杂的社会环境，这一系列特征使得传统组织的生命力显得十分脆弱，很难良好地适应时代浪潮。

相较于传统组织，学习型组织又具备哪些特征呢？

1. 组织文化特征

共同的愿景。全体成员对组织的发展抱有共同目标、价值观和使命感，成员间相互开放胸怀，摒弃戒备心理，为了共同期盼的未来团结一致、不断学习。

开放共享的文化。组织内部容许质疑和争论，具备积极的对话和共享环境，鼓励分享和创造新知识，促进成员间互助协作、共同进步。

2. 人本特征

善于不断学习是学习型组织的本质特征。学习型组织的成员拥有积极向上的进取心、开放发展的包容心、勇于创新的探索欲，这样一群成员在强调自我超越、自我实现、自我发展的组织环境中，不断达成个人和组织的共同成长。

3. 组织结构特征

扁平化。组织结构扁平化是指减少管理层次，增强横向联系。扁平化的组织结构使得成员之间的距离缩短，对话更加畅通。领导可以更好地向员工传达组织意图、倾听员工想法、考察员工动态；员工也可以更好地向领导反映情况，为组织决策提供建议；同级的员工之间也能更加自如地交流。如此一来，成员间共同思考、互联互通，便于组织更好地对市场做出快速反应，推动组织发展。

精简。“兵不在多，而贵在精”，精简的组织结构是高效率的前提。学习型组织通过管理人员的合理配置，减少管理层次，控制管理机构数量。从外部来看，这使组织面对外界环境时反应更加敏捷、高效，提高外部适应性，更好地应对挑战；从内部来看，这使组织更好地进行精细化管理和集约成本，整合内部资源、降低运行成本。

有弹性、无边界。弹性指的是组织柔性，表现为组织对内外部环境的适应能力。无边界是指边界不由某种预先设定的结构所限定或定义的组织结构，组织成员的活动将突破严格的组织和等级界限，各个边界之间自由沟通、交流，实现最佳合作。“无边界”不是完全清除掉边界，而是让边界具有更大的可穿透性，从而使得组织的运转更加流畅，鼓励员工跨团队、跨部门、跨层级相互学习，汲取新思想，感受差异性碰撞。

4. 组织管理特征

系统管理。系统管理要求组织在面对纷繁复杂的市场环境时，发掘问题本质，建立部分与整体的联系，从长远、全局的视角进行谋划布局；面对组织内部时，能够树立整体观、大局观，将组织视作一个有机系统，要求各职能部门协调配合。

自主管理。学习型组织强调员工的自主管理，大家根据个人目标、项目需要等组建团队，主动参与组织事务，团队内自主研讨、制定措施、亲身实践，并自主评价实施效果。组织给予员工极大的自由和空间，让员工真正参与进来，充分发挥自身优势，并肯定他们的工作成果，让其学习过程主动化，获得工作成就感和满意度。

（三）“五项修炼”——圣吉模型

如何构建学习型组织？彼得·圣吉把构建学习型组织概括为“五项修炼”，即将五项修炼技术汇聚在一起，使学习型组织演变成一项管理科学。“五项修炼”被管理界称作构建学习型组织的“圣吉模型”。其主要内容包括：

1. 自我超越——实现心灵深处的渴望

自我超越是学习型组织的重要基石或精神基础。自我超越首先是不断理清并加深个人真正的愿望，集中精力，培养追求愿望的耐心；其次是在不断学习的过程中，理性、客观地观察现实，对周围环境和自身情况有清晰且真实的认知；最后是敢于突破自我极限，跳脱出“舒适区”，追求自我超越。学习型组织需要引导成员以不断成长、终身学习为原则进行个人职业生涯规划，并创造良好的组织环境，鼓励和支持个人追求自身发展，实现个人目标和愿景。

2. 改善心智模型——用新眼睛看世界

心智模式是一个相对持久的动力系统，是在社会事件进行描述、归因和预测活动中体现出的有关社会事件的知识和信念，以此作为启发式的行为决策的基础。心智模式是指深植在人们大脑中关于自己、他人、组织及周围世界每个层面的假设、形象和故事，它深受习惯思维、定势思维、已有知识的局限。通俗地说，就是人们的心埋素质和思维方式，它来源于我们对过去事物的认知，也融合了对现实事物的认知。

改善心智模式在本质上是一个自省、学习、创新和变革的过程，包括如下三个步骤：

（1）自我觉察，把隐藏于个人内心深处隐而不见的假设、规则、成见等“浮现”出来，检视这些内在的想法如何影响着我们的行动和决策；

（2）有效表达，呈现自我心智模式，有效地向他人和组织表达自己的想法；

（3）开放包容，摒弃个人成见，以更加开放、积极的态度容纳他人的想法，并通过悉心聆听和深入思考，以新的视角或方式观察这个世界。

3. 建立共同愿景——打造共同体

共同愿景是指组织中所有成员的共同愿望、理想或目标，它建立在组织共同价值观基础上，是对组织发展的共同愿望。共同愿景使所有成员在相同目标和使命的驱使下，凝聚在一起，激发真正的信念、行动意愿和奉献精神。大家都为了这个共同期盼的景象，主动学习、积极投入、追求卓越，而不只是服从。正如彼得·圣吉所描述的“共同愿景是一个方向舵，能够使学习过程中遭遇混乱或阻力时，遵循正确的路径继续前进。”

4. 团队学习——激发群体智慧

团队学习是指发展成员整体搭配能力、提高实现共同愿景能力的过程。彼得·圣吉提出，团队学习是发挥团队智慧的最佳途径之一。要开展团队学习的修炼，必须要善于利用"讨论"和"深度会谈"两项交流技巧，让所有成员开展自由、真诚、深入的交流，通过集体思维的过程，增进成员思维的敏捷性、开放性，促进成员个人的成长进步；同时使团队思维更加默契，交流的结果超过任何个人的想法，团队整体达成"1+1>2"的效果。

5. 系统思考——见树又见林

系统思考是学习型组织的核心，是指以整体、系统的观点看待组织的发展。它引导人们从着眼局部到纵观整体，从观察事物的表面到洞察其变化背后的结构，以及从静态的分析到认识各种因素的相互影响，寻找一种动态的平衡，进而将组织看成一个具有时间性、空间性、并且动态变化的系统，考虑问题时要整体而非局部、动态而非静止、本质而非现象的思考。系统思考是整合其他四项修炼使之成为一体的理论与实务，它强化着其他每一项修炼，使融合整体能得到大于多个部分总和的效力。

如图 9. 1 所示，五项修炼是一个有机的整体，彼此制约、相互联系。改善心智模式和团队学习是基础，自我超越和建立共同愿景是向上的张力，系统思考是核心、发动机，他们共同构成了彼得·圣吉的学习型组织理论模型。彼得·圣吉在《第五项修炼——学习型组织的艺术与实践》开篇的第一章就提到："五项修炼的融合，不是以缔造一个学习型组织为最终目的，而是引导出一个实验与进步的新观念，使组织不断创造未来。"圣吉模型对于指导组织变革、提高管理效能具有重要的启示性意义，促使组织在学习、创新、变革中实现发展。

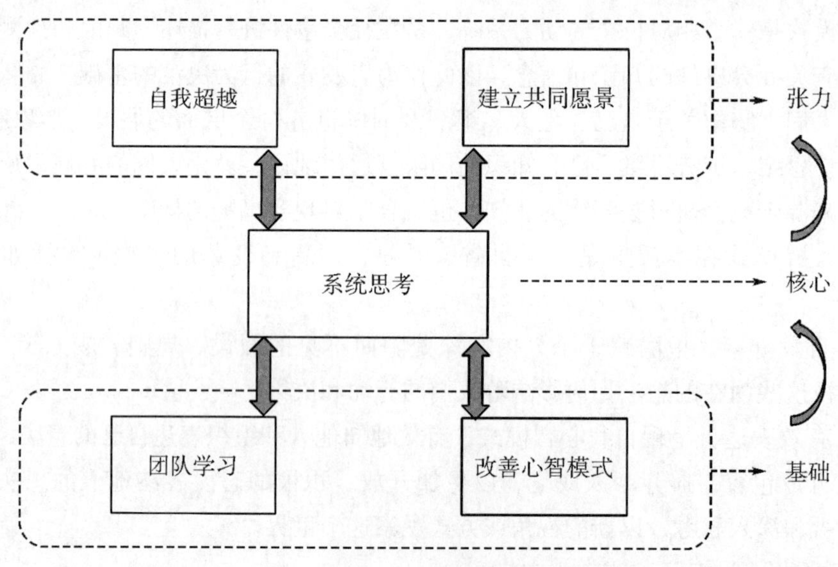

图 9. 1　圣吉模型

二、间接学习

早期的学习理论基于行为主义视角，以华生和斯金纳为代表的行为学家强调人的行为受外部强化的影响，认为学习的发生源于刺激（stimulation）、强化（reinforcement）和惩罚（punishment）。这些学习原理是从动物实验研究中获得的，而人类的复杂性远远超乎其他动物。此外，这些原理也忽视了人的主观能动性在学习行为中的重要作用。因此，行为主义视角无法对人类的学习行为进行完整解释，社会学习理论就在此基础上应运而生。

班杜拉突破了行为主义框架，从认知与行为联合发挥作用的观点去看待社会学习。在他看来，社会学习是一种信息加工理论和强化理论的综合过程，二者有机结合、缺一不可。该理论着重解释了社会情境下的学习是如何发生的，核心内容是个体会通过观察他人的行动而习得新事物，即替代性学习（vicarious learning）或间接学习（indirect learning）。

（一）社会学习理论的核心观点

社会学习理论的观点非常广泛，其中对组织管理研究有较大启发的观点包括：

1. 观察学习

从引发源的角度来看，人的学习行为可分为两大类：一类是由行为后果引起的学习，另一类是由示范过程引起的学习。社会学习理论强调的是后一种学习，即观察学习（observational learning）。观察学习认为个体会观察、模仿和学习他人的行为。在经典的不倒翁实验中，班杜拉首先让儿童观察成人对不倒翁玩偶做出的攻击行为，之后让这些儿童单独在房间里与不倒翁玩耍。结果发现，观察了成人攻击行为的儿童会进行模仿，也对不倒翁实施攻击。

班杜拉提出了观察学习的三个基本模型：

➢现实模型（live model）。一个真实的人表现出某种行为，如上述实验中成人对不倒翁做出攻击行为。

➢言语指导模型（verbal instruction model）。对某种行为细节的描述和阐释；如父母通过动作性指令，指导儿童逐步完成某项任务。

➢符号模型（symbolic model）。一个真实或者虚构的人物，通过电影、书籍、电视、广播、网络或其他媒介表现出来的行为，如从教科书中学习如何进行某项化学实验。

班杜拉进一步将观察学习分为四个过程：注意（attention）、保持（retention）、再现（reproduction）和动机（motivation），如图 9.2 所示。注意过程调节着观察者对示范活动的探索和知觉，包括选取行为进行观察，从中提炼信息；保持过程使得学习者把瞬间的经验转变为符号概念，形成示范活动的内部表征，包括记忆、存储、自我演练；再现过程以内部表征为指导，把原有的行为成分组合成信念的反应模式，包括实施新习得的行为，并获取反馈；动机过程包括针对新习得行为的正向激励或负向抑制。

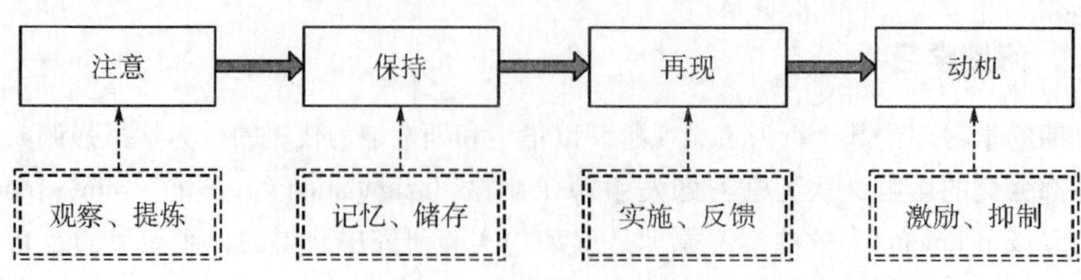

图 9.2　观察学习的四个过程

此外，班杜拉也提出，并不是所有可观察到的行为都能被有效地学习。在特定的情境中，个体会因为某一过程而无法模仿和学习某种行为。例如：

·榜样的吸引力很小，或者示范行为本身没有意义，或者观察者信息加工能力比较弱，导致观察者没有注意示范行为；

·观察者对行为意图的理解有偏差，因而对行为的编码不恰当，不能提取和保持所观察到的内容；

·观察者缺乏模仿学习的能力；

·观察者缺乏模仿学习的意愿。

2. 学习的中介

班杜拉指出，学习的心理变化是以认知过程为中介的。示范行为对观察者的影响是通过改变观察者的两种认知来实现的，即效能期待（efficacy expectancy）和结果期待（outcome expectancy）。效能期待是个体对自己能否达成某种行为的认知估计，即自我效能感。结果期待是个体对某一行为会带来某种结果的认知估计。

社会学习理论重点阐述了效能期待，认为人们的自我效能感会以多种方式影响他们的生活。例如，自我效能感高的个体会聚焦于如何完成当前任务，而不是如何避免出错；面对困难和挑战时，自我效能感越高，个体克服困难的决心、毅力、专注力也会更高。通俗地讲，观察者首先得对自己掌控局面、完成目标的能力具有高度自信，才可能进行学习和应用。班杜拉进一步指出了自我效能感的几个来源，包括自身的成就经验、替代性学习、言语说服及心理和情绪唤醒等。此外，在解释具体组织情境中的社会学习行为时，因组织情境的差异性，需要考虑限制条件和适用范围，以便能够更加有效地解释组织内的学习现象。例如，最新的研究从领导成员交换（LMX）视角阐释了一个有趣的社会学习现象：员工会学习（观察和模仿）其主管对客户实施了不文明行为，随后自己也参与、实施这类行为。而在此过程中，领导成员交换（LMX）和感知服务环境，是员工观察和模仿过程的边界条件。具体而言，当员工与主管的 LMX 较高时，他们更有可能贬低客户；当员工感觉到服务氛围较弱时，他们更可能对客户表现出不礼貌。

3. 学习的影响因素

社会学习并不是在真空中发生的，示范者对观察者的影响取决于示范者、观察者和学习情境等综合因素。在示范者方面，那些权力大、地位高、能力强的示范者更有可能让观察者学习。在观察者方面，其能力、动机、信心会在很大程度上决定社会学习过程。在学习情境方面，行为的后果、示范者和观察者的相似性等都会影响社会学习的效果。

4. 强化的作用

班杜拉认为强化在社会学习过程中也起着重要作用。社会学习理论提出了三类强化，即直接强化、替代性强化和自我强化。

直接强化指的是观察者已经做出它所观察到的动作或者观念。例如，一名员工在会议时主动发言被领导表扬，这名员工就受到直接强化，以后更加愿意积极建言献策。

替代性强化指的是观察者因看到榜样的行为被强化而受到强化。例如，领导在会议上对一名员工的缺勤行为进行批评，其他员工观察到这一现象后，今后会更加注意自己的出勤，不敢轻易缺勤，对于其他员工来说就是替代性强化。

自我强化指的是能观察自己的行为，并根据自己的标准进行判断，由此强化或处罚自己。个体采用内部的绩效标准，用以监控自己的行为，并设置奖励，以激励自己持续努力、达成目标。在自我奖励的过程中，个体给予自己正向强化（表扬、物质奖赏、成就感等），或负向强化（惩罚、羞愧、尴尬等）。自我强化其实是对自己行为的一种肯定和否定。例如，自己设定了“工作时不使用社交软件进行私人聊天”的目标，达成这一目标后，内心产生成就感，通过自我肯定进行了自我强化，以促进自己的行为。社会学习理论尤其重视自我强化在学习中的重要作用，认为自我引导、自我激励等能力能够帮助人们在学习中表现得更好。

（二）社会学习理论的拓展

在 1977 年提出社会学习理论后，班杜拉进一步阐述了其中的认知部分，并在 1986 年提出了社会认知理论。该理论是对社会学习理论的拓展，其核心思想是个体行为的习得、保持和变化是个体、行为和环境共同作用的结果，因此也被称为“三元交互决定论”，如图 9.3 所示。根据这一理论，人既是环境的塑造者，也是环境作用的产物。

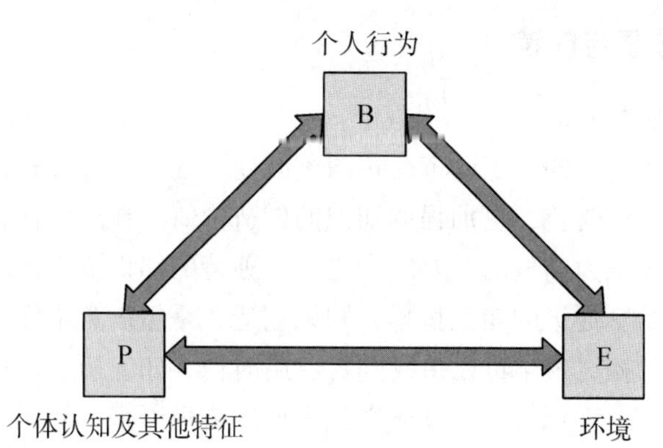

图 9.3　三元交互决定论

此外，相较于社会学习理论，社会认知理论在自我调节、自我效能、道德推脱、情绪反应方面有所深化。总体来看，社会认知理论跳出了“学习”的研究边界，同时进一步地凸显了心理与认知过程的重要性。根据社会认知理论，当人们置身于环境中时，人们不是自身的旁观者，而是自身及其经历的能动者。人格能动性的核心特征包括四点，分别是意向性、前瞻性、自我反应与自我反思。意向性（intentionality）指的是人们对未来行为的投入态度、主动承诺；前瞻性指的是人们预期未来行为可能产生的后果；自我反应（self-reactiveness）意为人们审慎地做出计划与选择，把控合理的行为过程，并在执行过程中自我激励与调控；自我反思（self-reflectiveness）意为人们审视自身的能动性活动以及元认知能力。

（三）社会学习理论对管理者的启示

（1）员工可以通过观察组织中其他人（领导、下属、同事）的行为来学习新事物，因此管理者必须以身作则，表现出组织期望的行为，同时还要在组织中引导期望行为并纠正不当行为，进而通过下行传递、上行传递和同级传递，强化组织成员对期望行为的模仿和学习。

（2）员工的模仿和学习并不是无条件的。为了强化员工的学习，管理者可以提供各种有助于促进模仿和学习的条件。例如，提高自身的权力、地位和能力，强化自身的可信性和魅力性，增进与员工的一致性，在组织内营造向榜样看齐和学习的文化氛围。

（3）自我效能感在学习过程中具有重要作用。组织和管理者应提高员工的一般自我效能感和特定领域的自我效能感（如创造力自我效能、建言自我效能、冲突解决自我效能），帮助员工树立对自己实施期望行为的自信。管理者可以通过强化员工自身的成就经验、替代性学习、言语说服以及心理和情绪唤醒来提高员工的自我效能感。

（4）管理者需要正向强化那些实施期望行为的员工，但要注意不同员工的特质和动机不同，因此在奖励形式的偏好上存在差异。例如，有些员工喜欢被公开表扬，有些却不以为意，管理者可以通过提前调研的方法来了解大家对奖励形式的建议。

第二节　集体智慧与团队创新

一、知识的分享与创造

（一）知识管理是什么

以智能化为标志的第四次工业革命正深刻改变着社会生产方式，创新驱动经济社会高质量发展的知识经济时代，更加强调知识的创造价值。在众多社会资源中，知识已经被公认为判别组织竞争力高低的重要因素之一，独特的知识资产已成为成功组织的核心资产。高效的知识共享促进的知识积累、知识创造，是组织竞争优势的根本性来源。

人类对于知识的探讨最早可以追溯到古希腊时代，知识历来是哲学中认识论研究的对象。自学习型组织、知识管理等领域受到人们的重视以来，知识及其特性也成为管理学研究的重点。综合学者们对于知识的定义，可以将知识理解为结构性经验、价值观念、关联信息及专家见识的流动组合，是指经过人的思维整理过的信息、数据、形象、意象、价值标准以及社会的其他符号化产物。

随着知识的重要价值日益凸显以及新经济理论的兴起，知识管理（knowledge management，KM）作为全新的管理思想和方法，吸引了众多企业家和学者注意。从学术界到管理技术产业界的学者们，对知识管理的原理、概念、职能和实际应用等多个角度已经进行了广泛的研究。知识管理是涉及人、技术和组织的一种管理思想与方法，可以协助组织实现知识创新，提高竞争力，包括知识的获取、编码、存储、转移、应用和共享等具体活动。

1. 知识共享

已有的大量研究已证明，知识共享（knowledge sharing）能够有效提高组织和团队的创造性产出、推动组织和团队创造力，达成组织和团队创新。尤其是当环境变动明显时，围绕工作任务开展的知识共享更有助于团队产生新的想法，有效实现组织管理目标。林东清在《知识管理理论与实践》一书中，将知识共享表述为：组织的员工或者内外部团队在组织内部或者跨组织之间，彼此通过各种渠道进行信息（知识）交换和讨论，其目的在于通过知识的交流，扩大知识的利用价值并产生知识的效应。

从知识存放地点和共享内容的角度来看，知识共享就是指员工个人的知识（包括显性知识和隐性知识）通过各种交流方式（电话、口头交谈、网络等）为团队中其他成员所共同分享过程，是以增加知识量为目的，以各种沟通媒介和交流方式为手段，不同主体围绕具有互补性的知识、经验、技能所展开的一系列交互活动。

从参与主体的角度来看，完整的团队知识共享过程就是团队成员（知识提供者）将知识通过各种方式传递、共享给其他成员，其他成员（知识接收者）通过理解和吸收知识而应用到自己工作中的过程。由此可以看出，团队中的知识共享并不是一个单向的活动，而是一个反复试验、反馈、相互调整的过程。基于知识接收者的角度，陈诚给出了知识共享过程模型，如图 9.4 所示。模型以知识接收者为中心，在接收者提出了知识需求后，共享者提供知识并被接收者吸收应用，强调了知识接收者在知识共享中的作用。

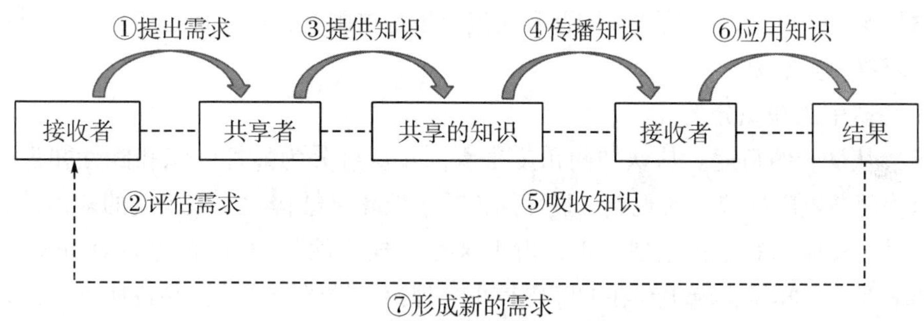

图 9.4 基于接收者的知识共享过程模型

2. 知识创造

知识是国家创新战略的重要基础和科技创新的必要条件，持续有效地提高知识创造水平对创新主体具有重要的现实意义。日本著名知识学教授野中郁次郎指出：“由于知识是具有动态性和生命力的，知识管理的研究重点应该放在知识创造的动态过程中。”由此可见，知识创造是知识管理中的核心环节和重要组成部分。

野中郁次郎首次提出知识创造的概念，他将知识创造界定为组织整体上创造新知识、在组织内外传播新知识并将其潜入产品、服务和系统的能力和过程。随着知识创造在组织发展中发挥价值的日益提升，学术界对知识创造的研究热情也逐渐高涨。创造内涵可划分为两大类。

一类是从过程视角对知识创造进行界定。阿尔梅达（Almeida）等在野中郁次郎等的研究基础上，提出知识创造是以组织成员为载体，实现外部显性知识与内部隐性知识整合转换的动态过程。韩智慧等认为知识创造是企业在组织内部完成知识的更新和扩散过程，在这一过程中所创造的新知识能够体现在公司的技术、产品与服务之中；员工是知识创造的主体，因此企业需要建立有效的激励制度来激发员工的创造力。

另一类是从产出视角对知识创造进行界定，他们认为知识创造是主体以资源利用最大化为目的，通过特定行为来实现知识的获取、存储、更新以及创造的活动。克朗（Krogh）等指出知识创造是具有不同知识背景的个体，通过互动和协同来更高效地实现显性知识与隐性知识的更新与创造。

基于此，我们认为，知识创造是组织成员有目的、有意识、富有能动性的主体创造行为，通过主体间协同和互动，在组织内部实现知识的更新、扩散及创造，完成显性知识和隐性整合转换、新知识创造并进行应用的动态过程。

（二）团队知识共享

随着团队日趋成为现代组织运作、学习的基本单位，在组织层面知识共享理论的基础上，基于团队的知识共享也取得了丰富的成果。团队被视作组织知识共享、创新的微观组织，有效的知识共享不仅可以提升团队成员的知识积累和学习能力，还能提高团队整体的绩效和创新能力，进而提升组织的核心竞争力，构建持续的竞争优势。因此，团队知识共享引起了研究学者的关注。

团队知识共享指不同主体的知识以团队为核心和基础，在组织中的转化、转移和交流。可以从三个方面理解这个概念：一是这种知识共享的本质是隐性知识和显性知识的转化和传播；二是这种知识转移、交流是围绕团队发生的，或者说团队是发生这种转移交流的基本组织单元；三是这种转移和交流并不是局限在团队，而是服务于和影响组织整体的绩效和竞争力。

1. 团队中的知识分类

（1）从认知的角度。从认知的角度来看，知识可分为显性知识和隐性知识，这也是知识管理领域广泛接受的观点。显性知识是系统化、结构化、编码化的知识，它通过数据、语言或程序的方式呈现。正是由于这种“规范性”，它比较容易为别人所认知、学习和掌握，在知识交流中存在的障碍较小。理论、数学公式、产品说明书、工作手册等都在显性知识之列。隐性知识又被称为未编码知识，是指那些与个人经历密切相关的专有技能、行为模式、观点、信仰、经验和价值等无形的因素。与个人密切相关这一特殊性，决定了隐性知识难以被他人所理解、接受和掌握，进而难以传播。

（2）从主体的角度。从知识主体，即知识拥有者的角度来看，知识可分为个体知识和团队知识。结合经济合作与发展组织（organization for economic co-operation and development，OECD）对知识的四大分类，我们可将团队中的知识类型和内容进行整合，如表 9.1 所示。

表 9.1　团队中的知识类型和内容

类别		个体知识	群体知识
隐性知识	know-how know-who	团队成员个体的信念、灵感、洞察力、心智模式、技能、技巧、经验、诀窍等	团队集体信念、人际关系、合作默契、协作技能；团队掌握的技术诀窍、运作流程等

表9.1(续)

类别		个体知识	群体知识
显性知识	know-what know-why	团队成员个体掌握的文件、资料、概念、原理、规则、事实等	团队掌握的文件、资料、概念、原理、规则、事实；知识库中的数据、信息等

需要强调的是，虽然团队知识最终依然存在于成员个体的大脑之中，但由于这些知识是在团队特有的情景条件下产生的，因而只有对团队整体才有特定的意义和内涵。同时团队成员的默契合作、协调技巧、工作经验等隐性知识，是非常重要的知识资源，具有价值性、稀缺性、模糊性和难以模仿性，从而成为团队乃至组织竞争优势的重要组成部分。

2. 团队知识的形成机理

团队知识来源于三个方面：一是团队组建时个体知识转化成团队知识，二是在团队运作过程中形成团队知识，三是团队从外部（其他团队和组织中）获得知识。

（1）事前学习——从个体知识到团队知识。团队成员具有不同的学习经历、教育背景和工作经验，并在团队中扮演着不同的角色，因而每个团队成员都拥有独特的个体知识。当拥有差异化知识和能力的团队成员在共同愿景的指引下，形成一个相互信任的整体时，这些独特的个体知识就可能通过讨论、深度会谈、任务合作、岗位轮换等方式在团队内部进行共享，进而转变为团队知识。

（2）事中学习——从共同经验到团队知识。除了事前从成员个体的历史经验和学习经历中形成之外，在团队运作的过程中将共有的经验显性化，也是团队知识形成的另外一个重要途径。在团队执行任务过程中，团队成员相互探讨、共同学习、形成默契，发现问题并解决问题，从而产生了团队共有的隐性知识。在团队完成某项任务后，团队成员通过诸如“总结会”的形式，回顾完成任务过程中的经验和教训，将隐性知识显性化，产生新的团队知识，如图 9.5 所示。

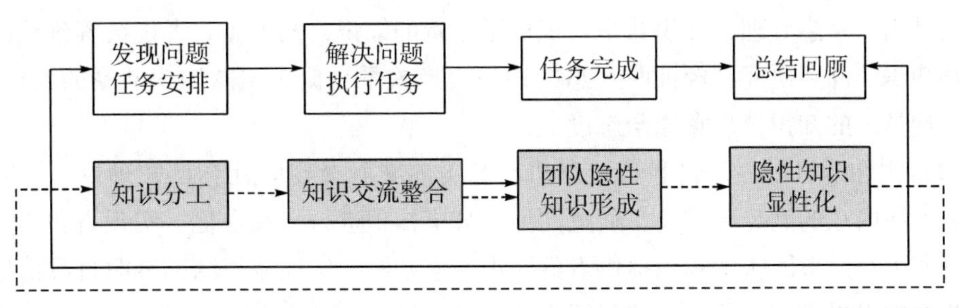

图 9.5　团队任务过程与知识学习的双循环

（3）外部学习——从外部学习到团队知识。以上两种团队知识的形成都是通过团队内部学习获取的。从外部学习取得知识也是团队知识形成的另外一个重要途径。团队的外部学习包括从组织中获得知识、从其他团队获得知识等，如图 9.6 所示。如果团队间具有互惠的知识共享和转移机制，团队就能够很好地利用有过相似经验的团队，吸取其他团队的经验和知识。其他团队可能来自组织内部，也有可能来自其他组织。当然，这些跨团队的知识共享行为，往往需要企业管理高层加以协调和支持。

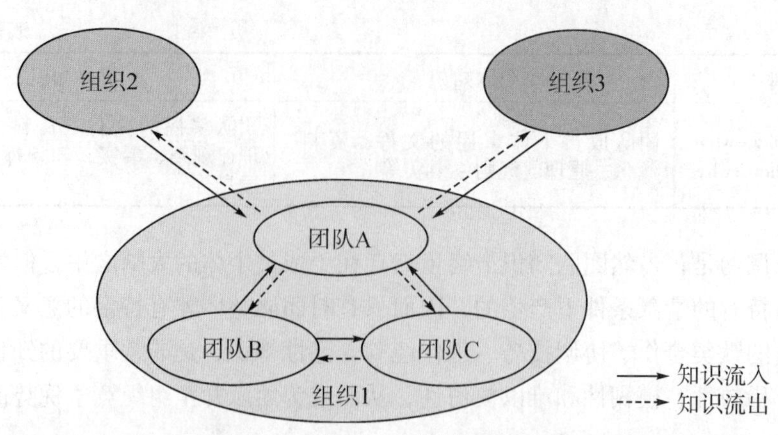

图 9.6 团队知识来源的外部获取

3. 团队知识共享的动机

为什么在团队内会产生知识共享的行为呢？事实上，团队成员进行知识共享并不完全是自发的，为了更好地了解知识共享行为，许多学者对知识共享的动机进行了分析。根据对现有文献的研究，我们可以将团队知识共享动机划分为外在动机、内在动机及社会动机三个维度。

（1）外在动机。一是经济动机。根据期望理论，对于一个给定的行为，产生的结果越积极，人们越倾向于去执行这个行为。同时，根据经济交换理论，个人的行为受理性的自我利益所引导，人们产生知识共享行为的动机就体现在其获得（或感知）的经济收益大于其实施该行为的成本（如时间、精力、脑力劳动等）上。从这些理论可以看出，外在动机（如金钱奖励、表扬、公众认可等）会影响员工参与知识共享。此外，建立公平的奖励系统也可以激发团队成员的知识共享行为。而 Lin 的研究表明，组织奖励可以短时间内促进团队知识共享活动，但其并不是促进团队知识共享的根本动力。二是人际互惠动机。基于社会交换理论，人与人之间的关系遵循互惠原则。员工相互共享知识也是出于互惠心理，知识共享者提供了宝贵的知识，知识接收者也会等价地向提供者转移知识。许多研究已经证明互惠的知识交换关系是促进团队知识共享的外在动机，正向影响员工的知识分享意愿与态度。

（2）内在动机。一是自我价值动机。基于前文所谈到的社会认知理论，团队中有些成员关注内在的满足和成长，通过向他人分享知识进行自我强化、实现自我价值。龚立群研究了在虚拟团队中知识提供者的知识共享动机，实证分析结果表明自我价值是虚拟团队中知识提供者进行知识共享行为的内在动机，并且提出要重视基于内在动机的激励机制。当经济动机失效时，自我价值感这样的内在动机更能促进团队成员的知识共享行为。二是利他动机。利他主义（Altruism）指的是自愿采取帮助他人的行为，且预期不会得到任何形式的回报。在团队知识分享中，利他动机是一种基于知识提供者与接收者之间的交换关系的内在激励。通俗地讲，个体共享知识因为他们认为帮助他人解决有挑战性的问题、向他人分享知识，能使他们感觉良好，获得内在愉悦。Chang H H 研究了在虚拟团队中，利他动机对知识共享行为的质量和数量都有积极的影响。

（3）社会动机。社会资本理论认为，人们通过社会互动和与他人的联系，在个体、群体和组织层面获得有形和无形的资源。团队知识共享是团队成员在特定的社会情境下与他人进行人际交往和互动的过程，通过共享知识，成员可以从社会网络中构建良好的社会关系，并进一步获得宝贵资源。Yong Sauk Hau 研究了社会资本对知识共享意愿的影响，通过回归方程系数表明社会资本可以促进显性知识和隐性知识共享，并且相对于显性知识共享，社会资本更能促进隐性知识共享。

除了对经济动机的影响尚未达成一致外，多数学者对其余动机已经基本达成了一致结论，即内在动机（人际互惠动机）、外在动机（自我价值动机、利他动机）、社会动机均对团队成员的知识共享有正向影响。表 9. 2 对团队知识共享动机进行了总结。

表 9. 2　团队知识共享动机

内在动机	经济动机
	人际互惠动机
外在动机	自我价值动机
	利他动机
社会动机	—

延伸阅读

SUPPLEMENTARY CONTENT

组织的薪酬奖励一定能促进知识共享行为吗？

目前，学者们关于经济动机对知识共享的影响力研究，尚未达成一致结论。第一类观点认为，组织的薪酬奖励对员工的知识共享行为有积极的正面影响；第二类观点认为，组织奖励对知识共享行为没有影响或影响不显著；而第三类观点则完全相反，认为组织的薪酬奖励对知识共享行为会产生负面影响。为什么会出现这样的现象呢？

通过对比三类研究，发现可能存在如下三个方面的原因：第一，人们在知识共享经济动机的内涵理解上存在差异，因而在自变量的选择上有所不同；第二，差异性的地域、文化等对知识共享行为的动机会产生不同的影响；第三，在经济动机及其影响结果之间可能存在一些调节变量，它们改变了经济动机的作用大小及方向。因此，经济动机对知识共享的影响力研究，还值得学者们进一步探索。

※启示

关于组织奖励是否能促成员工的知识分享行为还值得进一步研究，管理者们需要根据组织的实际情况进行实践和摸索，探寻出适配本组织实际情况的薪酬体系及激励机制，更好地发挥经济动机的激励作用。

4. 团队知识共享的影响因素

知识共享是一个复杂的动态过程，不同的知识主体、客体，不同的共享情景、文化，不同的共享渠道和机制，都会对知识共享的意愿、行为和效果产生影响。因此，知识共享的影响因素一直是知识共享研究中研讨最多的热点。结合相关文献的观点，我们发现学者们主要从知识特性、个体层面的心理特征、组织层面的组织文化和结构、相关

的技术和手段特征等角度加以分析。与个体知识共享行为的研究相比，团队层面的知识共享研究的一大贡献就是引入了大量的团队情境与氛围作为前因变量，包括团队组织特征、团队认同感、团队凝聚力、心理安全、激励，等等。表 9.3 概括了团队知识共享的影响因素。

表 9.3　团队知识共享的影响因素

主体因素	◇团队领导（领导特征、组织支持） ◇团队成员（自我效能、意愿和能力、信任）
知识因素	◇知识清晰度、差异性、知识距离
环境因素	◇团队特征（成员交换、激励机制） ◇团队文化氛围
过程因素	◇技术手段 ◇共享平台

（三）团队知识创造

知识创造是促进团队知识不断增值，提升团队创新能力的重要途径，是企业创新的动力源。如何将团队内部高度分散、碎片化的个人知识在共享的基础上进行有效整合，创造出新的知识，逐渐受到了业界和学术界的关注。目前，针对团队知识创造机理的研究具有代表性的模型有代表性的有：针对单一主体知识创造过程的 SECI 模型、针对主体间的知识创造过程的集成知识创造模型、针对网络化知识创造过程的交互影响模型。

1. 单一主体的知识创造过程——SECI 模型

知识创造的提出者野中郁次郎与竹内弘高共同提出了经典的 SECI 模型，如图 9.7 所示。该模型阐述了知识创造的动态过程，提出了知识转化的四种方式，已经成为研究知识创造、知识型员工等热点问题的主要理论依据。

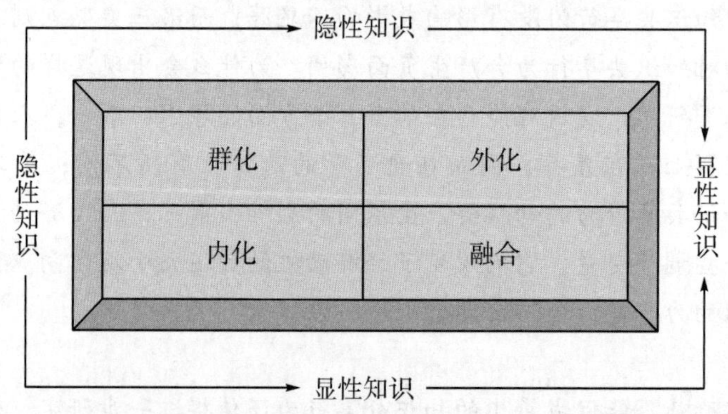

图 9.7　SECI 模型

根据 SECI 模型，知识创造是个体和团队通过交流互动分享彼此的显性和隐性知识，通过群化、外化、融合、内化四个主要流程，推进团队知识螺旋上升，进而达成知识创造的过程。该理论指明了知识创造的路径和步骤。

（1）群化（socialization）即社会化，是一个经验分享的过程，是知识创造的基础。团队成员通过交流、沟通等形式，共享经验、心智模式、感悟、体会等，获得特定的背景条件、特定的情境且难以公式化的隐性知识，如共有的思维模式和技术能力等。

（2）外化（externalization）即外显化，是一个将隐性知识转化为显性知识的过程。团队成员借助类比、隐喻、抽象推理、概念提炼、概括、综合归纳等方式，通过语言、文字等载体，将隐性知识外显化，形成清晰的显性知识，是典型的知识创造过程。

（3）融合（combination）即组合化，是将概念系统化到一个知识体系的过程。成员们将零散、分立、不同成分的知识，通过交叉、融合、结合等方式，形成结构更为复杂、内容更为丰富的显性知识。它是一个显性知识的系统化和综合化，并在原有显性知识的基础上创新和运用新的显性知识的过程。

（4）内化（internalization）即内隐化，是把系统的显性知识透过知识实践转化为员工的个人隐性知识。团队成员参与和培训等方式，利用人力资本持续促进和创造新的隐性知识。

透过上述四个步骤，团队内部知识得到充分流通，产生新的知识，从而实现团队知识创造。

2. 主体间的知识创造过程——集成知识创造模型

从 21 世纪初开始，知识创造的研究重点由单一主体内的知识创造，转移到主体间（组织间或团队间）的合作知识创造。其中较为代表性的就是 Chung-An Chen 提出的集成知识创造过程。Chung-An Chen 认为，以往研究主要是采用微观管理视角，仅关注单个组织或团队。但是在网络环境下，知识创造研究应更关注环境的变化。为此，他提出了集成知识创造过程模型和包含“反向”逻辑的知识创造过程。

· 第一个阶段是知识输入和知识复制，驱动因素是为适应组织规则。

· 第二个阶段是知识交流、知识应用、知识扩散。

· 第三个阶段是知识存储。从自然选择视角来看，他认为是惯性促成了知识的创造。但是当组织依靠惯性储存知识时，过度惯性可能削弱发展的理性，从而导致知识反馈的失败。

该模型关注于知识创造过程的动态演化，从宏观层面探讨了知识创造的完整过程。该模型从制度主义、合理的适应性、自然选择等视角分析了知识创造过程，体现了知识的动态演化和自然选择过程。

3. 基于社会网络的交互影响模型

自 2008 年至今，学者们对知识创造的研究进入第三阶段。这一阶段更注重对社会网络或社区环境内知识创造过程及模型的研究。这一阶段的研究意识到知识创造是一个复杂的、不确定的过程，通常需要通过团队间乃至组织间的合作，以吸纳外部资源。研究重点从单一创造主体转移到网络环境，更加关注社会网络和实践社区。

我国学者张鹏程等采用社会网络理论，构建了一个合作网的结构与关系强度的交互模型。该模型认为知识创造的关键在于如何通过互动建立成员之间的链接，将不同来源、不同形态的知识，进行有效重组和交叉。个体之间的互动是资源、信息或知识等要素实现分享、交换与整合的主要途径，团队的行为与结果受制于团队内部成员间的互动关系与结构状态。

该模型中，团队的网络中心性正向影响团队知识创造，网络密度负向调节中心性与团队知识创造的关系，关系强度进一步调节网络中心性与网络密度的交互作用。简言之，当网络中心性较大，网络密度较小，关系强度较强时，团队能够创造出较多的知识。图 9.8 揭示了社会网络与知识创造的交互模型。

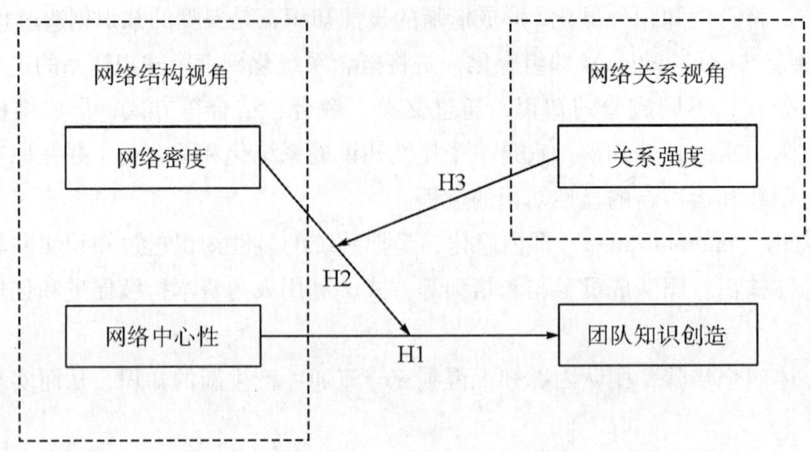

图 9.8　社会网络与知识创造的交互模型

该研究整合了社会网络的结构与关系两个视角，构建了一个崭新的交互模型，描述了个体知识如何转化为团队知识的过程。其中，网络结构反映的是个体间的互动和链接方式，正是个体学习的表现形式；与此同时，网络关系则反映了个体之间交流的知识属性，也是知识创造理论提出者野中郁次郎所强调的知识转化内容，是将以往相关研究进行整合的有益尝试。

二、深度会谈与催化师角色

维尔纳·海森堡的《物理学及其发展》（*Physics and Beyond*）是一本非凡的著作。书中提道："科学植根于交谈，不同人的合作的可能最终达成最重要的科学成果。"海森堡在书中回忆了与泡利、爱因斯坦、波尔及其他物理学家的延续了一辈子的交谈，这些伟大人物在 20 世纪上半叶颠覆并重塑了传统的物理学。海森堡说，这些交谈对"我的思想产生了持久的影响"，促生了许多理论。海森堡关于这些交谈的回忆生动具体，富于情感，揭示了"协作学习"（collaborative learning）的巨大潜力——我们在集体中时，比个人单独思考时具有更大的智慧、悟性和洞察力，潜在的团队智商可能比个人智商高出很多。同时也展现了"深度会谈"（dialogue）在团队发展中的重要价值——通过深入、自由的汇谈，在思想交融，产生更璀璨的火花，催生那些我们事前未曾想象过的成果和变化。

（一）团队学习中的深度会谈和商讨

正如前文对"圣吉模型"中团队学习的界定，要通过团队学习发展团队成员整体搭配能力、提高团队实现共同目标的能力，就需要运用到两种独特的实践艺术（两种方法）——深度会谈和商讨。已故的当代物理学家大卫·波姆（David Bohm）开发了一套"深度会谈"的理论和方法，他指出对有能力不断进行生成性学习的团队来说，深度会谈和商讨都很重要，但其效力来自两者的协同整合。在此之前我们需要首先对两者的区别进行梳理，便于更加清晰地理解。

波姆指出，"商讨"（discussion）一词的词根与"撞击"（percussion）和"震荡"

（concussion）相同。它就像“打乒乓球一样”，大家把各自的观点抛出来，相互碰撞，寻找最佳。但游戏的目的通常是“取胜”，在这里的胜利就是要让大家接受自己的观点，成为团队最终采取的决策。这样团队成员就持续把注意力放在阐述和辩护自己的观点、进而赢得胜利上，这并不符合协调性和真相优先的原则，也不太可能实现更深入的学习效果。因此波姆认为，我们需要一种不同的沟通模式，即“深度会谈”模式。

与商讨一词相对照，“深度会谈”（dialogue）一词来自希腊语 dialogos：dia 意为“通过”，logos 意为“词语”或“意义”。波姆认为，这个词的原意是“意义在人与人之间的自由流动，从某种角度上说，好比河水在两岸之间的流动”。在深度会谈中，一组人可以接触到更大的“意义共享池”（pool of common meaning），而这个共享池单靠个人是接触不到的。我们可以通过以下要素更加清晰地理解深度会谈：

目的：深度会谈的目的是超越每个单独个体的理解力，“在深度会谈中，我们不是相反的，如果做的得当，我们大家都赢得了胜利。”通过发展共同分享带来的意义，新的心智开始在团队中出现。

特点：成员们不是处在对立面，不会为了让自己的观点取胜而“习惯性防卫”或产生冲突，大家共同参与这个意义共享池的建设。团队成员从许多不同的角度来探索复杂、困难的问题，大家都“悬挂”或暂时忘记自己的假设，又可以自由沟通这些假设。这样的沟通引发了大家自由地探索，是大家深层经历和思想都浮出水面，同时超越个人的观点。

观察内容：在深度会谈中，我们成为自己思想的观察者，那我们究竟观察到了什么？

（1）我们能观察到自己思想的活跃性和参与性。一旦大家看清自己思想的参与特性，就会开始把自己和自己的思想区分开来，还会开始对自己的思想采取更有创造性的姿态，愿意去更新它、改变它，从而减少“习惯性防卫”。即便是在会谈时发生冲突，大家也会认为“是我们的思想在发生冲突，并不是我们本身。”

（2）我们还能观察到思想的集体特性。大家开始认识到，我们所持的假设大多数都来自我们文化所接受的假设之库。“大多数思想都有集体性根源”，只是我们每个人会在此根源上进行自己的加工。从这个角度来看，我们很少有人能跳脱出这种集体特性，真正“独立地思考”。

（3）我们还能观察到他人与自己不同的思想结果、思考过程。波姆认为，这对纠正我们思想的不连贯性是非常重要的。

基本条件：即便是我们了解了深度会谈的特征，但要在团队中成功地进行一次深度会谈是具有挑战性的。波姆认为，以下的三个基本条件，能够减少成员间沟通交流的阻力，帮助“意义池”中的思想自由流动。

1. 悬挂假设

深度会谈的第一个条件就是把自己的假设“悬挂”起来，这并不意味着放弃和压制自己的假设，不去表达它，也不是说持有自己的意见就是“坏事”，更不是说我们应该摒弃主观性。相反，这里的要求就是意识到自己的假设，并把它拿出来接受检查，允许它自由流动，对质疑、观察和评论都保持开放和欢迎的姿态。如果我们总想为自己的观点辩护，就做不到这一点。并且，如果团队中有某位成员持续进行“习惯性防卫”，摆出决不妥协、倔强到底的姿态，就会破坏此次深度会谈的流动性。

2. 相互看成同事

团队成员之间将彼此视作平等的同事，是进行深度会谈的关系基础。思想是具有参与性的，只有当我们在思考的过程中有意识地把对方看成同事，建立平等的关系，才能以帮助同事、共赴目标的方式来交流沟通。此外，相互看成同事，对建立正面的心态、弥补深度会谈带来的心理脆弱都非常关键。因为悬挂假设会让人产生心理脆弱感，而平等的同事关系会让我们拥有安全感。有趣的是，随着深度汇谈的深入，团队成员之间即便事前不存在太多共同点，也会开始发展一种友情。

值得注意的是，同事关系并不是要求你完全同意或拥有与其他成员一样的观点，相互看成同事这一条件真正产生作用，其实就是在当大家观点不一致时。把其他成员看作“有着不同观点的同事”，能收获到的意义是最大的。

3. 为深度会谈“护持场景”的辅导员

在团队开展深度会谈修炼的初期，我们的思想习惯会不断地把我们从深度会谈模式拉到商讨模式上，此时就需要一位熟练的“辅导员”。辅导员的基本任务是对会谈过程中所发生的一切负责任，帮助大家对过程和结果都保持拥有者的态度，积极参与。辅导员还必须持续推进深度会谈，若有人把对话拉向商讨模式，辅导员就必须及时辨别、公开指出。辅导员在会谈中注意力必须高度集中，谨慎行事，一方面要为团队成员提供知识、帮助、引导，另一方面又不能过多评价，或以“专家”的心态自居，因为那样会转移大家的注意力，忽视成员的思想流动。

根据以上四个要素，我们可以总结出深度会谈和商讨两种团队沟通方式的差异，如表 9.4 所示。

表 9.4　深度会谈和商讨的差异

四个要素	深度会谈	商讨
目的	发现新观点，开拓新思维	阐述和辩护观点，为团队决策提供分析
结果	开发对复杂问题的丰富感悟	达成协议，做出决策，形成结论或最佳行动路线
团队成员关系	平等的同事关系	为了使自我观点“取胜”的竞争关系
交流氛围	悬挂或暂时忘记自我假设，相互深度聆听	将不同的观点都表达出来，进行阐述和辩护，权衡利弊

（二）催化师角色

1. 催化师的含义

在化学反应中有一种神奇的物质叫催化剂。它能够改变其他物质的化学反应速率，反应前后自身质量和化学性质却不发生改变。催化剂有一个显著特点，就是其本身并不参与化学反应，但因为有它的存在，让其他的化学元素更容易发生反应。团队学习中的“催化师”，就是这样一种中立的“过程设计者”和“研讨引导者”，其核心任务就是帮助团队在解决问题的过程中更有效地达成学习成长目标。

“催化师”这个词，是由“facilitator”翻译而来，也有翻译为“促动师”“助燃师”“促导师”等。他只是帮助营造了一个场域，以便让参与团队学习的成员们更充分地释放智慧和潜力。催化师是方法、工具和流程的专家，不是内容的专家。内容应当是参加团队学习的所有成员集思广益的产物。

因此，我们可以借鉴王昆等对催化师对定义，将其理解为：应用团队学习催化技术，激发团队智慧，引导团队达成共识并形成问题解决方案的专业人员。

2. 催化师的角色和工作任务

表 9.5 展示了催化师在团队研讨中通常扮演的四种角色，以及对应的四类工作任务。

表 9.5　催化师的角色和工作任务

角色	工作任务
主持人	营造和维护有利于团队学习的氛围
引导人	引导团队学习流程
教练员	启发小组成员的反思和自我觉察
推动者	推动小组形成研讨成果

主持人。催化师是团队学习中的主持人，第一项任务就是要营造一个乐于思考、碰撞交流的氛围。当有人试图去破坏这种氛围的时候，他们可以进行适当的干预和制止。他们在团队研讨中可能经常遇到各种挑战或者负面现象，比如大部分成员都沉默不语，某些成员却一直在滔滔不绝，两三个人“抱团”悄悄交流，频繁看手机屏幕导致参与度低，出现严重对立甚至产生争执等。如果不能及时、恰当地纠正这些负面现象，整个团队的学习氛围就会受损，即便是再优秀的团队成员或再精心设计的流程和工具都是枉然。当团队研讨过程中发生上述问题时，催化师就需要站出来，通过提问、澄清要求等方式让成员回归研讨。

引导人。每一次团队研讨都应当是经过精心设计的，包括主题、流程、每一阶段任务等都有预设方案。催化师就需要在研讨开始前向大家说明研讨逻辑、环节及工具，并在研讨过程中“穿针引线”，让研讨得以顺利开展。如果组员了解并认可流程的内容及背后的逻辑，并在每个环节得到适当的提醒，能很大程度上提升团队的参与性。值得一提的是，他们如果仅仅把关注点放在研讨结果上，将“达成最优解或寻找最佳方案”视为唯一目标，就难以使团队研讨有所突破，成员们会依赖于思维惯性，以最“保险”、最“快捷”的方式达成结果。因此，催化师更应关注研讨的过程。在提出主题时仅指出一个参考维度，让成员们的思想进行自由交流、碰撞，在深度会谈中不断考查、质疑、完善自己和团队的假设。这样的过程往往会在不经意间实现对研讨问题的重构，进而挖掘出更核心的问题和目标，收获“意料之外”的效果，如思维拓展、理解深入、团队凝聚等。

教练员。教练角色的主要任务是帮助被教练者洞察自我，提升个人表现，发挥个人潜能。在团队研讨中，催化师扮演的教练角色表现为：在可能的学习点或介入点出现后，结合成员的特点，利用研讨间隙进行教练式对话，帮助成员厘清、考查自我假设，分析假设背后的深层原因，进而实现个人突破和成长。

推动者：团队学习的各个环节，如主体的筛选、小组成员的组建、研讨方案的制订、结果的形成和汇报以及落地检验等，都需要催化师进行全流程的推动和指导。这一角色就要求催化师不仅要对团队学习技术、学员、主题有深入、全面的了解，还需要精神高度集中，对催化的内容进行快速梳理，通过启发性问题，将团队成员提供的发散性信息整合在一个逻辑框架中。催化师在迅速收敛话题、整合信息、搭建框架、形成成果等能力上，需要不断积累实践经验。

催化师这个职业具备高度的互动性，面临不确定的答案，针对不同特点的团队成员，塑造不同的研讨氛围，传递丰富的能量，充满着潜力和魅力。开放的心态、逻辑的思维、向前的影响力，一名高质量的专业催化师，将会对团队学习起到“润物细无声”却“举足轻重”的作用。

延伸阅读

SUPPLEMENTARY CONTENT

催化师的教练角色

在 W 公司营销团队的某次研讨中，成员 A 一直细数公司的各种举措，认为公司高层对营销业务板块不重视，对归属感产生了质疑。这种判断和情绪不仅影响了此次团队研讨氛围，更是给其他成员的心理带来了消极影响。于是，催化师在研讨间隙找到 A，通过教练技术探询其假设背后的原因，帮助他思考本次研讨的初心和目标。通过一对一的教练式对话，如：“公司近期对营销板块采取了哪些举措？”“你在茶水间听到哪个部门的员工的谈论？你认为他们这样说的心态出自哪里？”，等等。催化师帮助 A 认识到自己的假设其实源于之前偶然的经历，而这个经历和本次研讨的主题之间几乎没有关联。同时，A 也认识到自己对于公司的判断过于武断，过往有很多举措已经证明公司高层对于营销团队的重视，以及大力重塑营销板块的决心。经过简单的对话，催化师帮助 A 厘清了负面情绪的来源，启发了 A 的自我觉察，帮助其更新判断、实现成长。

※启示

催化师的重要作用不仅在于创造一个积极的团队学习氛围，引导团队通过深度会谈形成集体智慧，还在于通过教练式对话，在恰当的时机帮助成员自我反思，达成学习成长目标。

◎小结

1. 学习型组织是指通过创造弥漫于整个组织的学习气氛，为充分发挥员工的创造性思维而建立的一种有机的、高度柔性的、扁平的、符合人性的、能持续发展的组织。

2. 学习型组织具有共同的愿景、开放共享的文化、善于不断学习、扁平化、精简、有弹性、无边界、系统管理、自主管理等特征。

3. 构建学习型组织可以概括为“五项修炼”，即圣吉模型包括自我超越、改善心智模型、建立共同愿景、团队学习、系统思考五个部分。五项修炼是一个有机的整体，相互联系。

4. 社会学习理论提出观察学习的概念，认为个体会观察、模仿和学习他人的行为，并提出观察学习的三个基本模型和四个过程。

5. 社会学习理论强调效能期待的重要性，认为自我效能感会以多种方式影响人们的生活。

6. 强化在社会学习过程中也具有重要作用，社会学习理论提出了三类强化，即外部强化、替代强化和自我强化。

7. 社会认知理论是社会学习理论的拓展，其核心思想是个体行为的习得、保持和变化是个体、行为和环境共同作用的结果，因此也被称为“三元交互决定论”。

8. 知识共享是指组织的员工或者内外部团队在组织内部或者跨组织之间，彼此通过各种渠道进行信息（知识）交换和讨论，其目的在于通过知识的交流，扩大知识的利用价值并产生知识的效应。

9. 知识创造是组织成员有目的、有意识、富有能动性的主体创造行为，通过主体间协同和互动，在组织内部实现知识的更新、扩散及创造，完成显性知识和隐性整合转换、新知识创造并进行应用的动态过程。

10. 团队知识来源于三个方面：一是团队组建时个体知识转化成团队知识；二是在团队运作过程中形成团队知识；三是团队从外部（其他团队和组织中）获得知识。

11. 知识共享是一个复杂的动态过程，知识特性、个体层面的心理特征、组织层面的组织文化和结构、相关的技术和手段特征等因素都会对其产生影响。

12. 目前针对团队知识创造机理的研究较为代表性的有：针对单一主体知识创造过程的 SECI 模型、针对主体间的知识创造过程的集成知识创造模型、针对网络化知识创造过程的交互影响模型。

13. 深度汇谈的目的是超越每个单独个体的理解力，特点是团队成员从许多不同的角度来探索复杂、困难的问题，大家都“悬挂”或暂时忘记自己的假设，又可以自由沟通。

14. 悬挂假设、相互看成同事、为深度汇谈“护持场景”的辅导员是团队顺利开展深度汇谈的三个基本条件。

15. 催化师是指应用团队学习催化技术，激发团队智慧，引导团队达成共识并形成问题解决方案的专业人员。在团队中通常扮演主持人、引导人、教练员、推动者四种角色，承担相应的工作任务。

◎参考文献

［1］郝英奇，曾靖岚，留惠芳. 学习型组织是怎么炼成的：基于加特可（广州）的扎根研究［J］. 当代经济管理，2021，43（6）：58-63.

［2］张德. 组织行为学［M］. 5 版. 北京：高等教育出版社，2016.

［3］彼得·圣吉. 第五项修炼：学习型组织的艺术与实践［M］. 张成林，译. 北京：中信出版社，2009.

［4］刘智强，关培兰. 组织行为学［M］. 5 版. 北京：中国人民大学出版社，2020.

[5] 温恒福，张萍. 学习型组织的实质、特征与建设策略［J］. 学习与探索，2014（2）：53-58.

[6] 李超平，徐世勇. 管理与组织研究常用的60个理论［M］. 北京：北京大学出版社，2019.

[7] 杰弗里·迈尔斯. 管理与组织研究必读的40个理论［M］. 徐世勇，李超单，译. 北京：北京大学出版社，2017.

[8] 沈旺，王淇，李望宁. 团队知识共享研究综述［J］. 图书馆学研究，2017（18）：8-16，82.

[9] 梁娟. 国外知识创造过程模型研究综述［J］. 科技和产业，2013，13（8）：102-105，113.

[10] 王昆，李滢，慈龙江，等. 催化师（中化、中粮、华润团队学习法之道）［M］. 北京：清华大学出版社，2021.

[11] 郎晓萌. 企业催化师的成长策略探究［J］. 上海商业，2021（5）：114-115.

[12] BANDURA A. Organizational applications of social cognitive theory［J］. Australian journal of management，1988（13）：137-164.

[13] BANDURA A. Social cognitive theory：An agentic perspective［J］. Annual review of psychology，2001（52）：269-290.

[14] NONAKA I，TAKEUCHI H. How Japanese companies create the dynamics of innovation［M］. New York：Oxford University Press，1995.

第十章

团队制度与文化

本章要点

CHAPTER CHECKLIST

- 人性假设、行为与制度
- 制度内涵及其分类
- 团队中的文化及其层次
- 团队文化的创建与维系

第一节　行为与制度

一、人性假设、行为与制度

课前导读

PRE-READING

"犯人船"启示：制度与人的行为

18 世纪 80 年代，英国政府为了开发新的殖民地——澳洲，决定将监狱里面服刑的囚犯运往澳洲。这样，既解决了英伦三岛监狱人满为患的问题，又给澳洲开发送去丰富的劳动力，可谓是一举两得的高明做法。

1788 年，第一批犯人被运往在广袤荒凉的澳洲土地上。当时的英国，信奉的是"小政府、大市场"，所以，运送犯人的船运工作是交由私人船主承包的，政府按照装船的犯人人数支付运费。但时间一长，人们发现：船主们为了牟取暴利，采用破旧的老式货船，船上的设施简陋不堪，卫生条件和饮食条件极差，导致犯人的死亡率居高不下。一旦船只离开了海岸，船主们按照人头数拿到了政府的钱，对于这些犯人能否远涉重洋，活着到达澳洲就不管不顾了。根据英国历史学家查理·巴特森在《犯人船》一书中所做的记载：1790—1792 年，私人船主共运送 26 船犯人到澳洲，4 082 名犯人中死亡 498 人，死亡率高达 12%；其中，一艘名为“海神号”的船尤为恶劣，424 个犯人，死了 158 个，死亡率达 37%，超过 1/3，没死的也大多奄奄一息了。这么高的死亡率，引来社会舆论的愤怒声讨。许多社会贤达在报纸上严词讨伐，要求彻查无良的船主，要求彻查渎职的官员。

舆情汹汹，政府应当如何解决这一问题呢？有人提出来，船主们如此凌虐、盘剥犯人，“从蚊子腿上剥肉”，是因为运费不够。提高运费，问题自然就会解决。英国政府觉得很有道理，便立即将运费加倍，但情况并无任何好转。原因说起来很简单，“人心不足蛇吞象”，船主们能多赚一分时绝不会少赚一文，正如成语“欲壑难填”所形容的那样，个别人的贪欲太大，很难满足。无奈之下，英国政府往每一艘船上派遣一名监督官员，外加一名随船医生，同时对犯人在船上的生活标准做了非常详细的硬性规定。然而，犯人的死亡率不但没有降下来，许多监督官员和随船医生竟然也不明不白地死了。事后调查才发现：当这些随船的官员和医生目睹犯人在船上的悲惨遭遇，但凡有一点点良知，都不禁义愤填膺，准备回国后向政府如实报告，揭露这“黑暗的一幕”，揭露这“人间地狱”。而船主们为了堵住他们的嘴，往往以重金相贿赂。那些坚持原则的官员和医生不肯就范，便被污蔑患了传染病，扔到大海里喂鲨鱼，落得个尸骨无存。中国有句老话，“好人有好报，坏人有坏报”，但在扭曲的社会制度下，结果往往是倒过来的：地痞流氓当道，奸商无赖得志；恶有善报，善有恶报；越是坚守良心、坚持正义，死得越快。英国政府没辙了，就把船主们都召集起来劝诫他们珍惜生命，不要把金钱看得比人命还重要，要理解运送犯人到澳洲开发是为了大英帝国的国家利益。但这些船主置若罔闻，情况没有丝毫改变，犯人的死亡率仍然居高不下。

一位英国议员提出来：问题出在制度上，制度有问题，怎么执行都走样，加强监管也没用；应当改变的是付费制度：支付的运费，不能以在英国上船犯人数来计算，而应以澳洲到岸的犯人数来计算。不管在英国装载了多少犯人，都应直到在澳洲下船的时候再清点人数，付运费。英国政府恍然大悟。新的“到付制度”实施后，其效果立竿见影。船主们主动完善船上的生活设施，主动改善犯人的卫生和饮食条件，主动请医生跟船，尽可能地保证每一个上船的犯人都活着抵达澳洲。因为每死一名犯人就意味着损失一份不菲的收入。犯人在他们的眼里，已经不再是一个个脏兮兮的犯人，而是一尊尊闪闪发光的“金佛”。1793 年 1 月，三艘船到达澳洲，这是第一次按照到岸犯人数来支付运费的航程，422 名犯人中，只有 1 个人死于途中。

资料来源：https://wenku.baidu.com/view/079fcb7454270722192e453610661ed9ad5155ac.html? _wkts_ = 1689821356783&bdQuery = % E2% 80% 9C +% E7% 8A% AF% E4% BA% BA% E8% 88% B9 +% E2% 80% 9D% E5% 90% AF% E7% A4% BA +% 3A% E5% 88% B6% E5% BA% A6% E4% B8% 8E% E4% BA% BA% E7% 9A% 84% E8% A1% 8C% E4% B8% BA。

“犯人船”故事是历史上一个关于制度建设重要性的经典例证：犯人船的制度演变导致了船长的行为演变，进而完全改变了运送犯人这个任务的结果。为什么仅仅是将支付方式调整为“到付制度”，就可以影响人的行为、减少复杂的监督环节、降低管理成本，还能让结果发生逆转？这就是制度的作用。

（一）人性假设

制度的起源、变迁与人类行为密不可分，而许多学科领域对人类行为的解读起点都是从对人性假设的认识开始，并认为，人性假设是对人的行为预判的基础性认知。

1. “理性人”：一种完全自利的观点

“理性人”实际上是“合乎理性的人”的简称，是传统经济学的逻辑起点与核心概念。何为理性？实际上，这里的理性并非是与普遍意义上的感性相对的概念，而是对参与经济活动的一般个体特征的抽象。“理性人”是指在经济活动中，每个主体（个人/团队）都能遵循趋利避害的原则，通过成本-收益的边际分析，经过深思熟虑后对其所面临的所有机会和手段进行的最优化选择。简而言之，就是假设人总是试图用最小的经济代价去获得最大的经济利益。因此，“理性人”应该同时具备如下基本特征：

· 对其所处环境具有完备的信息；
· 能够有稳定的偏好排序；
· 具有无懈可击的逻辑推理和计算能力。

能够同时满足以上三个苛刻条件是理想化的，甚至可以说在实际经济社会活动中是不存在的。但“理性人”的假设及其作用正如物理学中的“真空”（vacuum）。真空本是指没有任何物质的，即一无所有的空间。这个词来源于拉丁语 vacuus，意思是“虚无”或“空虚”。物理学家经常讨论在“完美真空”条件下所出现的“理想”测试结果，并将这个“完美真空”简称为“真空”。在这样条件下进行物理学实验与推演使得真空成了当代物理学的基础。其实，正如在自然界中没有绝对的真空，在实际的经济活动中也很难有人能够对周围的环境有完备的信息、稳定的偏好并且还具有无懈可击的逻辑推理和计算能力，但对“理性人”的假设却是经济学对人的“利益最大化”的行为进行预测的前提，是一种普遍意义下的规律抽象和理想假定，是经济学对经济主体进行行为预测和分析的基础。

2. 有限理性人：中等程度的理性观点

实际上，“理性人”假设随着经济学各流派的发展也在不断演变。实验经济学认为，许多实验结果与经济理论的预测出现差异，其原因就在于被实验者其实是理性和非理性的统一。不难理解，我们每个人只具备有限程度的获取和处理信息的能力，因为我们既不能穷尽已经存在的知识（实际上也没有必要），也不可能通晓人类发现最新的知识或信息，因而有必要通过设计合理的激励机制、寻求与特定信息结构相兼容的制度安排等来改进个体对世界的认知。有限理性（bounded rationality）人假设最初由赫伯特·西蒙（Harbert A Simen）提出，是指“人主观上追求理性，但只能在有限的程度上做到这一点”（intended rational, but only limited so）。有限理性描述了一种比完全理性更加合理的情形，即考虑到个体在知识和计算能力方面局限性前提下的实际决策。

这种人性假设看起来似乎更合情理。人们往往不可能为了最终的整体最大化效益而收集并用最佳的方式加工所有信息，但是，人们仍然是朝着“理性”的方向，追求在约束条件下的“满意化”。而造成有限理性的原因可以概括为内在约束和外在约束两个方面：

外在约束，主要指个体选择的理性程度受到信息不完全与不确定等外部因素的限制；

内在约束，主要是指人脑的活动范围与容量令人叹服，然而其处理信息的能力却是有限的。

但是，有限理性人仍然是基于趋利避害原则和自利的，只是在客观上接受了无法实现完全自利的约束。为此，我们能举出很多例证，比如你在选择进入某个项目组（课题组、创业组）等时候，你主要考虑的可能是它能给你带来哪些你期望得到的，以及为此你需要付出什么，等等，但这些都只能在你对已经获取到的信息（如正式招募信息、侧面传闻、团队过往成果等）进行分析的基础上，并且可能这些信息本身就不是完全客观的，而是存在某种程度的偏差。

3. 社会人：以人际关系为中心的观点

正如实验经济学指出，每个人是理性和非理性的统一。行为经济学家们也逐渐认识到，人不仅仅是自利的，也会考虑利他，有时候甚至也会冲动采取既不利己、也不利他的行为。虽然在一些活动中，理性假设是合适的，但在另一些情况下，非理性的人性假设更能解释现实。

因此，“社会人”假设便是在这样的前提下被提出来。社会人假设认为，个体不是各自孤立存在的，而是作为某一个群体的一员有所归属的“社会人”，是一种社会性的存在。人具有社会性的需求，人与人之间的关系和组织的归属感比经济报酬更能激励人的行为。“社会人”不仅有追求收入的动机和需求，他在生活工作中还需要得到友谊、安全、尊重和归属等。因此，“社会人”的假设为管理实践开辟了新的方向，更加丰富了对人为什么会有不同行为的动机性认知。

“社会人”假设的理论基础是人际关系理论，这一学说是由霍桑实验（Hawthorne Studies）的主持者乔治·埃尔顿·梅奥（George Elton Mayo）提出来的，之后又经英国塔维斯托克学院煤矿研究所再度验证。后者发现，在煤矿采用“长壁开采法”的先进技术后，生产力理应提高，但由于破坏了原来的工人之间的社会组合使得生产力反而下降了。随后，吸收社会科学的相关知识，重新调整了生产组织，生产力得到了上升。这两项研究的共同结论是，人除了物质需要外，还有社会需要，人们有从社会关系中寻找乐趣的需要。

“社会人”假设有如下特点：

·人的行为动机不只是追求金钱，而是人的全部社会需求；

·由于技术的发展与工作合理化的结果，工作本身失去了乐趣和意义，因此，人们从工作中的社会关系去寻找乐趣和意义；

·对比组织给予的经济报酬，个体更加重视自身对同事之间的社会影响力；

·个体的工作效率，随着上级能满足他们的社会需求的程度而改变。

延伸阅读

SUPPLEMENTARY CONTENT

海底捞是如何感动员工的

海底捞的一位总部领导曾经对包头海鲜店的领导说："一定要关心每一位员工。你可以不用他，但是不能不爱他，不能不关心他。"

海底捞的新员工礼遇有：

➢店里所有领导都要轮流接待新员工；

➢新员工提前下班，单独吃饭；

➢为新员工指定老员工做"师傅"等。

在海底捞，店长和经理们都不会待在办公室，而是时刻在员工身边，在最忙的地方。他们认为"关心员工"不是一项独立的考核标准，而是所有工作的根本。比如，店长会这样问后堂经理："你的员工上个月流失率那么大，你是怎么关心你的员工的?"经理会这样问领班："你的员工今天情绪这么差，你是怎么关心你的员工的?"

※启示

海底捞是一家上市公司，在追求企业发展的同时，更加注重对公司团队的人性化管理，充分体现了对个体"社会人"假设的理解。并且，海底捞因为这样的管理模式，收获了令人瞩目的管理成效和经营成效。

4. 麦格雷戈的X-Y理论：个体需求差异的观点

1957年，美国心理学家道格拉斯·麦格雷戈（Douglas McGregor）基于人性的"善""恶"之分，提出了他的X理论和Y理论。X理论和Y理论是关于人们工作原动力的理论，是一对完全基于两种完全相反假设的理论。其中，X理论认为人们有消极的工作原动力，而Y理论则认为人们有积极的工作原动力。

X理论认为，人的本性是懒惰的，工作越少越好，可能的话会逃避工作。大部分人对集体（组织或团队等）的目标不关心，因此管理者需要以强迫、威胁、处罚、指导、金钱利益等诱因激发人们的工作原动力。通常人缺少进取心，只有在指导下才愿意接受工作。

Y理论认为，人们在工作上体力和脑力的投入就跟在娱乐和休闲上的投入一样，工作是很自然的事。即使没有外界的压力和处罚的威胁，他们一样会努力工作以期达到目的。人们愿意为团队的目标而努力，在工作上会尽最大的努力，以发挥创造力、才智。在适当的条件下，人们不仅愿意接受工作上的责任，并会寻求更大的责任。许多人具有相当高的创新能力去解决问题。

所以，持X理论观点的管理者会趋向于设定严格的规章制度，通过"管"来领导团队；相反，持Y理论观点的管理者会趋向于主张用激发人性的管理制度，通过"疏"来引导团队。

（二）对个体行为的认识与演变

你可能会好奇，我们不是应该更加关心人的行为吗，为什么要先花时间了解"人性假设"？如果对个体行为的几种解释进行一个简单的回顾，你就会发现，人的行为不是凭空产生的，对人的基本认知影响着我们对人的行为的理解和预测。

1. 华生的行为主义：人为什么这样做?

约翰·华生（John Watson）是早期行为主义的创始人，1913 年著有《行为主义观点的心理学》。到 1928 年，他的观点已发展成为完整的行为主义思想体系。华生认为，心理学是研究动物和人类行为的自然科学，并主张摒弃对意识、意向等主观层面的关注。他主张的“刺激-反应”（S-R）公式作为行为的解释原则，沿袭了巴甫洛夫的条件反射学说，强调用客观的观察和实验来研究与预测人类的行为。

华生认为，人的行为受客观刺激的影响，一定的刺激（stimuli，S）必然引起一定的反应（response，R）。并强调，行为主义者感兴趣的主要是整个人的行为。例如，对一个在生产线上进行器件组装的劳动者，行为主义研究者会测量他在不同条件下能够组装的数目，并研究在不同“刺激-反应”（S-R）模式下，他可以连续工作多久而不疲劳?他学会这种手艺需要多长时间?他能否在较短时间内完成同样数量的工作?类似地，对于一个追求经济利益最大化的“理性人”，如果对其施以高回报的刺激，他有很大的可能会用最优的策略而展现其逐利行为。华生的这些观点对于研究行为产生的原因，研究如何改变和调节人的行为，提高其工作效率具有重要意义。

2. 新行为主义：人一定会这样做吗?

早期的行为主义无视有机体（organism，O）的内部因素，仅仅关心对人的刺激（stimuli，S）及其行为反应（response，R），这种简单化和机械化的倾向曾受到大部分心理学家的批评。新行为主义则认为，人的活动应该包含两个方面：一是内驱力，二是机制。S-R 模型只体现了机制问题，即回答了“怎么样”，却忽视了人的内驱力的影响。在机制之外，还应有推动机制的原动力，这就是内驱力，它回答的是“为什么”。因此，对人的行为的研究应还兼顾内在条件，并提出了“刺激（S）-有机体（O）-反应（R）”（S-O-R）模型。比如，对于“有限理性人”，如果得到利好的市场信号，他会不会选择高风险高收益的投机行为?事实上，当得到利好的刺激时，一个有限理性人会在力所能及的前提下选择高收益低风险（遵循趋利避害原则）的方案，但若收益与风险发生的概率和规模发生变化时，其可能会选择不同的行为策略。这一模型是现代认知心理学的基础之一，解释了由某些刺激引起的个体心理变化及其导致的情感或认知的反应，进而引发某些趋近或规避的行为结果。

3. 勒温的观点：个体是嵌入某种规范中的

群体动力理论的创始人勒温借用物理学中的“磁场”的概念，把人的过去、现在形成的内在需求看成内在的心理力场，把外界环境因素看成外在的心理力场，并认为人的心理活动是显示生活空间内在的心理力场和外在的心理力场相互作用的结果。因此，要测定人的心理和行为，就必须了解完成这一行为的内在心理力场和外在心理力场的情境因素。勒温把人的行为看成是个体特征和环境特征的函数：

$$B=f(P \cdot E)$$

其中，B——人的行为；P——个体特征；E——环境特征。

勒温认为，人的行为是个体以及个体所在的环境共同作用的结果。并且指出，个体（P）与环境（E）不是孤立的两个因素，而是密切相关、相互作用的。并且主张，人不能离开其所在社会的活动，不能离开社会的规范和价值。正因如此，海底捞才能凭借它对“社会人”假设的理解和对员工不同需求的关注而自信“海底捞你学不会”[①]。

（三）人类行为与制度

关于个人与制度之间因果关系问题的争论持续不断：究竟是个人创造制度，还是制度塑造个人？借助认知科学的相关成果，新制度经济学认为，在社会过程的舞台上，制度与人类行为相互塑造。人类行为从本质上可以用两种方式来规范：一是直接凭借外部权威，它靠知识和指令来计划和建立秩序以实现一个共同目标；二是间接地以自发自愿的方式进行，因各种主体都服从共同承认的制度。

1. 制度塑造个人，能扩展人的有限理性

制度具有塑造个人的功能。从本质上讲，人与人之间的差异不大，但为什么有的人成为“好人”，而有的人沦为“坏人”？产生这样的结果，可能因为人有这样或那样的动机，但为什么会有这些动机？更进一步，是由于影响动机产生的制度结构。正是由于这种制度结构，促进了人的一些行为倾向，而压抑了人的另外一些行为倾向。在现实中很容易看到这样的情况：一个不讲卫生的人到了一个干净整洁的环境中会不自觉地将纸屑入篓，而一个爱干净的人到了一个脏乱不堪的广场上则会将手中的饮料瓶随手一扔。可见，好的制度能够促进人性中“善”与“美”的一面，抑制人性中“恶”与“丑”的一面，使个人行为朝着促进社会进步的方面发展。制度不仅塑造个人，而且具有传递性。它减少了团队中能够相互影响、相互观察学习的成员之间重新学习的成本。比如，团队中领导者是一个以身作则、遵循程序公平的人，那么团队成员也会通过模仿和服从，把这种公平感传递给其他人。

制度能扩展人的有限理性。人类具有自利、机会主义等行为特征。自利的人经常会满口答应，却在后来忘得一干二净或者自食其言，有时还妄图不劳而获地“搭便车”，甚至损人利己。制度有助于为了长期的有效协作而抑制人们的固有自利本能，增加逃避义务的风险，增强互利合作的习惯，达到抑制这种本能性机会主义的目的。比如，足球比赛时，如果其中一位球员因个人私事逃避了赛前训练，导致比赛时受伤而影响到关键时刻的比分拉锯，尽管他历史成绩傲人，但下一场比赛他作为首发队员上场的概率将大大降低。正如美国心理学家安迪·克拉克（Andy Clarke）所说，制度是一种为人类选择和学习提供的“外在支架”。制度促进可预见性，进而放置混乱和任意的行为。此外，制度还能够弥补个体知识的不足。我们每时每刻都处于不确定性环境中，并且没有一个个体声称自己具有“完备的知识”。所以，如何在一个复杂的、不确定的情境中引导团队及其做出决策，并减少对信息的依赖？制度无疑是扩展人的有限理性的最佳帮手。正如，我们不会等到了解所有创业知识才开始创业一样，因为从更大的制度层面，我们能够通过孵化园实现场地和创业政策方面的支持，还能够通过加入各种行业产业协会或联盟获取人才和技术上的支持等。

2. 个人塑造制度，人性的演变影响着制度变迁的方向

制度从何而来？它不是凭空产生的，而是人的行为的反映和建构。制度是具有情境性、时代性特征的产物，是“大多数人的思想中普遍具有的确定的习惯”。怎么理解

① 注释：《海底捞你学不会》是2011年由中信出版社出版的书籍，作者是黄铁鹰。

呢？举个例子。一提到欧洲，人们都有一种共性认识：福利好。据统计，社会福利占欧洲国家国内生产总值（GDP）的45%，而美国仅有30%。这反映了人们对贫穷的价值认知有关。60%的欧洲人认为贫穷是环境所迫，但是却只有29%的美国人这样看。相反，只有24%的欧洲人同意贫穷是个人懒惰所造成的，却有60%的美国认同这样的观点。在一个群体中，较多的人认为贫穷是咎由自取还是社会的责任，这种价值认知决定了这个群体的制度。

海尔前身青岛电冰箱厂的劳动纪律

1984年，张瑞敏来到濒临倒闭的青岛电冰箱厂。那个时候厂里只有600人，在张瑞敏来之前，厂长已经走了三个。工厂负债累累好几个月发不出工资。工厂里臭气熏天，只有一条烂泥路，每逢下雨天，“必须要用绳子把鞋绑起来，不然就被烂泥拖走了”。工人们上班打着瞌睡，想来就来、想走便走。旷工问题之严重，甚至到了“10点钟时随便在大院里扔一个手榴弹也炸不死人”的地步。

张瑞敏到任后，迎接他的是53张请调报告。为了整顿生产秩序，他推出了13条规章制度——青岛电冰箱总厂劳动纪律管理规定。其中，第十条规定“不准在车间随地大小便”。还有很多规定在现在看来也许觉得不可思议，但当时恰恰是这些规定让厂里的环境发生了翻天覆地的变化，更让员工恢复了对工厂的信心。

※启示

今天，海尔已经成为全球领先的美好生活和数字化转型解决方案服务商，并连续四年作为全球唯一物联网生态品牌蝉联“Brand Z最具价值全球品牌百强榜”。改变这一切的开始，便是1984年制定的13条“劳动纪律”。

二、制度内涵及其分类

方舱医院的“中国速度”

“保证每个省能够有2~3家方舱医院。”国家卫健委医政医管局局长焦雅辉在2022年3月22日国务院联防联控机制举办的新闻发布会上说，“目前中国已经建成或正在建设的方舱医院有33家，分布在12个省的19个地市，其中建成的有20家，在建的有13家，床位总计3.5万张。”

辽宁营口：据2022年3月28日辽宁省营口市召开的疫情防控新闻发布会上的消息，目前已完成50%的方舱医院基础建设，预计6天左右可投入使用。同时，已提前做好人员培训，以确保医院启用、人力配备同时到位。

江西南昌：2022 年 3 月 24 日，江西省首个方舱医院南昌市新建区欣悦湖方舱医院正式开舱。第二个方舱医院于已启动建设，按照 1 500 张床位的标准设计，计划 7 天后建成。

江苏苏州：据 2022 年 3 月 27 日苏州市新冠病毒感染疫情防控新闻通气会消息，根据相关规范标准，于 48 小时内在昆山花桥博览中心和姑苏区金阊新城体育馆改造建成两所方舱医院，床位分别为 2 128 张和 800 张。

内蒙古呼和浩特：据 2022 年 3 月 23 日呼和浩特市疫情防控新闻发布会消息，近日将内蒙古国际会展中心改建为了方舱庇护医院。已在 A 馆搭建完成床位 518 个。与此同时，预留会展中心 B 馆用于增建床位。根据场馆情况，预计可同时容纳床位 1 600 个，现搭建物料已完成储备，如防疫工作需要，可在 36 小时内搭建完成，并投入使用，届时总床位可达 2 200 个，可有效快速反应，应对突发情况。

方舱医院是应对疫情特殊时期的产物。实践证明，方舱医院的迅速建立和有效运转，充分体现了中国的制度优势和中国智慧，为应对疫情提供了卓有成效的中国方案。

（一）如何理解团队中的制度

什么是制度？《周易》有云“天地节，而四时成。节以制度，不伤财，不害民。”这句话主要阐释了如同天地有节度和规律，然后春夏秋冬四季才会自然生成一般，人们也需要用制度、规则来约束自己的行为，才能不影响生财、不伤害百姓。

古往今来，不同学科领域对制度都有着不同的定义。社会科学通常将制度泛指为以规则或运作模式来规范个体行动的一种社会结构。1899 年，制度经济学家托斯坦·凡勃伦（Thorstein Veblen）在其《有闲阶级论》中指出：“制度实质上就是个人或社会对有关的某些关系或某些作用的一般思想习惯。”1934 年，约翰·康芒斯（John R. Commons）在《制度经济学》中将制度定义为“控制个人行动的集体行动”，并明确在集体行动中最重要的是法律制度。

“制度”一词，在《现代汉语词典》中指“要求大家共同遵守的办事规程或行动准则；在一定历史条件下形成的政治、经济、文化等方面的体系”。在《韦氏高阶词典》中，制度（institution）的含义包括“为许多人所接受和使用的习俗、惯例或法律”（a custom, practice or law that is accepted and used by many people）。可见，制度是在特定历史条件和文化情境下的产物，它既可能是共同约定并遵守的习俗，又可能是超乎与这些约定之上的正式法律法规或体系。制度所带来的“规则”体现了社会、组织、团队中的某种“秩序”。因此，对团队而言，它可能是团队成员们约定俗成、彼此认同的行为方式或惯例，也可能是通过明确、正式的方式确定的规则与规定。

此外，不同学科领域对制度的关注范畴也存在差异。在社会学和公共管理领域，主要以宏观视角来研究广义的制度、体制和机制的形成与变迁；在经济学领域，主要用经济的方法研究现实中的制度，或者研究制度对经济的影响；在组织行为与团队管理领域，主要是对如何通过制度设计达到团队或组织内部的有效授权、激励沟通、冲突管理等相关机制建立与执行。

（二）正式制度和非正式制度

新制度经济学代表人物道格拉斯·诺斯（Douglass North）指出，制度是一种“游戏规则”，包括一些约束人们行为的正式制度、非正式制度及其实施机制。实际上，不同类型的制度共同约束着人们的行为。我们沿用诺斯对制度的分类，对什么是正式制度和非正式制度进行简要介绍。

正式制度总是与国家权力或某个组织相连，它以某种明确的形式被确定下来，并且由行为人所在的组织进行监督和用强制力保证实施，如各种成文的法律、法规、政策、规章、契约等。正式制度是人们有意识建立起来，并以正式方式加以确定的各种制度安排，其最大的特点是强制性。一旦正式制度制定并实施，无论愿意与否，人们都必须遵守并受其约束。

非正式制度又称非正式约束、非正式规则，是指人们在长期社会交往过程中逐步形成，并得到社会认可的约定俗成、共同恪守的行为准则，包括价值信念、风俗习惯、文化传统、道德伦理、意识形态等。其最大的特点是非强制性。因此，非正式制度也被称为软制度。

正式制度和非正式制度作为制度的两个不可分割的部分，是一个对立的统一体，既相互依存，在一定的条件下又可以相互转化。同时，非正式制度具有自发性、非强制性、广泛性和持续性，而正式制度则又不同。因此，正式制度在生产生活中起着重要的刚性作用，并与非正式制度相辅相成，共同促进社会发展。

第二节　团队文化及其建设

一、团队中的文化及其层次

（一）团队中的文化

1. 对文化的朴素理解

尽管文化是一种抽象的概念，但文化在社会、组织和团队情境中产生的影响力是巨大的。文化的影响力之所以强大，是因为它们在我们的意识之外发挥作用。我们需要理解文化，不仅仅因为文化的影响力，而且因为它有助于解释我们在社会和团队里很多令人困惑和心灰意冷的经历。最为重要的是，理解文化使我们能够更好地理解自己。

不论作为学生、教师、研究者、管理者还是其他角色，我们都参与过或者正在某些群体中学习、工作。然而，我们发现一直难以理解和解释我们在团队中观察或经历到的许多事情。比如，当我们与团队内其他成员争论或协商时，我们常常不能理解为什么对方会持有如此“荒谬”的观点。当我们观察其他团队时，我们又可能会难以理解，“为什么这群人会做出如此愚蠢的事情”。一般而言，我们比较容易理解国家、民族层面的文化差异，却常常困惑于团队层面、不同专业领域层面文化的不同。

什么是文化？可能不同的学科、不同视角甚至不同时代会给出差异很大的定义。企业文化与组织心理学领域的开创者和奠基人埃德加·沙因（Edgar H. Schein）在一般层面上对群体文化的界定是：一个群体在解决其外部适应性问题以及内部整合问题时习得的一种共享的基本假设模式，它在解决此类问题时被证明很有效，因此对于新成员来说，在涉及此类问题时这种假设模式是一种正确的感知、思考和感受的方式。

2. 组织文化界定和团队文化的理解

组织文化的概念最早在霍桑实验中就被间接提到过，那时它被称为工作小组文化。霍桑实验及其后续研究发现，人们为了维护工作小组群体的共同利益，自发约定谁也不能干得太突出，但谁也不能拖后腿。这些是对工作团队文化的最初认知。

20 世纪 70 年代末 80 年代初，美国作为当时的世界头号经济强国，在石油危机的冲击下，其企业竞争能力被大大削弱，劳动生产率增长降低；而与之相反，日本的经济却得到了长足的发展，并在许多方面超过了美国，对美国的经济利益形成了威胁，引起了美国各界的普遍关注。经过研究，美国的专家学者们认识到，日本企业不是就管理论管理，而是从企业经营哲学的高度研究企业管理，把企业视为一种文化实体来实施管理。他们把日本的经验与美国的管理现状进行了比较，做了系统的概括和总结，形成了有关组织文化理论的一系列著作，如日裔美籍学者威廉·大内（William Ouchi）的著作《Z 理论——美国企业怎样迎接日本的挑战》，理查德·帕斯卡尔（Richard T. Pascale）和安东尼·阿索斯（Anthony Athos）的《日本企业管理艺术》等。

相对于国家文化、民族文化、社会文化，组织文化是一种微观文化。在组织研究领域，组织文化是一个被理论界和实践界关注的核心主题。似乎每个人都能感受到什么是组织文化，但却很难对其做一个得到公认的定义。据记载，有人曾对组织文化的定义做过统计，至少有 180 种。社会学家霍华德·贝克尔（Howard S. Becker）认为，组织文化指的是组织成员共享的一套能够将本组织与其他组织区分开来的意义体系。目标管理大师彼得·德鲁克（Peter F. Druker）认为，组织文化是一系列经营原理，包括做什么与不做什么以及如何认识顾客的价值观，这种价值观决定了组织的成长空间。心理学家吉尔特·霍夫斯泰德（Geert Hofstede）认为，组织文化是一种组织心理及组织的潜意识，它一方面在组织成员们的行为中产生，另一方面又作为共同的心理程序引导这些成员的行为。

组织文化理论是新技术革命的发展和人们对人类自身认识深化的结果，也是组织管理发展的必然成果。在这样的时代背景下，重视人的发展和人的潜能，充分调动人的积极性，成为时代发展的共性。特别是 20 世纪 90 年来以来，文化对员工行为的影响越来越大，组织控制的跨度拓宽，组织结构扁平化，工作团队的引入，员工权力的增大，都要求组织提供共同的价值体系。

组织文化虽然代表了组织成员具有的共同认知，但是，这并不意味着组织中只有一种统一的文化。实际上，任何组织文化中都存在着一种主文化（dominant culture）和多种亚文化（subcultures）。主文化是组织中绝大多数成员所认可和共享的核心价值观。当我们谈到一个组织的文化时，就是指组织的主文化。亚文化通常在组织内部发展起来，反映了其中一些成员所面临的共同问题、情况或经历，并且这些成员往往会来自同一个部门或团队。也就是说，团队文化是嵌套于组织文化中，具有组织文化的特点但反映的是整个团队成员内部共同认同的价值体系、思维模式和行为方式。

如果遵循埃德加·沙因团队与文化是“一种基于经验的抽象概念”的描述，团队文化与组织文化类似，也具有以下特点：

（1）结构稳定性。当我们获得某种程度上的团队认同后，这种团队认同作为文化的关键组成部分，将成为团队得以维系的稳定力量而且不会轻易被放弃。就算群体中的一些成员已经离开，文化仍会存在，且很难改变。

（2）深度。文化往往是一个团队中最深层次的、无意识的部分，因此它更加不可触摸、更加不被注意到。

（3）宽度。一旦文化形成后，它便进入团队职能的所有方面，渗透并影响到一个团队的方方面面，比如如何完成团队任务，如何处理内部关系等。

（4）模式化或整合。文化是一种整合化的范畴，以上这些元素是结合在一起并固化形成一种模式。

3. 团队文化的作用

为什么需要团队文化？如果是为了要求、指导或约束团队成员的行为，为什么不用明确的规章制度？正如第一章指出，在有效的团队管理中，我们不仅要关注任务维度，还要关注团队内部的社交维度，因为并非所有环节都是显性目标，诸如对团队成员价值观的管理、强化团队成员的认同感、形成团队凝聚力等这些内容就体现了隐性目标。文化的定义虽各有差异，但大多数人都认为它是一种有效的社会“粘合剂”。

因此，团队文化的作用主要包括：一是它能够界定边界。也就是说，它使得一个团队与其他团队区别开来。二是它表达了团队成员的一种身份感。三是它促使团队成员认同和致力于比个体的自身利益更高层次的事务。四是它增强了团队内部社会系统的稳定性。它通过为团队成员提供言行举止的恰当标准，从而增强团队凝聚力。第五，文化作为一种意识形态和控制机制，能够引导和塑造员工的态度和行为。

（二）文化的分层和分类

1. 沙因的文化三层次模型

任何一个团队都会发展出其特定的文化，而文化的强度则取决于时间的长度、群体成员的稳定性以及他们共享的实际历史的情感强度。为了分析文化是如何建构的，沙因提出了文化的三层次结构，并对每个层次的特点进行了描述，如表 10. 1 所示。

表 10. 1　沙因的文化三层次结构及其特点

文化层次	特点	作用
人为饰物	·可见的、能感觉到的体系和过程 ·观察到的行为	难以描述
外显的价值观	·理想、目标、价值观和抱负 ·意识形态 ·合理化	可以与行为和其他人工成分一致，也可以不一致
底层的基本假设	·无意识的、理所当然的信念和价值观	决定行为、感知、思想和情感

当人们进入一个团队，最容易观察到的就是其表面现象，那些你所见闻、所感受到的部分，就属于文化的表象层，这个层面就是“人为饰物”。这一层次的文化虽然看起来是清晰的，如团队的形象、产品以及组织结构和各种团建活动，但是你并不知道为什么团队成员会表现出这种行为，以及为什么每个团队会有这样的架构，也无法判断为什么这个团队提供的产品或服务会是这样的表现形态。你可以描述出所看到的与感觉到的

表象，但无法由此构建这些表象在特定群体中所代表的意义，所以表层并不能够代表真正的团队文化的内涵，仅仅是团队文化的外化而已。

进一步深入了解团队文化，我们可以收集到各种各样的资料与信息，用来描绘团队的价值观和原则。由于价值观具有支配行为的作用，我们属于意识层面的价值观可以用来预测可被观察到的、可以理解属于表象层面的许多行为的依据是什么，这个层面就是外显价值观部分。借助价值观，人们可以了解到团队行为规范、管理制度以及报酬体系的设计，可以通过对管理方式的认识获得对团队价值判断的认识。但是，如果这些价值观仅仅是以理念的方式，或者简单地以口号的方式来表达，那么还是无法真正寻找到其行为背后的真实驱动因素。这就需要我们进一步深入潜意识的基本假设层面，找到真正潜在假设，才能够了解到怎样的假设对应怎样的行为，以及所有行动背后的逻辑和驱动因素是什么。这一层面就是“底层的基本假设”。

2. 麦肯锡的7S文化模型

如果说沙因的文化三层次模型体现了文化产生与构成的垂直模型，那么麦肯锡的7S文化模型则是一个文化的横向模型（从文化渗透到组织的不同方面）。

20世纪80年代，两位长期服务于著名的麦肯锡管理咨询公司的斯坦福大学管理硕士托马斯·彼得斯（Thomas Peters）和罗伯特·沃特曼（Robert Waterman），访问了美国多家历史悠久、发展多年、在各自行业处于领导地位的大公司，其中包括波音、IBM、惠普、沃特迪士尼、麦当劳、柯达、杜邦等行业领军企业，深入考察了这些大公司得以持续发展的基础，并总结了这些成功企业的共同特点，以麦肯锡顾问公司研究中心设计的企业组织七要素（简称“7S模型”）为研究框架，总结了这些成功企业文化的特征。

麦肯锡的7S文化模型（见图10.1）指出企业文化会深刻地渗透到企业管理的方方面面，包括结构（structure）、制度（system）、风格（style）、人员（staff）、技能（skill）、战略（strategy）六个方面，而企业文化的精髓——共同价值观（shared values）是影响企业发展的核心。

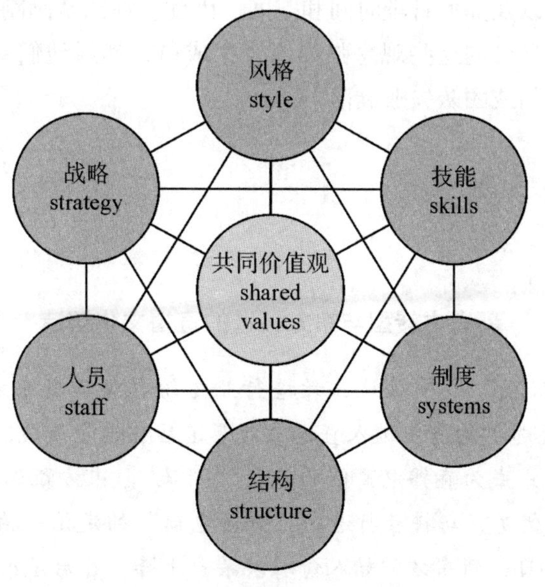

图10.1 麦肯锡的7S文化模型

与日本企业相比，美国企业之所以在严酷的竞争面前显得疲软，是因为它们在管理过程中过分重视了3个硬性“S”，即战略、结构和制度；而日本企业则在不忽视3个硬性“S”的前提下，较好地兼顾了其余4个软性的“S”，即重视企业文化，因而使整个企业具有一种良好的文化氛围，更加充满生机和活力。麦肯锡的7S模型认为，这7个要素对于企业成功是相互关联、彼此影响的。

二、团队文化的创建与维系

（一）团队文化的来源与创建

团队当前的惯例、传统、做事的一般方式，在很大程度上取决于过去的实践以及这些实践的成功程度。这使得我们能够比较容易找到团队文化的源头：团队的创始人。根据沙因对组织文化来源的总结，团队文化的来源也包括：第一，团队创始人的信念、价值观以及假设；第二，团队成员在团队演变过程中的学习经历；第三，由新成员和新领导者带来的新的信念、价值观和假设。

尽管以上每种机制都在团队文化的形成过程中发挥着重要的作用，但目前为止最重要的文化起源还是团队创始人。团队创始人不仅决定了团队的基本使命和运营环境，还选择了团队成员，并且在团队努力战胜环境、整合自身的过程中，塑造了团队成员的反应方式。

很少有团队会意外或自发地形成。通常团队都是由一个人或多个人发起创立，他们发现一群人在一起协作时可以完成个体所不能完成的任务，不论是聚焦于某项复杂问题的解决方案，还是聚焦于某项功能的改善升级。

团队创始人通常会对团队最初如何识别和解决外部适应与内部整合问题产生主要的影响。他们有原创的想法，所以他们往往会基于自身的文化历史和个性，对如何实现这一想法有其独特的见解。团队创始人不仅有高度的自信心和决心，他们通常还会就下属问题持有一些坚定不移的假设。这些问题包括团队的使命和角色、人性以及人际关系的本质、如何获得真理以及如何管理时间和空间。因此，在团队刚刚起步和疲于维持生存之时，他们很乐意将自己的这些观念强加给合作成员，然后他们将严格遵循这些观念，指导它们不再发挥作用或团队失败衰落。

延伸阅读

SUPPLEMENTARY CONTENT

新东方转型与东方甄选的直播文化塑造

随着2021年“双减”政策落地，教培行业纷纷转型。新东方作为曾经教培界的“顶流”，以“东方甄选”的身份进入直播电商赛道后曾饱受质疑，如今以“诗词歌赋+人生哲学”的带货模式成为直播电商圈的一股“清流”。东方甄选泛知识类直播带货的形式具有独特的竞争优势，与抖音打造的“兴趣电商”的定位一拍即合。

2021年12月28日，新东方创始人俞敏洪亲自上阵，开启了东方甄选农产品直播带货首秀，被看作新东方跨界转型的重要一步。“牛排的‘原切’怎么说？Original

Cutting.”“美食的背后一定是情感的链接。”与声嘶力竭的带货直播相比，由老师转型而来的新东方主播们进行的双语直播，让网友们感叹知识的力量，纷纷表示“沉迷于新东方直播间无法自拔”“不知不觉就买了”。

“‘知识+直播’将商业行为与文化结合在了一起，使卖货具备了一定的文化内涵和色彩，激发了用户消费心理中的多种影响因素，比如知识获取、审美欣赏、情感满足、怀旧心理等。”南京大学媒介经济与管理研究所所长丁和根对《中国城市报》记者表示，这些因素大多超越了物质需求的层面，带有文化的内涵和特征，因而更容易使直播获得更好的传播效果。

※启示

在新东方官网上，它的企业文化是“坦诚、尊重、协作、创新”。俞敏洪在回应新东方裁员时说，自己可以不干了，再穷也有房子和车子，但新东方还有5万兄弟姐妹，而他们的生计，部分依赖于新东方健康可持续发展。因此，立足自身特色，勇于协作创新，东方甄选塑造了独特的“双语直播”“知识直播”文化。

资料来源：https://baijiahao.baidu.com/s? id=1736886717812404481&wfr=spider&for=pc。

已有研究通过搜集主流媒体中不同群体对团队工作价值观的评论和报道，运用扎根理论进行分析，构建了团队工作价值观结构体系，建立了“工作价值观—团队行为—团队绩效”的理论模型，诠释了团队工作价值观通过团队行为的中介效应对团队绩效的影响过程，后续研究还验证了员工工作价值观对其跨界行为的正向影响。由此可见，在应对不确定环境变化和团队转型中，团队创始人或领导者能够通过影响其团队追随者的价值观而影响团队整体绩效。

（二）团队文化的保持与维系

如同组织文化一样，团队文化一旦确立，团队内的实践活动就会围绕这种文化来开展。团队文化的维系有三个重要的因素，分别是团队人员甄选、团队管理者以及团队社会化，如图10.2所示。

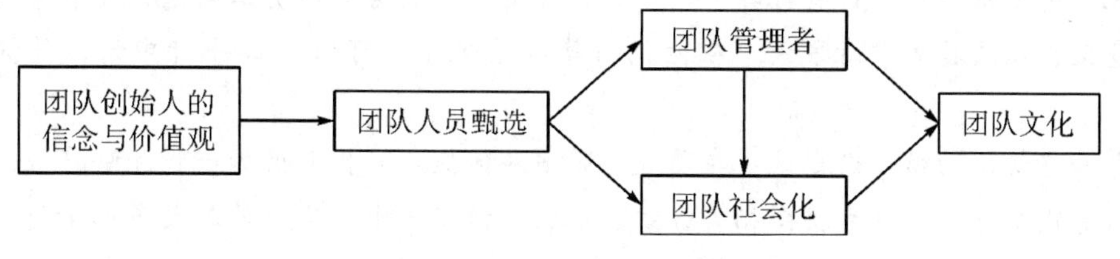

图10.2 团队文化的形成与维持

1. 团队人员甄选

团队人员甄选类似于人力资源管理中的招募职能。团队在确定主文化后，首先需要识别并吸引那些有知识、技能和能力来协同完成任务的人。通常，能够满足某个团队角色的人也许不止一位。团队需要对符合这些条件又愿意加入的人，结合团队任务、角色要求等的匹配情况来判断是否吸纳其加入。这种试图确保个体与团队相匹配的努力，不管是出于有意还是无意，都会导致新加入团队成员的价值观与团队的价值观大体一致，或者至少与团队价值观中的相当一部分保持一致。在这个过程中，个体也会了解团队的相关信息，并有机会发现自己是否与团队价值观存在冲突。因此，团队人员甄选本身就是一个双向的选择过程，通过这个过程，团队能够在一定程度上筛选并吸引符合组织文化预期的新成员加入。

2. 团队管理者

团队管理者能够通过自己的言行举止建立规范并进行示范，这些示范会被作为观察学习模仿的范本，被团队成员所效仿和认同。比如，团队管理者对时间的严格遵守、对失误的包容、对团队成员的公平对待等，都能够让团队成员感知到，也可能会促进团队成员对这些文化的认同与内化。

3. 团队社会化

实际上，不管团队人员甄选环节做得再好，也不能让新加入的团队成员完全满足团队文化的要求。由于新成员对团队文化尚不熟悉，所以他们可能会干扰团队中已有的观念和习惯。因此，团队需要帮助新成员适应团队文化，这个适应过程被称为团队社会化。团队社会化分为三个阶段：原有状态阶段、碰撞阶段和调整阶段。

研究显示，如果在团队新成员社会化过程中，越是依赖正规的、集体的、持续的、固定的和成套的社会化程序，越是强调强制性，新成员的差异性则越可能被摒弃，取而代之的是标准化的、可明确预测的行为；反之，如果越是依赖非正规的、个性化的、随机的和可变的程序，越是强调个性，就越有可能使新成员对自己的角色和工作方法产生独特的认识。在重视创造力的团队中，往往会依赖第二种措施。

延伸阅读

SUPPLEMENTARY CONTENT

华为的“奋斗者”协议

2010 年 8 月，一封邮件进入华为部分中高层干部的邮箱，“公司倡导以奋斗者为本的文化，为使每个员工都有机会申请成为奋斗者，请您与部门员工沟通奋斗者申请的背景与意义，以及具体申请方式。在他们自愿的情况下，可填写奋斗者申请，并提交反馈”。

奋斗者协议的核心内容是：自愿放弃带薪年休假、非指令性加班费和陪产假，以此保证自身成绩考核达标和获得相关分红、配股。协议一出，华为员工大多都争先恐后地签订。公司还规定，14 级以上的员工才有资格申请，并且每个申请者需要手写一份申请书，字迹工整。

※启示

这份自愿申请的奋斗者协议，反映了华为对奋斗者文化的重视，以及在自上而下的引导、自下而上的实施过程中对“社会化”的精心设计。华为的奋斗者文化发挥了凝聚人心、塑造言行的作用，让成员感到强烈的身份认同感所起的作用。

资料来源：严进. 组织行为学［M］. 3 版. 北京：北京大学出版社，2020.

华为的奋斗者文化早已深入华为的经营哲学体系。华为的冬天，不只是华为技术有限公司主要创始人兼总裁任正非的忧患意识，更是华为所有高层的经营哲学共识，也是全体华为人的切肤之感。对奋斗者文化的长期坚持，使得华为当之无愧成了中国最有责任心的民族企业。

中华民族不仅有优秀的传统文化底蕴，也有在中国革命、建设、改革伟大实践过程中孕育的革命文化和社会主义先进文化。这种在优秀传统文化基础上的继承和发展，夯实了我们文化建设的根基，彰显了我们文化自信的强大底气。我们的文化自信，不仅来自文化的积淀、传承与创新、发展，更是来自当今中国特色社会主义的蓬勃生机、来自实现中国梦的光明前景。改革开放40多年来，我们创造了举世瞩目的成就。国家兴旺，文化必然兴盛，特别是党的十八大以来，我们党把建设社会主义文化强国摆到更加突出的位置，中华文化正迎来一个繁荣发展的黄金期。

◎小结

1. 制度的起源、变迁与人类行为密不可分。人性假设是对人的行为预判的基础性认知，理性人、有限理性人、社会人、X理论和Y理论都是不同着眼点的人性假设。

2. 制度与人类行为相互塑造。人类行为从本质上可以用两种方式来规范：一是直接凭借外部权威，它靠知识和指令来计划和建立秩序以实现一个共同目标；二是间接地以自发自愿的方式进行，因各种主体都服从共同承认的制度。

3. 制度是在特定历史条件和文化情境下的产物，它既可能是共同约定并遵守的习俗，又可能是超乎与这些约定之上的正式法律法规或体系。制度所带来的“规则”体现了社会、组织、团队中的某种“秩序”。

4. 正式制度是人们有意识建立起来，并以正式方式加以确定的各种制度安排，其最大的特点是强制性。非正式制度是人们在长期社会交往过程中逐步形成，并得到社会认可的约定成俗、共同恪守的行为准则，包括价值信念、风俗习惯、文化传统、道德伦理、意识形态等，其最大的特点是非强制性。

5. 团队文化具有结构稳定性、深度、宽度、模式化或整合的特点。

6. 沙因将文化分为三个层次：人为饰物、外显的价值观、底层的基本假设。

7. 麦肯锡的7S文化模型包括结构（structure）、制度（system）、战略（strategy）、风格（style）、人员（staff）、技能（skill）与共同价值观（shared values），其中前三个属于硬文化，后四个属于软文化。

8. 团队文化的来源包括三个方面：团队创始人的信念、价值观以及假设；团队成员在团队演变过程中的学习经历；由新成员和新领导者带来的新的信念、价值观和假设。最重要的是团队创始人的信念、价值观以及假设。

9. 维系团队文化有三个重要的因素，分别是团队人员甄选、团队管理者以及团队社会化的方法。

◎参考文献

［1］卢现祥，朱巧玲. 新制度经济学［M］. 北京：北京大学出版社，2011.

［2］刘智强，关培兰. 组织行为学［M］. 5版. 北京：中国人民大学出版，2020.

［3］阿兰·斯密德. 制度与行为经济学［M］. 刘璨，译. 北京：中国人民大学出版社，2004：372.

[4] 凡勃伦. 有闲阶级论 [M]. 蔡受百，译. 北京：商务印书馆，2018.

[5] 康芒斯. 制度经济学 [M]. 于树生，译. 北京：商务印书馆，2021.

[6] 埃德加·沙因. 组织文化与领导力 [M]. 4版. 章凯，罗文豪，朱超威，等译. 北京：中国人民大学出版社，2018.

[7] 陈春花，曹洲涛，刘祯，等. 组织行为学：互联网时代的视角 [M]. 北京：机械工业出版社，2016.

[8] 陈春花. 从理念到行为习惯：企业文化管理 [M]. 北京：机械工业出版社，2011.

[9] 赵修文，刘显红，姜雅玫. 基于扎根理论的团队工作价值观结构分析及其对团队绩效的影响机制研究 [J]. 中国人力资源开发，2018，35 (1)：162-172.

[10] 赵修文，谢婷，刘雪梅，等. 工作价值观对员工跨界行为的影响机制：调节焦点与内部动机的作用 [J]. 中国人力资源开发，2021，38 (7)：60-74.

[11] HOWARD S BECKER. Culture：a sociological view [J]. Yale reviews，1982：513-527.

[12] PETER F DRUKER. The theory of the business [J]. Harvard business review，1994，72：95-104.

[13] GEERT HOFSTEDE. Motivation，leadership，and organization：do American theories apply abroad? [J]. Organizational dynamics，1980，9 (1)：42-63.

[14] GEERT HOFSTEDE. Identifying organizational subcultures and empirical approach [J]. Journal of management studies，1998 (1)：1-12.